걸어온 길 걸어갈 길

ⓒ 박내섭, 2025

이 책의 저작권은 저자에게 있습니다.
저작권에 의해 보호를 받는 저작물이므로
출판사와 저자의 허락 없이 무단 전재와 복제를 금합니다.

걸어온 길 걸어갈 길

박내섭

시와사람

▲ 아버지 회갑

▲ 새해 첫날 무등산 중봉

▲ 어머니를 모시고

▲ 세 매씨를 모시고

▲ 양동 당숙(남면 외마 중자언자 선조묘앞)

▲ 큰아들 대학 졸업식

▲ 칠순(천안 승리원)

▲ 큰아들 내외와 함께(안면도에서)

▲ 딸 가족

▲ 손주들과 함께(안면도에서)

▲ 2023년 봄 시제를 모시고

▲ 범대순 은사님(무등산 천왕봉)

▲ 동산문학 수필 등단

▲ 은가비 모임

▲ 민병일 교수 시·에세이 공방

▲ 장성 북일초등학교 교직원

▲ 장성 북일초등학교 퇴임의 자리

▲ 원광대학교 나용호 총장 취임 기념(2007)

▲ 김황식 전 총리와 함께(고등학교 졸업 50주년 기념, 2016)

▲ 장성 월평초등학교 51회 사은회

▲ 여수엑스포 자원봉사

▲ 일우회 싱가포르에서

▲ 미국 요세미티 국립공원

▲ 인도네시아 족자카르타 사원

▲ 백두산 천지

길어온 길 걸어갈 길

책을 펴내면서

　한 번만 태어나는 사람이 있고 두 번 이상 태어나는 사람이 있다고 합니다. 자기 삶을 글로 쓰는 순간은 스스로 생일을 만드는 순간이라고 합니다. 살아온 발자취를 되돌아보며 이 글을 쓰는 까닭은 나를 새롭게 태어나게 하는 순간이 다시 오기를 바라는 마음에서입니다.

　사후에 묘소 앞에는 비문이 있어 지나는 사람들의 눈길을 끌어당기기도 합니다. 후손들이 그 분의 약력을 들어 칭송하는 글이 대부분입니다. 그러나 나는 이 글을 쓰면서 이 글이 삶의 비문으로 남기를 바라고 있습니다.

　코로나 19를 지나면서 틈틈이 써놓은 글들을 모았습니다. 나서 자라 지금까지의 나를 진심으로 바라보는 시간이 되어 고해성사를 하는 기분이 들었습니다. 가정 살림을 잘 이끌어 준 아내와 교직 현장에서 만났던 제자와 동료 선생님과의 여러 인연들이 소중했음을 절실히 깨닫는 시간이 되기도 했습니다.

　여기에 쓰인 글은 자서전적 수필입니다. 내가 살아온 경험이 바탕이 되어 쓴 글입니다. 세월이 흐르는 동안 기억이 다소 흐려지기도 했으나 모티브는 나의 삶의 한 순간들이었습니다. 평범하게 교실을 지켜온 교사의 노년의 아름다운 삶을 위한 여정이기도 합니다. 그래서 부끄럽기도 합니다. 써놓은 글 1호 독자는 아내였습니다. 가끔은 형편없는 글이라는 핀잔을 듣기도 했으며 기분 좋은 칭찬을 듣기도 했습니다.
　이 글을 쓰면서 뒤를 돌아보니 어쩜 꽃길을 걷고 지내왔다는 생각이 들기도 합니다. 어린 학생들과의 40여 년 동화 속 아름다운 시간이 있었기 때문입니다. 다시 그 길을 되돌아갈 수 없음이 안타깝기도 합니다.

　이제 여행을 떠나듯 새로운 길을 찾아 떠나야 합니다. 미지의 세계이니 설레임과 두려움에 아찔하기도 합니다. 인생은 한 번의 삶, 서로 다른 길을 살다 가기에 잠시 쉬어가는 시간이 되었으면 합니다.

축간사

따뜻한 삶의 이야기

홍 관 희
(전 송원대학교 총장. 법학박사)

교직 생활 39년, 반평생 외길을 살아오셨습니다.
 중학교 입학 후 가정환경조사서에 서울대 사범대학이라고 장래희망을 썼던 어린 학생이 후일 교사가 되어 교직을 성직聖職으로 알고 학생들을 위해 모든 정열을 쏟으시고 정년을 마치신 박내섭 교장 선생님께 존경과 축하의 말씀을 드립니다.

 육이오 전란의 어려운 농촌환경에서도 배움을 찾아 초등학교 때부터 광주로 전학을 하여 수학을 하였으니 그 고생이야 모두 다 겪을 수 있는 고생은 아니었을 것입니다. 그러나 부모님이 바라던 교직의 길을 걸으면서 많은 제자들과의 아름다운 인연으로 말미암아 노후의 삶을 활기차게 살아내는 모습이 아름답기까지 하여 보였습니다.

어머니가 쓰시던 반닫이, 장독 항아리, 아버지께서 귀히 여기시던 라디오 등 소소한 물건을 지금까지 간직하며 살아가고 있다는 효심에는 가슴이 뭉클해졌습니다.

또한 6·25 전란 시 전사하신 형님의 제사를 오랜 기간 모시다가 조카에게 넘겨드린 형님에 대한 존경과 흠모의 정성은 모든 사람에게 귀감이 될 일입니다. 평소에 자기발전을 위해 끊임없이 매진해 오신 노력과 숭문상조崇門相助의 정신은 어려운 환경에서도 꿈을 키워가는 분들에게 교훈이 될 것입니다.

저와는 고등학교 동기입니다. 평소에도 조용하고 진중한 모습을 보여주는 친구라서 만날 때마다 많은 것을 깨우치게 하는 좋은 친구로 지내왔습니다. 제가 서울로 이사 오기 몇 해 전 일입니다. 고교동기 몇 사람이 초대를 받고 고향 프까실 마을에 갔던 적이 있습니다. 조선조 명종 때 의정부 우참찬을 지낸 청백리 박수량 선생의 백비白碑를 보면서 참으로 훌륭한 선비의 후손임을 느낀 적이 있습니다

모처럼 정담의 시간을 가졌던 때가 어제처럼 다가옵니다. 그러던 중 몇 해 전 제가 서울로 이사를 하게 되어 자주 만나지 못하고 지내던 차, 반가운 전화를 받아 보니 그동안 틈틈이 모아둔 글들을 정리하여 자서전을 내볼까 한다며 초고를 보내 주었습니다.

저도 30년 이상을 대학에서 후학들을 지도하며 책과 벗하며

살아왔습니다만 퇴임 후에는 이상하게도 책을 거의 보지 않고 지냈지만 보내 준 글을 받은 후 한달음에 읽고 말았습니다.
 저희 또래 친구들이 겪었던 성장통을 바로 보는 듯하여 마음이 아프기도 했으며 사실을 바탕으로 한 진솔함이 담겨있어 담백한 음식 맛을 보는 듯하였습니다.

 사모님과 서로 믿고 존경하면서 살아오신 모습과 아들 둘, 딸 하나를 본인들의 의사를 존중해주면서 가고 싶은 길을 바르게 갈 수 있도록 뒷받침을 해주시는 모습도 매우 좋아 보였습니다.
 퇴임 후에도 사회봉사활동에 활발하게 참여하시며 살아오신 점이나 영정사진까지 미리 준비해두셨다니 얼마나 철저하게 살아오셨는가를 생각게 합니다.

 장성군 황룡면 농촌에서 태어나 부모님의 뜻을 따르려고 노력하면서 어린시절 꿈꾸었던 교직을 성직으로 반평생을 살아오신 삶의 궤적은 읽는 분들에게 어떻게 살아가는 것이 참다운 삶인가를 깨닫게 해주는 시간이 될 것 같습니다.
 앞으로 걸어가실 새로운 길들이 꽃길로 이어지기를 기원합니다.

Contents

책을 펴내면서 · 16
축간사 / 홍관희 · 18

PART + 01
유년시절

내 고향 프까실(草枝마을)   30
청백리 박수량(朴守良) 묘소를 찾아서   32
하늘이 열리다   37
요정이 사는 마을   40
반달이의 새로운 꿈   44

PART + 02
배움을 찾아서

일학년 담임 선생님   50
어머니 손가락   53
심길채 교장 선생님   56

60   박병우 선생님과의 해후
63   광주 수창초등학교 전학
66   나를 키운 공책 한 권
70   중학교 합격
73   놀이터가 된 무등경기장
76   처음 자취생활
82   그 집 앞
86   어머니의 별빛
91   한일협정 비준 반대 시위
94   처음 하숙 생활
97   교육대학 입학
101 복학 결심
103 교생실습
106 信友會 모임을 마치고

PART + 03
스승의 길에서

112 설레임과 희망 속에서
115 사촌 매씨와의 해후
118 文 선배와의 해후

흑백 사진　122
고향 장성으로　125
결혼을 하다　128
장성읍 이사　131
신원보증 서류　134
세월의 수채화　136
교육감 표창(1977년)　141
열의가 빚은 체벌　143
교육감 방문　146
어머니께서 돌아가시다(1984년)　150
형님 祭祀날　153
살구 담은 석작　158
감초당 형님(학호 박래욱)과 인연　162
다섯 번째 졸업식　166
출근 길　169
감사패　171
메타세쿼이아　174
아버지께서 돌아가시다　177
아버지의 라디오　181
은사님 정년 퇴임　186
가장행렬　189

193 전임지 교감 선생님과의 인연

195 섬으로 가지 못한 아쉬움

198 교단만평

204 제자의 육군사관학교 입학

208 꿈을 실은 페트병

212 서울대 합격

215 처음인 섬 생활

219 학교 통폐합

224 지정 수업반

226 승진 발령

229 육지로 상륙하다

233 귀근을 서두르며

236 통학차량 화재

239 교무부장 이 선생님

243 정년 퇴임을 맞아

246 자화상

PART + 04
가화만사성

250 비익조의 인연

50주년 결혼 기념일에　258
고맙소　262
50년 만의 반지　263
사랑하는 아들 재훈이에게　266
사랑하는 딸에게　269
사랑하는 둘째 아들　271
장한 매씨께 드리는 상　273
한영이 조카 정년퇴임을 축하하며　275
스승처럼 나의 길을 밝혀 주신 외삼촌　277

PART + 05
삶의 뒷갈이

금호평생교육관　282
아름다운 꿈이 피어나는 곳　284
봉사활동의 매력　288
여절 시제를 모시고　291
대부대자代父代子의 인연　296
오야꼬동　300
일우회　304
문우 동아리　310

315 삶의 등대
319 카톡을 지우며
324 선물을 기다리며
329 영정사진

PART + 06
뿌리를 찾아

334 先親의 婚書
337 호산재 祭屛

편집후기 · 349

초호문중 世系圖 · 353

걸어온 길 걸어갈 길

길어온 길 걸어갈 길

PART + 01

유년시절

내 고향 프까실(草枝마을)

사람은 누구나 태어난 고향이 있으며 그 고향 마을을 못내 그리며 살아가고 있다. 그곳의 흙과 물이 내 몸이 되었고 드높은 하늘과 맑고 깨끗한 공기가 내 영혼에 불을 밝히었다. 어린 시절 꿈을 꾸었던 곳, 그러나 고향을 떠나 객지에서 젊음을 보냈기에 고향은 더욱 그립고 가보고 싶은 곳이 되었다. 어머니 숨소리가 들리는 듯 꿈에도 잊힐 리 없는 고향 마을, 장성군 황룡면 금호리 107번지, 바로 '프까실[草枝]'이다.

우리 마을 프까실[草枝]은 야트막한 산자락이 병풍을 두른듯 하여 평온하고 인심이 후한 마을이다. 밀성 박씨가 자작일촌 했던 마을이다.

행정구역상 장성군 황룡면 금호리이며 3개 자연부락으로 이루어져 있다. 금동, 초지(프까실), 여절이다.

여름에는 둘러친 듯한 산허리가 태풍을 잘 막아주고 큰 홍수가 없어 농사를 그르치지 않게 하였고, 밀성 박씨 600년의 역사가 숨 쉬고 있는 제실[狐山齋閣]과 15대 선조 정혜공貞惠公 중시조의 백비白碑묘가 있어 청백리淸白吏 정신의 본고장 마을이기도 하다.

'한국의 아름다운 길 100선'에 선정된 축령산이 지척에 있으며, 누런 강의 깊은 물에서 황룡이 살았다는 전설에서 유래된 황룡강의 비단 물결이 휘감아 흐르고 있는 고장이다.

가까운 필암마을에는 하서河西 김인후 선생의 필암서원이 자리하고 있다. 을사사화가 일어나자 관직을 버리고 장성으로 낙향하여 후학을 양성한 하서 김인후의 학덕을 기리기 위해 건립된 서원으로 유네스코 세계문화유산이자 호남 유일의 서원이다.

근처에 홍길동 테마파크를 비롯하여 노송과 배롱나무 군락으로 유명한 요월정 원림을 가까이 두고 있으며, 일제 강점기에는 한지 공장이 세워져 한지의 명맥을 이어 오기도 했다.

또한 북쪽으로는 전라북도 고창군 고수면과 인접하여 고창 사람들과 교류가 많았던 길목이기도 하다. 이로 인해 나의 외가댁外家宅은 고창군 성송면 학천리 안동 권씨 자작일촌 마을이 되었다.

청백리 박수량(朴守良) 묘소를 찾아서

 봄이 멀지 않았음을 차창 밖의 풍광이 일러주고 있었다. 양지 쪽 언덕에는 눈 속을 헤치고 야생초가 수줍은 듯 고개를 내밀기 시작했고 아지랑이 피어오르는 보리밭 이랑에서는 푸른 파도가 밀려오듯 들녘은 푸른색으로 색칠을 해가고 있었다. 봄의 경치를 만끽하며 백비를 찾는 즐거움이 겨울 추위에 움추렸던 가슴에 모닥불을 지피고 있었다.

 박수량(1491년~1554년)의 묘소가 있는 곳은 장성군 황룡면 금호리이다. 좌청룡 우백호의 지형이 한껏 신비감을 불러일으키는 밀성박씨 돈재공파 제실을 바라보면서 우측으로 계단을 따라 조금 올라서면 450여 년의 세월 속에 그 빛을 발하고 있는 묘소가 나타난다. 묘소에 올라서면 도시인의 답답한 체증을 내려 주려는 듯 널따란 벌안이 반겨준다. 주위의 벌송들은 묘소를 향해 도열 한 듯 봄기운을 하늘로 밀어 올리고 잘 가꾸어진 잔디가 포근한 양탄자를 깔아놓은 듯 발걸음이 한결 가벼워진다. 둘레석은 허리띠를 두르고 있는 듯 단아하고 고풍스러우며 봉분 또한 둥그런 보름달을 옮겨 놓은 듯 주위의 조용하고 아늑한 풍광을 거느리고 있어 명당임을 말해주고 있다.

커다란 봉분 앞에 서면 백비白碑 하나가 뭇 사람들의 시선을 사로잡는다. 글자 한 자가 새겨지지 않은 흰 비석이 옛 풍상을 이기고 고고한 자태를 드러내고 있기 때문이다. 묘소 옆의 오래된 안내판이 다행스럽게도 백비의 궁금증을 해소해 주고 있다.

▲ 청백리 박수량 묘소

이 비는 조선 명종 때 의정부 우참찬이자 청백리로 유명한 정혜공淸惠公 아곡莪谷 박수량이 죽자 나라에서 하사한 것이다. 왕은 그의 부음 소식을 듣고 '수량의 청백한 이름은 이미 세상에 알려 진지 오래이다'라고 하며 비를 하사하라고 명하는 한편 그 비에는 한 글자도 쓰지 말라고 하여 그 맑은 덕을 기리게 하였다. 박수량의 청백함을 알면서 새삼스럽게 그 실상을 새긴다는 것은 오히려 그의 청백함에 누가 될지 모른다고 생각을 하여 이런 백비가 세워지게 된 것이라고 하였다.

묘소 오른쪽에는 김인후 선생이 지은 묘비명이 서 있다. 커다란 풍채만큼이나 위압감을 주지만 공의 조정에서의 활동을 후세에 잘 전해주고 있다.

'공은 평생을 통해 몸가짐이 간결하고 엄중하였으며 조심하고 빈틈이 없었으며 모든 행동을 예법에 맞게 하되 자신을 극복하는 데 더욱 힘썼다. 공의 성품은 겸퇴謙退하여 행동에 근신하였고, 체질은 약하여 마치 의복 무게를 이기지 못할 듯 보였다. 문장이 있으나 겉으로 드러나지 아니하고, 주량은 한정이 없었지만 자제하여 지나치지 않았다. 그가 담양 부사로 있을 때에 모친이 이질병에 걸려 중태에 이르자, 몸소 탕약을 달이며 옷에 띠를 풀지 않은 적이 수십 일이었고, 대변의 곱똥 까지도 맛을 보아 병의 차도를 알아보았다. 그는 조정에서 벼슬한 38년 동안에 경상卿相의 지위에 이르렀으나 두어 칸의 집도 없었다' 라고 밝히고 있다.

역사적인 사실을 알아보기 위해 기록을 찾아보게 되던 중 특히 인상적이었던 한시漢詩 한 편을 발견하였으니 강릉 경포대에서 읊은 작품이다.

鏡浦臺

鏡面磨平水府深
只鑑人形未鑑心
若使肝膽俱明照
應知臺上客罕臨

거울인양 평평하고 수심 깊은데
단지 사람 모습만 비추고 사람 마음은 비추지 못하네.
만약 속마음을 몽땅 환하게 비춘다면
응당 알겠거니와 경포대 위에 머물 사람이 드물 것이네.

경포대의 맑은 물속에 속마음이 비친다면 누가 과연 경포대에 오르겠는가? 공은 경포대에 와서도 자연 경치를 즐기기보다는 청렴을 생각하였다. 중종, 명종 시절에는 부정부패가 극심한 시대이었기에 읽는 이의 마음을 대쪽으로 후려치는 듯하다.
　명종실록 1551년 10월 24일 기록에 의하면 부정부패가 만연한 전라도 관찰사로 부임하게 된 공은 1551년 10월 전라도 백성을 구제할 약제를 보내 달라고 조정에 요청한다.

"가을부터 따뜻하고 무더운 것은 봄여름의 환절기 같기도 하고, 강풍과 폭우에다가 우박이 내리고 눈이 날리는 등 한랭한 기후는 겨울 같기도 하며, 짙은 안개가 사방에 깔려 아침 내내 걷히지 않기도 하였습니다. 이와 같이 절후가 순조롭지 못할 때에는 사람들이 병에 걸리기 쉬운데 임신부는 더욱 병에 걸리기 쉽습니다. 약제藥劑를 내려보내 이 백성의 목숨을 널리 구제하게 하소서"

이 해는 여느 해와 달리 가을 날씨가 지극히 불순하여 사람들이 병에 걸리기 쉬웠다. 특히 임산부는 위험하였다. 박수량은 이런 상황을 조정에 보고한 것으로 보아 참으로 애민하는 목민관이 었음을 알 수 있기도 하다.

　공의 묘소 앞 백비의 가르침은 그 뜻이 잊히지 않고 전해져 내려오고 있다. 우리 기억 속에 살아있는 한 공은 우리 이웃으로 길이길이 살아남아 계실 것임에 틀림없다.

　오늘날처럼 정국은 혼란스럽고 여야는 사생결단의 심정으로 싸우고 있으며, 국민 여론은 분열되어있는 시대를 살아가는 우리를 보신다면 과연 어떤 말씀을 하시게 될지 궁금해진다. 450여 전의 말씀이 지금도 살아있는 듯 마음을 숙연케 함은 나만의 심정일까?

　찾는 이들의 속마음을 맑고 밝게 비추어주는 거울로 남아 있기를 바라며 봄 햇볕의 따뜻한 여운을 뒤로하고 돌계단을 내려오니 내 마음 또한 거울에 비친 양 부끄러워짐을 어찌할 수 없었다.

하늘이 열리다

　나는 아버지께서 마흔이고 어머니께서는 서른여덟 살이던 병술년(1946년 음 9월 22일) 5남매의 막내아들로 태어났다. 어머니의 연세로 보면 늦은 때인지라 집안의 경사인 것은 분명했다. 다른 집에 비하면 우리는 형제자매 수가 적은 편이었다. 우리 마을은 일곱이나 여덟 명의 자녀들을 기르는 가정이 많았다. 농경시대에는 형제 수가 많아야 노동력이 있어 부를 창출하는 시기였기 때문이다. 아들의 출생은 그야말로 경사 중의 경사였다.

　아버지께서는 일제 강점기인 1939년 일본으로 징용을 가시어 6년 동안을 이국 땅에서 보내시게 된다. 이런 연유로 바로 위 매씨와는 팔 년 터울이 생기게 되었다.
　1945년 8월 15일 일본의 항복으로 해방이 되자 바로 귀국선에 몸을 싣고 꿈에 그리던 고국 땅을 밟으셨다. 내가 철이 들 무렵에는 일본에서 지내셨던 일에 대해서는 별로 말씀이 없으셨기에 겪으신 고통이나 위험에 대해서는 잘 알 수 없었기에 궁금하기도 했다. 생활 공간이 외부와 차단이 되어 비밀에 휩싸인 곳이 아니었나 짐작을 해보곤 한다.

몸에 지니고 오신 것은 오로지 입으신 헌 옷과 신발뿐이었다고 한다. 조그만 가방 하나도 챙기지 못하고 빈 몸으로 나오시게 되었다. 다행히 목숨만이라도 살아오셨으니 어머니의 반가움이야 오죽했으리오마는 6년여 만에 고향에 오신 아버지는 빈손으로 나타나셨으니, 그 서운함이란 이루 말할 수 없었다고 살아생전 어머니께서 늘상 하시던 말씀이었다. 미안한 마음이 있으셨던 아버지께서는 "기차 안에서 화장실 가는 바람에 옆 사람에게 맡겨둔 가방을 잃어 버렸다"며 곤욕스러움을 모면하셨다고 한다.

어두움 속에서 새어 나온 햇빛이 더 밝고 강렬하듯이 아버지께서 귀국한 이듬해 내가 출생하게 된 것이다. 아들이 귀하던 우리 집에는 경사가 난 셈이었다. 막내로 얻은 아들을 어머니께서는 믿고 응원하시며 어려운 농촌 살림살이를 버텨나가셨다. 구름이 걷히고 맑은 하늘이 나타나듯 내가 커가면서 살림은 안정을 되찾기 시작했고 조금씩 나아지게 되었다.

우리 집은 동네 외진 곳이었다. 뒤쪽에서는 산자락이 내려와 소나무 숲을 이루었고 밤나무가 많아 가을이면 새벽에 일어나 알토란 같은 알밤을 주워 담느라고 호주머니가 미어지는 즐거움이 있었다. 앞쪽으로 넓은 들녘이 들어와 풍년을 기약하였고 먼발치에는 문필봉이 솟아 호기심이 마음을 들뜨게 했다. 집 뒤란에는 가을이면 키가 큰 노오란 국화 송이가 보름달을 닮은 듯 집안을 환하게 밝혀 주었고, 마당 한쪽에는 살구나무가 있어 열매가 익는 철이면 동네 꼬맹이들의 놀이터가 되었다. 논두렁 길을 달리고 뒷산을 오르내리며 나의 감성은 자라기 시작했으며 내 꿈과 호기심은 풍선처럼 부풀어 오르기 시작했다.

아버지께서는 생사고비를 넘기고 돌아오신 분답게 모든 일에 대범하게 대처하셨으며, 예의 바르고 점잖은 풍모를 잃지 않으셨다. 말씀을 아끼셨고 술은 입에 대지 않으셨기에 '법 없이도 사는 분'이라는 주위의 평판을 듣게 되었다. 반면 어머니께서는 진취적이고 활동적으로 일을 만드시는 분이셨다. 이런 성격 차이로 집안 분란이 끊이지 않기도 했다. 농촌에서는 일머리가 많기에 삶의 십자가를 싣고 자갈밭 길을 누비는 잔잔한 수레바퀴의 울림처럼 시골집의 적막을 울타리 밖으로 내몰아가고 있었다.

요정이 사는 마을

　눈이 소복히 쌓인 앞뜰은 세상의 모든 아픔과 고통을 다 삭인 듯 조용하고 청순하다. 사라져 버린 눈 덮인 시골 집 장독대가 이런 날이면 더욱 눈에 선하게 떠오른다. 크고 작으며 높고 낮은 이십여 개의 항아리가 옹기종기 모여 장독대 항아리 마을을 이루었다. 하얀 눈이 내리는 밤이면 요술쟁이가 나타나 요술을 부리기라도 한 듯 제법 기기묘묘한 모습의 기와집이며 초가지붕이며 쓰러져 가는 대문 지붕을 만들어 놓곤 했다. 눈 덮인 커다란 항아리 뚜껑은 팔짝 기와지붕이었고 그 밑에는 눈을 용하게도 피해가며 추위를 녹이고 있는 아담한 항아리도 있었다. 마치 송아지가 엄마 젖을 빨려고 기대어 서 있는 듯 정겨운 모습이었다. 백색의 요술 마을 촌장이라도 되려는 듯 신비스런 장독대 마을에 호기심이 발을 들여놓는다. 커다란 기와집은 아버지 어머니의 집, 그 옆의 조그만 항아리가 만들어낸 지붕은 내차지 지붕이 되었다. 철부지의 물오른 호기심은 점점 부풀어 오르기 시작했고 장독대는 호기심을 먹고 사는 요정이 살아가는 작은 마을이 되곤 했다.

　며칠 전부터 바람에 실려 여행길에 나선 백색의 요정과 눈인사를 나눈다. 시베리아의 찬 공기를 헤치며 백두산 천지의 아름다운 풍광을 가슴에 품고 왔을 함박눈에는 별나라에서 찾아온 요정이 살고 있음이 분명했다.

장독대에 사뿐히 내려와 앉아있는 눈 요정에게 말을 걸지 않을 수 없었다. 하필이면 우리 집 장독대 위에 내려온 까닭이라도 있겠지 싶어서이다.

"네 꿈은 무엇이었니?"

외롭던 눈 요정은 처음 보는 나를 스스럼없이 반긴다.

"하늘을 날아 지구 끝까지 여행을 해보는 거였지."

"이곳은 지구의 끝은 아닌데. 왜 장독대에 머물게 되었지?"

"그건 내 희망이었을 뿐이야. 내려오는 도중 내 몸무게는 엄청나게 불어나 더 멀리 갈 수가 없는 처지가 되고 말았지. 마치 다이어트에 실패한 중년 여인처럼 말이야."

"다이어트 실패라고?"

"나는 결국 더 멀리 가려던 꿈을 접고 말았지. 요즘 많은 젊은이들이 나처럼 비만에 시달리고 있다는 사실을 알게 되었어. 옛 조상들이 즐겨 먹고 살았던 발효 음식을 멀리하게 되면서 이런 현상이 일어나게 되었다는 것을 지구 주위를 맴도는 친구 위성이 알려 주더군. 인스턴트식품에는 장 건강에 필수인 유산균은 없거든. 된장 고추장 김치 등 발효 음식을 보관하고 있는 장독대에 내려와 만나는 사람들에게 발효 음식의 필요성을 알리고 싶었던 거야."

"고마워. 우리 집에 온 걸 환영해."

내가 한창 젊었을 무렵 발효 음식인 김치는 쳐다보지도 않고 음식을 가려 먹은 적이 있었다. 그런 연유로 성인병을 젊은 나이에 갖게 되었음이 틀림없기도 했다. 우리 집 장독대 위를 찾아온 요정이 정말 반갑고 귀한 손님이라는 사실을 비로소 깨닫게 되는 순간이었다.

우리 시골집 장독대는 정게 바로 뒷문 가까이 있었다. 가깝게 있어야 편리함이 있었기 때문이다. 정게문을 나서 몇 발짝 올라서면 땅바닥 위에 넓적한 돌들이 깔려있고 그 위에 항아리들이 화단의 꽃들이 얼굴을 뽐내듯 자리를 지키고 있었다. 간장 된장 고추장 김치뿐 아니라 들깨 콩 팥 등 겨울을 나는 알곡들까지 숨을 내쉬는 작은 마을을 이루고 있었다.

이런 장독대는 어머니에게는 신성한 치성의 공간이 되기도 했었다.

어머니는 큰아들 형님을 키우면서 온갖 정성을 다하셨다. 힘든 시집살이에서 마음을 붙일 곳은 형님을 키우고 뒷바라지하는 일이었다. 어머니의 유일한 생의 희열이었고 희망이었다. 그러던 형은 육이오 전쟁 중 군에 입대하셨고 어머니는 형님의 무사 귀환을 손꼽아 기다리시게 되었다. 장독대에 정화수를 떠놓고 비가 오나 눈이 오나 아침 일찍 일어나 치성을 드리기 시작하셨다. 정화수를 올려놓았던 조그맣고 아담한 항아리 속에는 아무것도 들어있지 않았다. 마치 어머니의 간절한 바람만이 항아리를 가득 채우고 있는 것 같았다. 합장한 두 손을 비벼가며 치성을 드리던 곳이 바로 장독대이기도 했다.

　시골집을 정리하여 광주로 나오면서 이삿짐 속에는 어머니가 쓰시던 반닫이 하나와 항아리 몇 개가 실려 있었다. 아파트 좁은 공간에서 살아가는 나지만 항아리는 버리지 못하고 베란다에 간직하고 있다. 이제 항아리는 도시 생활에서는 쓸 필요가 없게 되었다. 가볍고 쓰기 편한 물건들이 도시인의 취향을 사로잡아 버렸기 때문이다. 그러나 빈 항아리마저도 움직이기 힘 들어가는 나이가 되었지만 어린 시절 눈 덮인 장독대 항아리들의 요정 마을과 어머니의 삶의 애환이 깃들어 있는 항아리는 내 삶의 일부분을 감싸주는 보물이 되어가고 있다.

반닫이의 새로운 꿈

거실에는 어머니께서 혼수품으로 가져오신 불그스레하고 아담한 반닫이가 세월을 건너뛰듯 자리하고 있다. 솜씨 좋았던 둘째 외숙께서 손수 만들어 여동생 시집 보낼 때 넣어주신 유일한 혼수품이다.

하늘에서는 폭격기 소리가 우르르 쾅쾅 시골 마을의 적막을 깨트리며 흰 구름 사이를 헤집고 다니고 있었다. 나는 짚으로 이엉을 얹은 문간채에서 흙놀이를 하며 고막을 찢는 소리에 가슴이 철렁 내려앉았다. 네 살 꼬맹이는 노는데 온 정신을 쏟고 있을 뿐 이것이 전쟁이라는 재앙의 전조라는 사실을 알지 못하고 있었다. "방안에 고구마가 있으니 먹고 놀아라." 형은 어린 동생에게 다정스레 눈짓을 하곤 시원한 바람을 가르듯 대문 밖으로 나갔다. 이후 형은 나의 형이 아니었다. 집을 나가는 형의 발자국 소리를 뒤로 하며 조용한 마을에 저녁해가 뉘엿뉘엿 어스름한 산그림자에게 자리를 내주었다. 칠흑 같은 어둠이 내리면 온 마을은 소낙비처럼 쏟아지는 별빛과 둥지를 찾는 산새소리와 마을 앞을 흐르는 개울물 소리가 적적함을 달래주었다. 적막이 집안을 휘감고 째진 창호지 문틈으로 수줍게 비추는 달빛을 벗 삼아 집을 나간 형님을 가슴 졸이며 기다리며 긴 밤을 지새우곤 하였다.

  우리는 간단한 이사 도구를 꾸리어 우선 읍내의 종조부댁으로 피란을 가야했다. 시골 마을은 인민군들이 곧 쳐들어온다는 뜬소문이 파다하게 퍼지자 목숨을 부지하기 위해 집을 비우고 읍내로 몸을 숨겨야 했다. 우선 필요한 옷가지와 먹을 식량을 챙겨 떠나야 했기 때문에 살림 도구는 대부분 집에 놓아두고 떨어지지 않는 발길을 재촉해야만 했다. 마을에 불을 질러 은신처를 없애려는 아군의 작전에 반닫이만은 살리기 위해 집 밖 외진 곳으로 내놓고 피란을 떠나시게 되었다.

  가로 세로 높이가 99, 39, 78센티미터인 반닫이는 아담하면서도 장석이 화려하지 않고 수수하다. 외가 마을인 고창의 전형적인 반닫이 형태를 뽐내고 있다. 장석 외에는 쇠붙이 못하나 사용하지 않고 나무틀을 맞추어 수작업으로 만들었기에 느낌이 부드럽고 고급스럽지 않지만 안온하고 단아한 모습이 어머니의 성격을 그대로 드러내 보이는 듯했다. 반닫이 안쪽은 가벼운 오동나무를 사용하여 3개의 조그만 서랍이 만들어져 여러 물건을 섞이지 않게 나누어 넣고 찾기 편리하게 되어있다. 아래쪽은 넓은 공간이 있어 명주옷처럼 값비싼 옷가지를 넣어두고 햇빛에 색이 바래거나 흠이 생기지 않도록 보관하셨다. 다행히 여닫이의 열쇠꾸러미까지 남아있어 옛 모습을 하나도 잃지 않았다. 열쇠 통은 크고 투박하여 반닫이 안의 물건을 간수하는 데는 훌륭한 문지기 역할을 하고 남음이 있었다. 마치 어머니 삶의 굴곡을 말하고 있는 듯 비에 젖고 겨울 한풍에 내몰리면서 나무가 뒤틀리고 옻칠이 벗겨져 볼품이 없게 변해버린 적도 있었다.

어머니께서는 17살의 어린 나이에 5남 1녀의 넷째 아들에게 시집을 오셨다. 신접살림은 마을에서 외딴곳에 방 한 칸에 부엌 한 칸인 오두막집으로 분가를 하시어 2남 3녀를 기르고 사셨다. 눈 코 뜰새 없이 가난과 싸워야 할 무렵에 아버지께서는 일본 징용을 가셨으니 어머니의 고생은 밖에 내놓은 엄동설한 반닫이 신세와 다를 바가 없었다. 그러나 자식들을 굶길 수 없다는 어머니의 강철 같은 굳은 마음은 얼음덩이 같은 피난길에서 더욱 빛을 발했다. 우리 가족은 다시 돌아와 반닫이를 제자리에 들여놓고 오순도순 살아갈 날을 손꼽아 기다리며 긴 겨울의 한기를 이겨내야 했다.

전쟁이 후방에서는 소강상태에 이르자 서둘러 옛 마을로 돌아올 수 있게 되자 안도의 한숨을 내쉬게 되었다. 새 성주를 하여 밝은 햇살이 내리는 앞마당으로 이삿짐을 옮겨오며 부푼 희망을 실어나르고 있었다. 반닫이도 제자리로 옮기기 위해 그동안의 먼지를 닦아내고 청소를 하여 옮기는 날이었다. 반닫이 문을 열고 옷가지며 제사 도구며 귀중품을 넣어 방안으로 옮기며 모든 것이 제자리에서 제 모습을 챙기려는 순간이었다. 그러나 제자리를 찾아올 수 없는 빈자리가 생기고 말았으니 군대에 가신 형님의 전사 통지서였다. 하필이면 새집 이삿날 형님의 전사 통지서가 도착한 것이다.

반닫이를 닦던 어머니께서는 의식을 잃고 쓰러지셨고 우리 가족은 전쟁의 상처에 치를 떠는 고통을 겪어야만 했다. 살아남은 가족들은 배고픔과 마음의 상처를 가슴속에 삭이면서 살아가야 하는 엄청난 시련을 앞에 두고 넋을 잃고 말았다

벌써 어머니께서 돌아가신 지 40년이 되었다. 세월의 흔적을 지우려고 가구 공장에 맡겨 뒤틀어진 앞쪽 모서리를 바로 잡고 거칠어진 바깥 표면은 문지르고 새 옻칠을 하여 옛 모습을 재현하려고 노력하였다. 마치 우리 가족의 아픈 상처를 치유하려는 듯…. 5남매의 옷가지가 한 번쯤은 모두 이 반닫이 안에서 때를 기다리며 주인을 찾고 있었을 테니 형제자매간의 인연의 숨결을 모두 간직한 유품이 되었다. 반닫이에는 어머니의 삶의 애환이 차곡차곡 눈에 보이듯 보관되어 있다.
이제 말짱한 반닫이가 되어 꿈을 꾸고 있다. 이런 비극은 다시는 없어야 한다고….

길어온 길 걸어갈 길

PART + 02

배움을 찾아서

일학년 담임 선생님

6·25 전쟁 중인 1952년이 입학 적령기였으나 시골에서는 먼 곳의 학교까지 다닐 수 없어 전쟁이 끝난 이듬해인 1954년 초등학교 입학을 하였다. 사회 전반이 혼란스럽던 때이니 학교에 가는 일은 뒷전으로 밀리고 있었다. 다행스럽게도 학교에 입학하라는 뒤늦은 소식이 전달되어 더 이상 입학 시기를 놓치지 않을 수 있었다.

이십 리쯤 떨어진 먼 거리였지만 6학년 동네 형들을 잘 따라다니며 신체적으로는 무리 없이 다닐 수가 있었다. 겨울이면 신발이 다 젖어 양말을 벗고 맨발로 눈 속을 헤치며 다녀야 했으며 가끔은 미국 원조품인 우유가루를 배급받아 먹으며 배고픔을 이겨내기도 했다. 산비탈의 송기를 벗겨내어 입으로 핥고 다니기도 했으니 장난이라고 치부하기는 너무나 어려운 형편이었다.

일학년 입학을 하고 나서 얼마 지나지 않은 봄날 아침이었다. 유난히도 안개가 많이 끼고 이슬비가 내리는 아침인지라 떠오르는 태양을 볼 수가 없었다. 집안에 시계가 없던 시절이니 아침에 떠오르는 해를 보고 시간을 어림하여 학교에 가곤 하였다.

학교에 당도하여 교실 안쪽을 들여다보니 이미 선생님께서는 교단에서 학생들을 가르치고 계셨다. 교실 안쪽은 쥐죽은 듯 조용했다. 학교에 늦었다는 죄스러운 마음이 앞선 나는 교실 출입문을 열지 못하고 복도에서 머뭇거리며 서성거리고 있었다. 선생님의 눈을 피해 몰래 들어가 내 자리에 앉을 심산이었다. 선생님이 칠판을 향하자 이 틈을 놓치지 않고 살며시 뒷문을 열고 몰래 들어가 자리에 앉을 수 있었다.

선생님께서는 이런 나의 행동을 이미 짐작하고 계셨던 것처럼 자리에 앉아 있는 나를 보시더니 학생들 앞으로 불러 내셨다. 내 가슴은 콩당콩당 몹시 두근거리고 얼굴은 홍당무처럼 붉어지기 시작했다. 창피스럽고 부끄럽다는 생각이 앞섰기 때문이다.

그러나 선생님의 말씀은 내 마음과는 딴판이었다.

"오늘처럼 비 오는 날인데도 먼 곳에서 결석을 하지 않고 학교에 왔구나." 하시며 머리를 쓰다듬어 주시며 칭찬을 하시는 것이다. 선생님은 잃어버릴 뻔한 양 한 마리를 찾으신 듯 기뻐하시는 눈치였다. 여러 사람 앞에 서보는 것도 처음이었지만 선생님의 칭찬을 듣는 일도 처음이었다. 내 가슴 속에서는 삼동三冬이 지나고 봄이 오는 듯 얼었던 얼음장이 서서이 녹아가며 무언가 꿈틀거리기 시작함을 느낄 수 있었던 아침이었다.

1학년 말이 되자 운동장에 모여 '기우양'교장 선생님의 훈화를 듣고 방학식을 하게 되었다. 운동장 한쪽엔 커다란 느티나무 한 그루가 하늘 지붕을 만들고 있었다. 새들의 둥지가 있어 우리의 호기심을 자극하였고 비가 오면 마치 우산 속에라도 들어선 듯 아늑함을 주던 장소였다. 그늘 밑에 옹기종기 모인 우리는 선생님이 나누어 주시는 새하얀 통신표를 받아들고 하교를 하였다. 담임이셨던 '기갑서' 선생님께서 통신표에 기록하셨던 단아한 파아란 만년필 글씨는 지금도 생생하게 눈앞에 아른거린다. 맑게 개인 동쪽 산 너머에 무지개가 피어오른 듯 선생님의 글씨는 아름다웠다. 이 통신표를 가보처럼 종이 함 속에 보관하다가 대여섯 번의 이사를 하는 통에 잃어버리게 되었으니 실로 마음 아픈 일이 되었다. 비 오는 날 아침 선생님께서 주셨던 칭찬 한마디는 얼음 속 내 가슴을 녹여주는 기폭제가 되었고 스승의 사랑을 일깨워주는 등불이 되었다.

어머니 손가락

　이십 리 먼 거리 학교를 다니면서 배가 고프고 다리가 아프기도 해 집에 오려면 힘이 들기도 했다. 이때 가장 위로가 되어 준 음식이 바로 미국美國 구호물자인 노란 분말 우윳가루였다. 큰 드럼통에 들어있는 우유 분말을 바가지로 떠서 담임 선생님은 책보자기에 부어 주시곤 했다.
　담담하지만 비린내가 혀끝에 와닿았고 미끈적거리는 느낌이 싫지는 않았다. 가루가 입천장에 달라붙으면 한참을 혀 운동을 해야 입안이 개운해질 수 있었으니 오랫동안 맛을 음미할 수 있어 다행이라면 다행이었다. 가뭄에 콩 나듯 있었던 우유 배급이었지만 가장 기분 좋은 날이기도 했다. 하굣길 언덕 비탈길에 둘러앉아 입가에 묻은 노르스름한 우윳가루를 얼굴에 분칠한 듯 서로 쳐다보며 웃음을 자아내기도 했다.
　남은 우유는 조그만 간장 종지에 담아 밥솥에 넣어두면 밥이 익는 동안 우유가 노란빛으로 돌덩이처럼 단단하게 굳어진다. 호주머니에 넣고 다니면서 마치 알사탕을 입에서 굴리며 오래 먹었듯이 잠시 배고픔을 잊게 해주었다.

어느 날 학교에서 돌아온 나는 어머니를 동네방네 찾아 나선 일이 있었다. 어머니가 계시지 않는 텅 빈 집에 그대로 멍하니 앉아 있을 수는 없는 일이었다. 온 동네를 돌아다니던 중 마을 뒤쪽에 있는 밭으로 고구마를 캐러 가신 것을 알게 되었다.

동네 뒤쪽의 고구마 밭은 가을이 무르익어가고 있었다. 감은 가을 햇살을 타 노랗게 익어가고 높다란 가지에는 홍시가 매달려 마치 '나 잡아 보란 듯' 얄밉기도 했다. 산비탈엔 다래나 정금, 산머루가 익어가고 있어 동네 꼬맹이들을 신나게 유혹하고 있었다. 가끔 먹이를 찾아 내려오는 고라니에 놀라 혼비백산을 하기도 했지만 가을 들녘은 잔칫상을 벌려 놓은 듯 풍성했다. 이런 유혹에 빠져있던 나는 고구마를 부지런히 캐시는 어머니의 손등에 눈이 닿게 되었다.

건성으로 보아왔던 어머니의 손가락이 유난히 눈에 띄어 보이는 날이었다. 학교에 다녀와 배가 고팠던 때인지라 정신은 더욱 말짱하게 빛이 났던 모양이다. 고구마를 들어 올리는 어머니의 손가락이 분명히 다섯 개인 것을 처음으로 알게 된 것이다. 내 손가락을 펴고 세어보니 내 손가락도 분명히 다섯 개가 전부였다. 왼손 오른손이 똑같이 다섯 개였다. 어린 나의 손가락이 다섯 개이니 어른인 어머니 손가락 개수는 더 많으리라고 지레 짐작을 하고 있었다. 나이가 많아지면서 키가 커가고 몸무게가 불어나듯 손가락 개수도 불어나겠지 하는 제법 어른스런 생각을 하고 있던 것이다.

뒤뜰의 감나무도 해가 갈수록 키가 커가고 가지가 많아지며 많은 감이 열린다. 그러나 고구마를 캐시는 어머니의 손가락은 분명 다섯 개가 전부였으니 일말의 호기심이 발동한 것은 당연한 일이었으리라. 호미를 잡은 오른손의 손가락은 잘 보이지 않았으나 땅속의 고구마를 들어 올리시는 왼손의 손가락은 분명하게 다섯 개가 전부였다. 이럴 수가… 큰 발견이나 한 것처럼 가슴에 새로운 바람이 일기 시작했다. 내 마음속에서는 뜻하지 않은 반란이 일어나고 있었다. 이는 생각의 큰 전환점이 되어 바깥세상을 호기심 많은 눈으로 바라보는 계기로 이어지게 되었다. 비로소 세상에 눈을 뜨기 시작한 것이다

'엄마의 손가락은 다섯 개, 엄마 아들 손가락도 다섯 개!'

심길채 교장 선생님

 2학년이 되자 집에서 거리가 가까운 '아치실'에 '황룡북초등학교'가 개교를 하게 되었다. 피난으로 헤어졌던 가족들이 제자리로 돌아오고 사회가 안정을 되찾기 시작하자 불타버린 옛 학교터에 초가지붕 가설 교사가 들어선 것이다.

 교실 바닥은 맨땅 그대로였으며 앞쪽에는 덩그렇게 칠판 하나 놓여 있을 뿐이었다. 책상은 넓고 길다란 나무판자 양쪽에 통나무 다리를 만들어 교실 땅바닥에 묻었으며 의자는 높이만 낮추어 책상과 같은 모양을 하고 있었다.
 교사敎師가 부족하고 편의 시설이 없으니 학교라기보다 임시 수용소처럼 첫 발을 떼기 시작했다. 초가지붕 중앙에 매달린 놋쇠 종鐘이 공부 시작과 쉬는 시간을 알려주었으며 국기봉은 기다란 통나무를 베어다 썼으므로 국기봉을 뉘여 아침저녁으로 태극기를 매달고 내리곤 하였다.
 바람에 휘날리는 태극기와 마을 고샅길에 울려 퍼지는 학교 종소리는 세상이 제자리를 찾아간다는 평화의 메시지를 전달하게 되었다.

우리는 모내기 철이 되자 모심기에 동원되어 농사일을 배우기 시작했다. '백지장도 맞들면 낫다'는 속담이 있듯이 어린 학생들도 모내기에 참여하여 부족한 일손을 돕게 된 것이다.

운동장 주변의 널따란 황무지 땅은 우리 손으로 개간하여 채소를 심어 가꾸는 등 배고픔과 생존의 위협 속에서 하루하루를 살아내야 하는 고난의 행군이었다. 그러나 몽땅 연필심에 침을 묻혀가며 칠판의 하얀 분필 글씨를 받아썼으며 붓글씨를 습자지에 써 보는 등 학교는 세상의 소용돌이를 막아주는 울타리가 되어가고 있었다.

어렵사리 학교가 문을 열었으나 '필암리' 마을 학생들 일부가 전학을 오지 않고 이미 다니고 있던 '월평초등학교'(황룡면 소재지에 있는 학교)로 계속 등교하려는 현상이 발생했다. 유서 깊은 학교이니 동창들도 든든하고 읍내가 가까워 졸업 후 사회생활을 하는 데 큰 도움이 된다는 이유에서였다. 또한 서북쪽으로 치우친 가설 학교 위치도 문제가 되었다. 이런 연유로 학교를 새로운 터를 잡아 옮기자는 의견이 대두되었고, 해서 김인후 선생 서원이 있는 필암마을 가까운 쪽으로 옮기자는 의견이 우세하게 되었다. 읍내가 가까워 교통이 비교적 편리하기 때문이었다. 이렇게 의견이 모여지자 학교터를 희사하겠다는 마을 유지가 나타나고, 당시 학교장이었던 심길채 교장의 밤낮 없는 열성적인 활동으로 필암마을 인접한 아곡리에 새로운 학교 부지를 마련하고 1층 시멘트 건물을 신축하여 학교를 옮기게 되었다. 초가지붕 교실에서 공부를 시작한 지 2년 만의 일이었다.

　비가 새지 않을 깨끗하고 튼튼한 교사는 완성되었으나, 이제는 학생들을 가르칠 선생님이 부족한 어려움이 기다리고 있었다.

　전후 사정으로 사회가 안정을 찾지 못한 상태이니 자격이 없는 선생님도 오셨고 반면에 사범학교를 갓 졸업하신 교육열이 대단하신 선생님도 오시게 되었다.

　4학년 되던 해에는 무자격 선생님이 오시게 되었다고 학부형들 사이에 나쁜 소문이 널리 퍼져 학생들까지 들고일어나 새로 오시는 선생님을 배척하는 일이 발생하기도 하였다. 그러나 조금씩 학교다운 학교 모습으로 안정을 찾아가고 있었다. 교실 안에서의 학습 시간이 길어지고 외부 근로 현장에 동원되지 않게 된 것이다. 음악 시간에는 풍금 소리에 맞추어 6·25 기념식 노래, 8·15 광복절 노래 등을 배울 수 있어 나라 사랑의 정신을 다지는 시간이 많아지게 되었다. '아아! 잊으랴 어찌 우리 이날을 …' 힘차면서도 애잔한 느낌이 내 마음속에 깊은 울림을 주고 있음은 나만의 감성 때문만은 아닐 것이다.

　나는 심교장 선생님을 교직 발령 후 두 번째 학교에서 직장 상사로 모시는 기회를 갖게 되었다. 교장 선생님은 제자를 미처 알아보지 못하심은 당연한 일이었다. 코흘리개 어린 학생이 교사가 되어 나타났으니 기특한 일이기도 했으리라. 어렵고 어수선한 학교 환경 속에서도 항상 웃으시며 사람을 반겨주시던 그 인자한 모습은 변하지 않아 보였다. 당신 고향 학교인 이곳으로 오시어 얼마 남지 않은 정년을 기다리고 계셨다. 인내와 근면함으로 역경을 이겨내신 참 교육자이심이 분명해 보였다.

박병우 선생님과의 해후

4학년이 되자 필암 마을(하서 김인후 선생을 배향한 필암서원이 있는 곳) 근처로 이설한 교사校舍가 깨끗하고 번듯한 모습으로 학생들을 기다리고 있었다. 그러나 담임 교사가 부족하자 무자격 선생님이 오시게 되었고 이런 사실이 알려져 학부형들의 항의가 빗발치게 되었다. 어린 학생들까지 이에 가세하여 담임 반대 운동을 하자 '박병우 교감 선생님'께서 보결 수업을 하시러 우리 교실에 자주 들어오시곤 했다. 운동장 조회시간에도 일렬로 서 있는 학생들을 다정한 미소와 손길로 한 사람 한 사람 지도해 주시던 모습이 잊히지 않고 오랜 세월이 흐른 뒤에도 기억 속에 살아 남아있었다. 아침 조회시간 차렷 자세로 서 있는 내 앞에 다가오시면 마치 다정스런 큰 형님이 와 계시는 듯 따뜻함과 친근감이 내 몸을 휘감아 흐르는 듯하였다. 큰 키에 건장한 체격으로 학생들에게는 무서우면서도 다정한 정을 주는 분이셨다.

그로부터 60여 년이 지난 뒤 선생님을 산책길에서 우연히 뵙게 되었다. 너무 뜻밖이었다. 구십을 넘긴 연세였지만 옛 모습의 정정함을 그대로 유지하고 계셨기에 박병우 선생님을 첫눈에 알아볼 수 있었다.

  60여 년 전의 제자를 선생님은 알아보실 리 없었다. 너무 반가운 마음에 내키는 작아져 어린 초등학생이 되어갔다. 시골 학교 운동장에서 뛰놀았던 아련한 기억이 눈앞에 펼쳐지기 시작했다. 축구부 선수로 달리던 운동장, 음악 시간의 풍금 소리, 운동회 연습을 하던 잔디밭, 한교실에서 공부하던 옛 친구들, 앞쪽 흐르던 시냇물 소리, 쉬는 시간을 알려주던 종소리, 교무실 한쪽에 있었던 학용품 상점 등 마치 타임머신을 타고 헤엄쳐 가는 듯 고향 하늘이 지척으로 다가섰다.

  선생님은 광주로 전입하시어 정년을 하셨다고 한다. 무등산 산행을 매일 하셨으나 기력이 떨어지면서 산책이 쉬운 운암산 길을 다니시게 되었다고 한다. 걸음걸이나 꼿꼿한 자세가 옛날과 다름없는 정정한 모습이었다. 그 후로는 운암산 산책길 쉼터에서 자주 뵙는 기회를 갖게 되었고 나도 정년을 한 후였지만 내 마음은 어린 시절 동심의 세계로 되돌아가는 듯하였다.

  스승의 은혜를 늦게나마 깨닫고 보답하는 기회를 갖고자 한 교실에서 공부를 했던 동창들과 연락이 되어 식사 대접을 해드리는 자리를 마련하였다. 우리는 오랜만에 스승을 모시는 자리에 함께할 수 있었다. 식사도 잘하시고 소주 한 잔도 거뜬하게 하셨다. 상대방과의 대화에 아무런 불편이 없으셨기에 콧물 흘리던 어린 시절로 되돌아간 더없는 즐거운 시간을 보낼 수 있었다. 선생님의 건강한 모습은 제자들에게 너희도 나처럼 노후를 건강하게 경영하라는 무언의 가르침을 주시는 것만 같았다.

　사모님을 여의고 나서는 기력이 더 떨어지시게 되었고, 요사이는 밖으로 산책을 나서지 못하고 아파트 경내에서 걷기 운동을 하시는 모습을 종종 뵙게 되는데 올해(2022년) 93세가 되신다고 한다. 요양 보호사의 도움을 받으면서 근근이 지내고 계신다고 한다.
　선생님의 노년의 모습을 보면서 나는 나에게 질문을 던져 본다.

　'삶이란 생로병사의 자연 순환 법칙을 조금도 어길 수 없지만 천년만년 살 것처럼 바빠 허둥대는 이유는 무엇일까?' 하고.

광주 수창초등학교 전학

5학년을 마칠 무렵 '신헌수' 담임 선생님께서 전학서류를 써주셨다. 사범학교를 갓 졸업하시고 오셨기에 학생들의 수업에 충실하셨고, 자신의 노력으로 제자를 좋은 중학교에 입학시키고 싶은 열의가 강하셨던 분이었다.

당시 우리 마을에서는 광주 유학생 세 사람이 있었다. '휘열'이 조카는 고모댁이 광주였고, '래현'이 집안 동생은 매씨가 광주에 살고 있었기에 초등학교 다니면서 일찍 광주로 나갈 수 있었다. '래진'이 형은 월평초등학교를 졸업하고 서중학교에 입학하여 2학년이 되었다. 마을 또래들의 광주 유학이 도회지로 나가 공부를 하고 싶은 열망을 더욱 타오르게 하였다.

이 무렵 다행스럽게도 둘째 매형께서 광주에 살고 계셨기에 어머니께서는 광주 전학을 허락하시게 되었다.

봄철 꽃샘추위가 매섭던 날 매형을 따라 전학서류를 손에 들고 수창초등학교 교문을 들어섰다. 매형이 동운동(지금의 기아 참피언스 필드 야구 경기장 부근)에 살고 계셨기에 수창초등학교 학구였다. 걸어가자니 4키로미터는 족히 되는 먼 거리였다. 교문에 들어서자 눈에

▲ 수창초등학교 36회, 6-3반

들어오는 학교 운동장은 어안이 막힐 지경으로 커 보였다.

본관 2층 붉은 벽돌 건물 또한 웅장한 모습으로 다가와 도시 학교의 모습을 유감없이 자랑하는 것 같았다. 학교 건물이 주는 위압감이 도시 생활이 만만치 않음을 예고하는 것만 같기도 했다.

교무실에서 전학 수속을 마치고 반 배정을 받아 6학년 3반 교실을 찾기 위해 2층 계단으로 올라갔다.

6학년 모두 본관 2층에 자리 잡고 있었다. 남자 9개 학급, 여자 7개 학급 편성으로 모두 열여섯 반이었다. 난생처음 2층 복도에 올라온 나는 아스라이 끝이 없이 멀어 보이는 긴 복도 모습에 또 한 번 놀라지 않을 수 없었다.

기다란 복도를 한참 걸어가다 모퉁이를 돌아서니 6학년 3반 교실 표찰이 눈에 들어왔다. 복도에서 잠시 서성거리며 교실 안쪽을 들여다보려고 하였으나 유리창이 모두 닫혀 있어 교실 안의 모습이 무척 궁금하였다.

출입문을 두드리자 담임 선생님께서 문을 열고 나와 시골 전학생을 반겨 주셨다. 두근거리는 마음으로 선생님을 따라 교실 안으로 들어섰다. 교실 안에 빈틈없이 앉아 있는 학생들의 시선이 전학생轉學生을 향했지만 조금도 주눅 들지 않고 자신감이 샘솟는 듯하였다.

담임 선생님은 전학서류의 성적표를 보시더니 만족해하시면서 구구단 7단을 외워보라고 하셨다. 구구단 7단이 실수하기 쉬운 곳이 많기 때문이다. 술술 외우다가 한 군데를 더듬거리기도 했다. 이렇게 급우들 앞에서 첫선을 보이고 나자 맨 뒤 좌석 빈자리가 나를 기다리고 있었다.

당시엔 2인용 책상이었기에 짝이 되었던 친구의 큰 키와 도시풍의 하얀 피부색이 잊혀지지 않기도 했다. 처음 도시 생활을 하게 된 시골뜨기에게는 친구의 이런 모습이 부럽기도 했었다.

나를 키운 공책 한 권

요사이 '공책'이라는 말은 들어 본지 오래된 단어가 되었다. 흔히 '노트'라고 지칭하고 있다. 그러나 나에게는 노트라는 외래어보다는 공책이라는 단어가 얼마나 친근감이 있으며 옛 추억을 소환하는 단어인지 모른다. 공책이라는 단어는 아름답고 정겨운 추억을 담고 있어 가슴을 찡하게 하고 만다.

육이오 사변을 겪은 후 다니던 초등학교 시절은 모든 것이 부족하고 배고픈 시절이었다. 사실 공부는 뒷전이었고 하루하루 먹고사는 일이 가장 큰 과제였다. 산으로 들로 쏘다니며 가을 산 수놓은 거무스름한 정금이며 하마 입을 벌리듯 주인을 기다리는 다래가 친구였다. 산기슭 송기를 벗겨 먹어가며 학교길을 오가기도 했다. 나병 환자가 출몰한다는 산모퉁이에서는 친구들이 용을 쓰며 무서움을 함께 이겨내며 고갯길을 넘어 다녔다.

시골 작은 학교 동무들은 뜨거운 동지애가 모락모락 피어나기 시작했다. 같은 마을에서 나고 자란 정이며 배고픔을 이겨내기 위해 깊은 숲속을 헤치며 살아가는 동지애가 은연중 자라고 있었기 때문이다.

우리의 책보자기에는 연필 한 자루와 공책 한 두 권이 전부였다. 점방에서 산 둥그런 연필이 자랑거리였으며 연필을 잡아보는 신선한 쾌감이 학교에 다니는 기쁨으로 다가왔다. 또 한 노르스름하고 줄이 빼곡히 그어진 공책은 서로를 공부하는 시샘의 호기심에 젖게 했다. 가을 아침 이슬 맺힌 해맑은 코스모스 꽃잎 같은 공책에 우리는 더하기 빼기의 숫자를 써나가기 시작했고 좋은 공책을 가지고 다니는 동무를 부러움의 눈으로 바라보게 되었다.

이 무렵 나에게는 일평생 잊히지 않을 동무가 생기게 되었다. 시골 마을 사거리 길가에서 아버지가 점방을 하는 동무였다. 나는 시골 학교에서 매씨의 도움으로 광주 전학을 하게 되었다. 30여 명의 반 친구들은 광주 전학을 간다는 나를 부러운 눈으로 쳐다보고 있었다. 대부분 친구들은 광주라는 도시 이름은 처음 들어 보는 곳이었기에 알 수 없는 먼 곳의 별나라쯤으로 생각하고 있기도 했다. 막상 어머니를 졸라 광주로 전학을 가고 싶었지만 광주라는 곳은 어떤 곳이며 무엇이 나를 기다리는 곳인지 전혀 감이 없는 곳이기도 했다. 그저 새로운 곳을 동경하는 호기심의 발로였다. 영리한 친구 몇은 나를 아침 동쪽의 샛별을 쳐다보듯 부러운 눈으로 쳐다봄이 역력하기도 했다. 한 친구는 경쟁자가 없게 됨을 기뻐하기도 했다. 이제 동무들과 이별을 하는 날이 왔다. 나도 이런 날이 이렇게 갑자기 오리라고는 미처 생각하지 못하고 지내고 있었다. 담임 선생님이 전학서류를 차일피일 미루고 계셨기 때문이다. 학기 말이 다가오자 선생님은 마음의 큰 결단이라도 내리신 듯 교무실로 부르시고서는 전학서류를 큰 봉투에 담아 건네주시는 것이었다. 어깨를 다독여 주시며 앞날을 빌어 주시는 듯한 눈빛으로 서운한 정을 표하시었다.

　교실에 들어가 책보자기를 주섬주섬 정리하여 교실 밖으로 나오게 되었다. 그동안의 친구들에게 작별인사도 제대로 못하고 복도 신발장에서 신발을 꺼내어 신고 나오려는 찰나였다.

　"내홍아, 내홍아." 나를 부르는 소리에 뒤를 돌아보니 영서라는 옆자리 동무였다. 영서는 쭈뼛거리며 등 뒤에 숨겨가지고 나온 공책 한 권을 내밀며

　"광주 가면 이 공책으로 여기서처럼 공부 열심히 해 꼭 성공해라이." 배웅하는 친구 하나 없이 서글픈 마음이었는데 이 친구의 뜻하지 않은 선물에 눈시울이 붉어지고 말았다.

　"광주 가더라도 일요일엔 오니께 그때 만나자. 고맙다이." 나는 아무렇지도 않다는 듯이 그렇게 작별인사를 하고 헤어졌다. 나는 이 공책을 아껴가며 공부를 하기 시작했다. 처음 도시 생활을 하면서 바쁘기도 했지만 이 친구는 항상 채찍질하며 따뜻한 손길로 등을 어루만져주는 듯하였다.

　나는 이 친구를 사회생활을 하면서 다시 만나기 시작했다. 친구도 교직에 들어와 나와 같은 길을 걷게 되면서 우리는 더욱 다정한 사이가 되었고 죽마고우의 우정을 이어가게 되었다.

　요사이는 공책은 거의 사라진 유물이 되어간다. 메모장도 가지고 다니는 사람이 없을 정도로 스마트폰의 위세가 대단하다. 나

도 이런 시대의 흐름에 뒤지지 않기 위해 스마트폰 사용법을 익히고 있다. 칼러 노트 앱이 메모장이 되고 연습장 구실을 확실하게 해주고 있다. 그 옛날의 공책을 지금은 핸드폰 칼라 노트가 대신하고 있으니 격세지감을 느끼는 것은 나만의 소회가 아닐 것이다.

며칠 전 나주 금성관 관아에 들린 적이 있다. 그날 밤 나는 뜻하지 않던 친구의 부음을 접하고 말았다. 평소 건강하고 활발하게 살고 있었는데 너무 뜻밖의 일이었다. 이 승을 떠난 친구가 선물했던 줄이 그어진 노오란 공책 속에는 금성관 은행나무는 삶의 무상함을 탓하지 않고 살아왔다고 씌여있는 듯 했다.

나주 목사골 관아에 들어서니
뒤뜰의 은행나무 나그네를 반기는데
흘러간 세월 앞엔 옛사람 찾을 길 없고
지천인 은행알은 풍년 소식 전하지만
민초들 원성은 예나 다름없네

어린 시절 친구의 따뜻한 마음이 담긴 공책 한 권은 지금의 나를 만들어주는 데 얼마만큼 큰 자양분이 되었는지 모를 일이다. 문명의 이기는 날로 발전하지만 우정은 그에 비례하지 않은 것 같다. 어린 시절의 공책 한 권의 따뜻한 정은 지금도 내 인격을 다듬어 가는 '정'이 되어 있었다.

중학교 합격

▲ 중학교 시절

　일 년 동안의 치열한 입시 공부에 잘 적응했던 나는 선망의 대상이었던 광주서중 입학원서를 쓰게 되었다. 솔직히 어느 중학교에 원서를 내야 하는 지 광주 시내 중학교 사정을 나로서는 알지 못하고 있었다. 담임 선생님의 판단에 따라 원서를 쓰게 되었고 필요한 것은 나무 도장과 이름과 생년월일을 확인하기 위한 호적초본이 전부였다. 내 이름도 이 과정을 통해 법적 효력을 가진 '내섭來燮'으로 입학원서를 쓰게 되었고 '내홍'이라는 촌티를 벗어나는 계기가 되었음도 사실이다.

　수험생들은 시험장으로 교과서나 참고서를 가지고 가 시험을 치르도록 허용을 하고 있었다. 참고가 될만한 책을 가방에 담으니 무거운 짐이 되었다. 시험장에 도착하여 시험지를 받아 보니 책가방 속에서 교과서나 참고서를 꺼내어 정답을 찾을 만큼 마음의 여유가 없었다. 책을 보며 정답을 찾을 만큼 여유가 있었다면 그 수험생은 이미 합격을 약속받은 것이나 다름이 없었으리라. 무사히 시험을 치르고 시골에 내려가지 못하고 광주에서 발표날을 기다리게 되었다.

합격자 발표일이 되어 매형을 모시고 중학교 운동장으로 들어섰다. 벌써 많은 사람이 합격 여부를 알아보기 위해 인산인해를 이루고 있었다. 480명 모집에 경쟁률이 6대1이었으니, 넓은 운동장엔 이미 수백 명의 수험생과 학부형이 운집하여 장사진을 이루고 있었다.

합격자 수험번호는 커다란 합판 위에 써 붙여놓았다. 사람들 사이를 비집고 들어가 가까이 다가가야 수험번호를 확인할 수 있었다. 합격자 벽보판은 여러 개가 줄줄이 늘어서 있어 처음 벽보판부터 차례로 확인해 나가야 했다. 수험번호를 확인해 가던 중 흰색 종이 위에 아라비아 숫자로 쓰인 내 수험번호가 번뜩 눈에 띄었다. 세 자리 숫자인 수험번호를 눈을 부비며 확인하고 확인했다.

얼마나 기다렸던 합격의 기쁨인가! 이렇게 중학교 합격이 많은 학부형의 선망의 대상이 되리라고는 생각이 미치지 못하고 있었다. 사막의 신기루라도 찾은 듯 내 머리 속은 하얗게 변해버리고 말았다.

함께 발표장에 오신 매형은 나보다 더 기뻐하셨다. 공부 잘한다고 소문난 아랫집 친구는 고배를 마시고 말았으니 그럴 만도 했다. 6학년 교실 유리창 너머로 가깝게 보이는 중학교 건물 지붕을 쳐다보며 부모님을 기쁘게 해드리겠다는 다짐을 하곤 했었다.

합격자 발표를 확인하고 나오면서 매형께서 자장면을 사주시던 기억이 새롭다. 난생처음 자장면이라는 음식 맛을 보게 되었고, 이후 자장면 음식은 나에게는 기쁨과 축하 음식의 전령사가 되어버렸다.

수창초등학교 졸업생 이○○가 서중학교 수석 합격을 하였고 후일 이명박 정부에서 국정을 원만하게 이끌어 명총리 반열에 올랐던 김○○ 총리 역시 수창초등학교 졸업생으로 함께 합격의 영광을 누리게 되었다.

놀이터가 된 무등경기장

어느 토요일 오후였다고 생각된다. 고향에 내려가지 못하고 매씨 댁에서 지내게 되었다. 철이 없을 때는 신나고 재미나는 일을 찾아 온 시골 마을을 휘젓고 다니기 일쑤였다. 하다못해 하늘을 나는 새를 잡겠다고 돌팔매질을 하고 다니지 않았던가.

나의 장난기는 커가면서 더욱 심해지기 시작했다. 고향 마을 앞에는 조그만 방죽이 있었다. 맑은 물속에서 미꾸라지 소금쟁이 메기 물방개 붕어 떼가 헤엄을 치는 모습에 정신을 놓고 들여다보곤 하였다. 가끔은 우렁이를 잡으려다 미끄러지는 바람에 옷을 다 젖어 어머니에게 혼이 난 적도 있지만 이런 재미가 없었으면 나는 성장을 멈추었을 것이다. 여름철이면 연꽃이 화려하다 못해 내 혼을 다 빼앗아 가 버리기도 했다. 그뿐인가 겨울이면 얼음이 얼어 썰매장이 되고 스케이트장이 되어 동네 꼬맹이들로 문전성시를 이루곤 했다. 꽁꽁 얼어붙은 얼음장 위에서 스케이트 타는 일이 가장 즐겁고 행복한 시간이기도 했다. 물론 스케이트는 지금처럼 값비싼 고급스런 물건이 아니었다. 팔뚝만한 통나무를 잘라 모양을 만들고 밑바닥에는 가느다란 철사를 덧붙여 스케이트

날 역할을 하도록 하였다. 철심이 질이 나면 미끄러지듯 속력을 낼 수 있으니 겨울방학은 즐겁기만 했다.

  광주로 온 뒤론 이런 재미가 어느샌가 사라지고 학교 공부에만 진을 빼고 있었다. 그러나 어느 날 나의 무의식 속에 숨어있던 이런 본능이 스멀스멀 살아나고 말았다.

  무료한 시간을 보내고 있을 무렵 이발을 하러 온 손님이 세워둔 자전거를 발견하게 되었다. 시골에서는 자주 보지 못하던 자전거는 시골뜨기에게는 신기하기도 하거니와 호기심 덩어리였다. 바퀴에 바람을 단 듯 재빠르게 앞서 달리는모습을 보노라면 신나고 부럽기만 했었다.

  검은 색깔의 자전거는 타고 다닌 지 꽤 오래되어 보였다. 안장에는 째어진 흠이 있었으나 바큇살은 햇빛에 반짝이며 자꾸 나를 유혹하고 있었다. 주인이 이발을 하기 위해 잠시 놓아둔 자전거는 내 마음을 쏙 빼앗아가고 말았다. 자전거를 끌고 가까운 무등경기장(현 기아챔피언스필드)으로 향하였다.

  당시 무등경기장은 규모가 작고 모두 푸른 잔디로 단장을 하고 있어 시골 마을 큰 부잣집 마당 같은 느낌을 주는 아담한 운동장이었다. 마을이 꽤 크기 때문에 이런 운동장이 버티고 있을 거라는 짐작을 하곤 했었다.

  경기장 입구는 경사로여서 자전거를 배우기 알맞은 장소였다.

비포장 비탈길은 페달을 밟지 않아도 되니 중심을 잘 잡기만 하면 힘들이지 않고 연습을 할 수 있는 장소였다. 타보는 즐거움과 스릴에 빠진 나는 시간 가는 줄을 깜박 잊고 말았다. 오직 자전거 위의 스릴만이 온몸의 신경줄을 옭아매고 있는 것 같았다. 어린 영혼은 넋을 빼앗긴 듯 행복감에 젖어 가고 있었다.

한편 자전거 주인은 이발이 끝나고 감쪽같이 사라진 자전거를 찾느라고 애를 태우고 있었던 모양이다. 지나가는 사람에게, 맞은편 '방'씨 가게주인에게 수소문을 던져 봤으나 오리무중이었다. 시간이 흐르면서 주인은 묘연해진 자전거 행방을 포기할 무렵이 되어가고 있었다. 하루 일진이 나빠 손재수가 비친 거라고 자위를 하며 치밀고 올라왔던 화가 진정을 되찾아가고 있을 무렵이었다.

황소 같은 눈망울을 굴리며 사방을 두리번거리던 주인은 멀리서 자전거를 끌고 오는 어린 학생을 발견하고선 얼굴에 화색이 돌기 시작했다. 손재수로 돌렸던 주인 얼굴은 어느새 안도의 얼굴로 변하기 시작한 것이다.

자전거 사건은 이렇게 하여 혼쭐이 날 위기를 간신히 넘기게 되었고 그 후로 내 몸은 자전거 배우던 기쁨과 스릴이 한동안 떠나지 않았다. 자전거를 배우는 재미가 이렇게 클 줄이야 누가 알았겠는가!

처음 자취생활

중학교 입학을 한 지 몇 달이 지나 매씨 댁을 떠나 집안 형과 동갑내기 고향 친구 셋이서 조그만 방 한 칸을 얻어 북성중학교 근처에서 자취를 하기 시작했다.

6·25 전쟁 직후에 지어진 조그만 초가집이었기에 자취방은 아주 협소했다. 시골 고샅길을 옮겨 놓은 듯한 좁은 골목길은 미로를 연상케 했다. 대문도 떨어져 나가고 나무판자가 얼키설키 엉겨 붙어 집들의 경계를 알려주고 있었다. 펌프 물을 사용하여 세수를 하기에 이웃집 사람들의 동태가 아침이면 환하게 드러나 조심스럽기도 했다. 방이 좁으니 잠을 잘 때가 문제가 되었다. 세 사람 책상이 방안을 차지하고 있으니 마땅히 누울 공간이 없기 때문이다. 겨우 발을 책상 밑으로 뻗으면 발이 맞닿아 서로의 온기를 느끼며 잠을 청할 수밖에 없었고, 책상 밖으로 내민 얼굴은 문틈으로 들어오는 겨울바람을 이겨내야 했다. 그러나 이런 열악한 환경은 우리의 학구열에 흠이 되지 않았다. 세 사람은 시골 마을에서 받아 누린 선물인 듯 초롱초롱한 눈빛으로 서로 뒤질세라 공부하는 즐거움으로 하루하루를 보내게 되었다.

냉장고가 없던 시절 반찬이 가장 큰 문제가 되었다. 일주일은 어떻게든 어머니가 만들어 준 반찬으로 버텨야 한다. 가장 간수하기 쉬운 반찬거리가 달걀이나 고추장이었다. 가끔은 멸치를 볶아 오기도 했지만 흔한 일은 아니었다. 배가 고프지 않게 하루를 보내면 다음 날 학교에 갈 수 있으니 행복하기만 했다. 매일 학교에 등교하는 일이 가장 즐거운 일이었다.

어느 날 주인아주머니가 학생들을 안쓰럽게 여겨 반찬을 담아 보내준 적이 있다. 다른 친구는 집에 돌아오지 않았기에 보내준 반찬을 나 혼자 맛있게 먹고 말았다. 식욕이 왕성하던 때이니 미처 친구와 같이 나누어 먹어야겠다는 사실을 간과하고 말았다. 이런 사실을 친구에게는 끝내 말하지 못하고 지냈던 기억이 있다. 이런 일이 있은 후에는 친구의 얼굴을 보기가 민망할 때가 있기도 했었다. 사회에 나와서는 모두 자기 분야에서 성공한 삶을 살아가게 되었으니 이런 배고픈 설움이 밑받침이 되지 않았나 생각을 하게 된다.

오전 수업이 끝나 점심시간이 되면 운동장 포플러 나무 그늘 밑에서 친구를 기다린다. 도시락은 반찬 때문에 가지고 다닐 수 없었다. 점심을 먹고 나온 친구들과 어울려 공을 차고 오후 수업에 들어가는 일이 다반사였다. 공를 차는 일은 밥 먹는 것보다 더 흥미가 솟는 놀이였다. 내 호기심과 장난기가 씨줄과 날줄로 얽혀 공이 만들어진 것 같았다. 이런 인연으로 지금도 기억에 생생한 두 친구가 있게 되었다. 두 친구와는 봄에 열리는 학급대항 체육대회에 학급 대표 선수로 공을 찾기 때문에 가깝게 지내게 되었다. 기철이는 자기 집에 가끔 초대를 해주었고 부모님이 원불교 신자였기에 '친구 따라 강남 간다'는 속담처럼 친구와의 인연으로 한동안 원불교에 심취하는 계기가 되었다.

또 다른 친구였던 현권이와는 중학교 졸업 무렵 '메모리'라는 추억거리를 주고받으며 헤어짐을 아쉬워했다. 열성적이고 다부진 성격이었던 친구는 다시 고등학교 동창이 되었고 산부인과 의사가 된 후 내 막내아들 산파 노릇을 하기도 하였다.

가끔은 교내 매점에서 빵을 한 조각 사서 먹는 즐거움이 소나기구름 속에서 새어 나오는 햇빛처럼 반가웠다. 빵 한 개를 사 먹으려면 밥 두 끼는 굶어야 했다. 어머니가 한 달 먹을 쌀을 한 말 두 되를 주신다. 무게로 환산하면 24kg 정도가 되는 양이다. 군것질을 하려면 한 달 먹을 쌀 중에서 조금 덜어내어 돈으로 바꿔야 하니, 그만큼 먹을 쌀 분량이 줄어들게 되는 것이다. 당시에는 조그만 쌀가게들이 길거리 군데군데에 있어 쌀을 주고 잔돈푼을 만들어 쓰기에 편리하기도 했다. 이렇게 마련한 푼돈으로 학교 2층 복도 계단 아래 학생 매점에서 빵을 사서 먹고 점심을 때우기도 했다. 생김새가 동그랗고 갈색빛의 빵은 배고픔을 달래주면서 맛이 좋아 가장 큰 행복감을 주었던 음식이었다. 지금도 이 맛을 잊지 않아 제과점에서 팥소를 넣은 갈색 빵을 골라 먹는 습성이 변하지 않고 있다.

토요일 집에 다니려 갔던 나는 일요일 광주에 오기 위해 쌀자루를 가지고 나온 적이 있었다. 많은 쌀을 가지고 올 수 없으니 조그맣게 쌀자루를 만들어 한 쪽 손에 들고 나와야 했다. 삼거리 (현재의 고려시멘트공장 부근)에서나, 기차역 앞의 버스 터미널까지 걸어 나오려면 한 시간 이상 걸리는 거리였다.

당시엔 버스에 안내양이 있어 차표를 받고, 안전 관리를 담당하기도 했다. 이런 일을 하는 여차장은 야무지고 셈이 빠른 머리가 있는 사람이었다. 쌀자루를 가지고 가는 날에는 버스 안내양과 실랑이가 벌어지기도 한다. 작은 쌀자루를 보고 짐삯을 내라고 하는 안내양이 있기 때문이다.

"이 버스가 짐차라면 돈을 내겠다"고 응수를 하지만 버스 안내양의 다부진 태도에 자못 의기소침해지고 만다. 이런 실랑이를 보고 있던 승객이 학생인 처지를 안타깝게 생각하여 구세주가 나타난 듯 내 편을 들어주며 일어선다. 그러면 안내양도 승객의 위세에 눌려 못 이기는 척 주저앉고 만다. 실랑이는 승객의 중재로 끝을 맺게 되고 쌀자루는 무사히 자취방에 안착을 하게 된다. 버스에 오르는 승객에게 보따리 짐값을 내라면 지금은 웃지 못할 코메디 장면이라고 치부하겠지만 보릿고개가 일상이던 1960년대에는 어린 학생에게는 잊히지 않을 서러움이기도 했다.

자취방 계약 기간이 끝나자 세 사람은 각각 헤어지게 되었다. 이번에는 수창초등학교 뒤쪽으로 방을 옮기게 되었다. 아치실 태생인 근수 형과 삼서면 출신인 이○○라는 학생과 셋이서 방 하나를 얻어 자취생활을 이어가게 되었다.

　연탄불을 이용하여 난방을 하고 음식도 연탄불 위에서 만들어 먹어야 했다. 하루에 한두 차례 연탄불을 갈아야 하니 낮에는 주인집 아주머니께서 친절하게 연탄불을 갈아주시곤 했다.

　책상 3개가 들어가니 작은 방은 더욱 공간이 없었다. 여름이면 책상을 문 쪽 가까이 두면 시원하니 좋았고, 날씨가 추워지면 문에서 멀리 안쪽으로 옮기면 따뜻하니 좋았다. 이런 사소한 자리 때문에 서로 시원하고 따뜻한 자리를 차지하고 싶어 다툼이 벌어지기도 했다.

　고등학교 다니는 형은 취미 삼아 신문 스크랩을 하고 있었다. 지성스럽게 신문을 구해와 유명인사들의 사진만 도려내어 큰 노트에 붙여가며 이름을 써 가고 있었다. 마치 유명 인사들이 자취방에 모여 우리를 격려하는 듯한 환상을 갖게 했다. 이런 형의 모습이 색다르게 보여 나도 신문지를 보면 유명인사의 얼굴을 도려내어 스크랩 북을 만들기 시작했다. 서로 뒤질세라 모으다 보니 한 권의 공책이 바로 채워지고 말았다. 특히 국내외 정치인이나 유명한 과학자 사진이 인기 있는 사진이었다. 우린 비록 좁은 자취방에서 맨밥을 먹고 학교를 다녔지만 가슴 속에는 위인들의 삶을 닮아가려는 큰 꿈이 자라고 있었다.

　어느 날 고향 집에 다녀온 나는 방문 열쇠를 찾을 수 없었다. 약속된 장소에 열쇠가 없었기 때문이다. 누가 자취방에 먼저 올지 모르니 약속된 곳에 열쇠를 항상 놓아두곤 했다. 이제 형이 나타날 때까지 기다려야만 했다. 그러나 아무리 기다려도 소식이 없으니 저녁밥을 해 먹을 수도 없었다. 열쇠로 문을 열어야 부엌에도 들어갈 수 있는 집 구조였기 때문이다.

오랜 시간 기다리다 보니 어스름한 저녁 무렵이 되었다. 나타나지 않는 형이 무척 야속하게 생각되었으나 그 순간 큰 길가에 있는 헌책방 생각이 떠올랐다. 형이 오기를 기다리는 동안 책을 읽으면 좋겠다고 생각을 한 것이다.

책방으로 달려가 서가에 꽂혀 있는 많은 책 가운데서 표지 그림만을 보며 책을 고르게 되었는데, 『보물섬』이라는 책을 골라 읽게 되었다.

교과서와 참고서를 읽으며 공부를 했던 나는 처음으로 내 손으로 고른 책을 읽어 보게 된 셈이다. 재미에 빠져 시간 가는 줄 모르고 읽게 되었다. 이처럼 무섭기도 하고 가슴 설레이는 책은 내 생애 처음이었던 것이다. 교과서와 참고서밖에 읽을 수 없던 독서환경에서는 좋은 책을 골라 읽기는 매우 어려운 여건이었다. 홀딱 빠져버린 나는 이 책을 읽은 여운이 내 생애를 지배하게 될 줄은 미처 생각지 못하고 있었다.

그 후 이광수의 『사랑』을 읽으면서 나의 감성은 더욱 살아나기 시작했고 교직에 들어서 독서 지도를 하면서는 독서의 즐거움과 호기심을 자극하기 위해 『보물섬』을 학생들에게 권하게 되었다.

그 집 앞

　초등학교 6학년 무렵 처음으로 광주 유학을 와 지냈던 매씨 댁이 지금의 기아챔피언스필드 경기장 바로 이웃이었다. 이곳에서 치열한 중학교 입시 공부를 하기 위해 일 년을 보내게 되었다. 내가 광주로 올 수 있었던 연유도 사실 이곳에 있었던 누님댁 덕택이었다. 4km쯤 먼 거리의 학교까지 걸어 다니며 입시 공부에 온 힘을 쏟았다. 가끔은 시내버스를 이용하기도 했지만 걸어 다니는 날이 더 많았다. 학교 가는 길가에는 포플러가 줄지어 서 있었다. 지금도 그 모습 변치 않고 몇 그루가 남아있으니 세월이 비켜 간 듯하다. 바람에 나부끼는 잎사귀의 속삭임은 변치 않은 정감을 보내주고 있다.

　큰 도로를 접하고 있던 누님댁은 이발소였다. 매형께서 시골을 정리하고 도시로 나와 이발업을 시작하신 곳이 이곳이다. 술을 좋아하시고 사교성이 좋아 손님도 늘어갔다. 나는 공부를 열심히 하여 꿈에 그리던 중학교에 합격하게 되었고 가장 먼저 기뻐하고 이웃에게 소식을 전한 분이 매형이셨다. 매형의 보살핌이 없었더라면 광주 유학의 꿈을 접어야 했을 것이다. 이런 애환이 숨겨진 곳이 바로 이 집이었다.

당시에는 도로포장이 되어있지 않아 차가 지나가고 나면 많은 먼지가 사방을 뒤덮고 한참을 지난 후에야 시야가 트일 정도였다. 가까운 무등 경기장은 처음으로 자전거를 배워 타기 시작한 곳이기도 했다.

가을이면 노랗게 익은 논배미 사이로 미꾸라지를 잡으러 다녔으며 한여름 밤에는 반딧불이 어둠을 내쫓던 곳이었다. 개구리들의 여름 합창은 가장 아름다운 자연의 선물이기도 했다. 실타래를 풀어 놓은 듯 길게 뻗은 철길은 우리의 꿈을 실어나르는 듯했고 오가는 버스는 고향의 소식을 전해 주고 있었다.

어렸을 때의 꿈과 희망이 자랐던 곳, 이 집 앞을 지나게 되면 애환哀歡의 정이 파도처럼 밀려온다.

누님댁 바로 아래에는 여섯 아들을 둔 분이 살고 계셨다. 이 집에 내 또래 친구가 있었다. 광주에 와 맨 처음 사귄 친구가 바로 이 친구다. 다섯 아들을 둔 친구의 아버지는 딸을 하나 보고 싶었다. 딴 여자와 잠자리를 같이했지만 거기서도 아들이 태어나 여섯 아들의 아버지가 되고 말았다. 친구 어머니는 이 여섯 아들 뒷바라지에 눈코 뜰 새가 없으셨다. 내가 친구와 어울리면 일곱 아들인 셈이었다. 나는 어머니 곁을 떠나 있기에 친구의 어머니가 대리 만족을 주고 있기도 했다.

이 집 둘째 아들인 친구와 같이 학교에 가려고 가끔 아침 식사가 끝나지 않은 친구 집에 들리기도 했다. 동그란 상에 옹기종기 모여앉아 반찬 두 접시로 밥을 먹는 형제들의 모습이 남다르게 보이기도 했다. 없는 반찬이지만 먹고 싶은 생각이 꿀 같기도 했다. 친구 어머니의 다정하고 친절한 말씨는 내 어머니 음성과 다름이 없었다.

골목을 들어가면 방앗간이 있어 가을이면 나락 가마니를 실은 수레들이 몰려 문전성시를 이루고 있었다. 친구 큰 형은 방앗간집 예쁜 딸과 눈이 맞아 결혼을 하였다. 내 친구는 형수가 된 이 아가씨를 형수로 대접을 하지 않았다. 늘 같이 놀던 아가씨가 형수가 되었으나 믿기지 않을 일이었다.

이제 옛 모습은 온데간데없이 사라져 버렸다. 누님댁은 벽지를 파는 장판집으로 변하였고 이웃집들은 잡다한 물건을 파는 상가로 변했다. 친구 아버지 논밭은 큰길로 또는 주택가로 변했다. 일 년을 살았던 나는 이곳을 지날 때마다 어린 시절의 추억이 하나 둘씩 되살아남을 어찌할 수 없다.

특히 51번 버스를 이용하게 되면 감회가 더 새롭다. 옛날 등하교를 했던 1번 버스 노선과 일부 구간이 겹치기 때문이다. 유리창 밖의 옛 누님댁을 지날 때마다 옛정이 그리워짐은 인지상정이 아닐지…

오가며 그 집 앞을 지나노라면
그리워 나도 몰래 발이 머물고
오히려 눈에 띨까 다시 걸어도

되오면 그 자리에 서졌습니다.

중학교 음악 시간에 배웠던 이은상 작사의 '그 집앞' 노래 일절이다. 달리는 버스 안이지만 가끔은 흥얼거리며 이 집 앞을 지난다.
잔잔한 감동을 주는 이 노래는 어느새 어린 그 시절로 내 마음을 되돌려 놓는다.

오가며 차창 밖을 내다 보노라면
그리워 나도 몰래 눈이 머물고
다정했던 친구들의 얼굴 모습
밤하늘의 별처럼 또렷해지네.

철길가 코스모스 인사를 하며
메뚜기 잠자리 허수아비 놀던
나이 팔십에 이길 다시 걸으니
옛 친구 간곳없고 찬바람만 횅하네.

어머니의 별빛

 고등학교 입학식을 손꼽아 기다리고 있던 추운 겨울날이었다. 광주에서 자취방 계약 기간이 끝나자 고향인 시골 마을에 와 부모님의 일손을 잠시 돕고 지내고 있었다. 눈발이 내리는 스산한 날씨에 온 세상은 얼어붙은 듯 고요하고 적막한 데 앞산의 푸른 벌송만이 푸른 빛을 띠고 있었다.

 범상치 않은 낯선 사람 하나가 마치 잃어버린 물건을 찾듯이 두리번거리며 마당 안으로 들어서는 것이다. 조용히 방안에서 추위를 피하고 있던 집안 식구들은 마당으로 들어서는 낯선 사람의 동태를 문에 달려있는 작은 유리 틈을 통해 유심히 살피고 있었다. 이런 추운 겨울에 도회지 사람 모습을 풍기는 옷을 걸치고 아무 예고 없이 나타나니 수상하기 그지없는 일이었다.

 1960년 대에는 일 년에 한 두 차례씩 밀주 단속을 하기 위해 세무서 직원들이 농촌 마을을 염탐하러 드나들고 있었다. 당시에는 면 단위에 주조장이 하나씩 있어 주조장에서 제조하는 막걸리를 사서 먹도록 유도하고, 각 가정에서 빚어 먹는 양조주는 불법

밀주라 하여 단속을 하던 시절이었다. 세무서 직원이 마을에 나타나면 죄를 지은 듯 모두 벌벌 떨며 무서워하던 시절이었다.

농촌 마을에서는 매년 농사일을 대비해 누룩을 장만해 감추어 두고 있었다. 막걸리 원료가 바로 이 누룩이었다. 여름 무더위에 막걸리는 농주農酒라 칭하여 가장 서민적이면서도 귀한 대접을 받는 음식이었다.
 우선 배가 부르니 먹을 것이 없었던 때를 넘길 수 있었고 농군들의 땀과 갈증을 씻어주고 힘을 돋구어주는데 없어서는 안될 음식이 바로 막걸리였다. 막걸리를 담은 노란 주전자와 술을 따라 사용하던 양은 술잔은 막걸리의 맛에 풍미를 더하고 있기도 했다. 주전자는 가끔은 찌그러지고 볼품은 없었지만 여름 뙤약볕 아래서는 진주처럼 빛나는 진가를 발휘하곤 했었다. 막걸리의 텁텁한 맛과 훈훈한 동네 인심이 담겼기에 그 모습은 가장 아름다운 삶의 단편을 드러내고 있기도 했다. 무논 속 김을 매며 떼창을 하듯 들녘을 호령하던 목소리가 흘러나오는 원천이 바로 막걸리의 힘이었다.

이런 좋은 음식을 왜 그렇게 단속을 해야만 했는지 지금으로서는 이해하기 쉽지 않은 정부 시책이었다.
 세수稅收를 늘리기 위해 이런 고육책을 쓰고 있었는지 아니면 일제의 식민지 잔재가 남아 순진한 백성들을 괴롭히려는 심사였는지 아니면 지역 유지인 주조장 오너Owner를 배려하여 하는 일인지 알 수 없었지만 삼동三冬 농한기이지만 마음 편히 지내기 어려운 농촌 현실이었다.

우리 집에도 농사 일손을 대비하여 누룩을 만들어 여러 곳에 숨겨두고 겨울을 보내곤 했다. 이런 이유로 집안에 마치 폭탄을 감추어 두고 사는 불안감이 떠나지 않고 있었다. 어느 때 세무서 직원이 나타나 집안을 휘저어 놓을지 모르기 때문이다.

부모님께서는 이 년 전에도 홍역을 치른 적이 있었기에 낯모르는 사람이 마을에 나타나면 세무서 직원이 아닌지 가장 경계를 하고 지내고 계셨다.

밖의 인기척 소리에 방 안에 있던 나는 방문을 열고 밖으로 나갔다.

우리 마을은 북향北向이어서 겨울에는 해가 짧아 눈이 잘 녹지 않으며 북풍이 몰아쳐 추위가 길고 매서웠다. 이런 추위를 이겨내기 위해 방안에서는 항상 화롯불을 피워 방안 공기를 따뜻하게 하였고 문틈으로 들어오는 외풍을 막기 위해 문풍지를 달아 칼날 같은 바람을 막아 내야 했다. 이런 연유로 가끔은 방안에서도 모자를 눌러쓰고 지내고 있었다.

이날도 곧 입학하게 될 고등학교 모표가 붙은 흰 줄 테를 두른 검은색 모자를 쓰고 방문을 열고 눈발이 흩뿌리는 마루로 나갔다. 바람에 날린 눈발이 하얗게 덮여있는 마룻바닥은 아직 봄은 요원하다는 듯 차갑기 그지없었다. 방문객의 모습이 범상치 않아 세무서 직원일지도 모른다는 불안감이 엄습하고 있었다. 이 추운 겨울에 아무 연락도 없이 찾아올 손님이 없기 때문이다.

세무서 직원은 고등학교 모자를 쓰고 나온 어린 학생의 모습을 보자 '광주 제일고등학교' 학생임을 알아차린 모양이었다. 그는 마루에 걸터앉아 바지가랑이 흙먼지를 털며,

"학생 고등학생인가?"

"예, 금년 입학합니다. 방학 중이라 시골에 내려왔습니다."

열심히 공부하여 부모님 기쁘게 해드리라는 몇 마디 덕담을 건네더니 벗으려던 신발을 고쳐 신고는 바로 대문 밖으로 나가버리는 것이었다. 다른 때 같으면 방안을 급습하거나 집안 곳곳을 뒤지며 사람을 놀라게 했을 터인데 순순히 대문 밖으로 사라지는 모습에 안심을 하고 방안으로 들어설 수 있었다.

세무서 직원은 이런 오지 시골을 떠나 광주 도회지에서 공부를 하는 나를 대견스럽게 생각을 하였던 모양이다.

방안에서 숨을 죽이며 바깥 동태를 살피시던 어머니께서는 안도의 숨을 쉬시게 되었다. 아들이 나섬으로써 별 어려움 없이 큰 위기(?)를 쉽사리 모면하게 된 것이다.

당시에는 겨울 동안은 일거리가 없어 편안하게 지내는 것이 농촌 실정이었다. 그러나 세무서 직원이 한 차례 지나가게 되면 마을 사람들 사이에는 희비가 엇갈리게 된다. 마치 벌집을 흔들어 놓은 듯 비상사태가 마을을 뒤덮는다. 어려운 살림살이에 벌금은 물론 내년 농주의 원료가 사라지니 일손을 부리기가 쉽지 않기

때문이다.

　전화기가 없으니 이웃집에 세무서에서 나왔다는 소식을 빨리 전할 수도 없는 노릇이어서 감추어 둔 누룩을 압수당하기 일쑤였다. 이러한 위기를 아들 덕에 쉽게 모면했으니 부모님께서는 너무 기뻐하셨다. 가끔 이웃들에게 이런 자랑을 하시며 흐뭇해하시던 모습을 잊을 수 없다.

　나는 이날 태어나 처음으로 부모님께 가장 큰 효도를 해드린 것 같아 입학식을 기쁜 마음으로 기다리며 겨울을 지내게 되었다.

한일협정 비준 반대 시위

고 3을 지내면서 《사상계》라는 월간지 잡지에 매료된 적이 있었다. 학교 도서관을 자주 이용하면서 장준하 씨가 발행하는 《사상계》라는 월간지를 어느 교과서보다 탐독하게 되었다. 서가에 진열된 잡지를 골라 읽던 중 우연히 사상계를 발견하게 되었고, 내면의 지적 호기심과 정의감을 일깨워주는 등불이 되기 시작한 것이다. 나의 사고방식에 커다란 변화가 오기 시작했고, 새로운 사회 인식에 눈을 뜨게 되어 정신적으로 성장기를 맞이하게 되었다.

▲ 고등학교 시절

당시 '주기운' 선생님의 국어 수업은 가장 기다려지는 시간이었다. 수업에는 선생님의 인생관이 녹아있고 특유의 입담으로 사춘기 학생들의 가슴을 열어젖히는 마법이 숨어있었다. 여고女高

를 거쳐 오신 경력 때문인지 선생님의 수업은 마치 한 편의 시를 읽고 감상에 젖게 하는 마력이 있었다. 이로 말미암아 박제된 것처럼 메말랐던 가슴에 따뜻한 훈풍이 불어오기 시작하게 되었다. 《사상계》잡지와 선생님의 국어 수업이 쌍두마차가 되어 내 안에 이성과 감성의 새로운 자아가 형성되기 시작한 것이다. 좀 더 넓은 안목이 생기게 되어 새롭게 세상을 보는 눈을 뜨기 시작하게 된 것이다.

어느 날 수업 중인 조용한 교실에 난데없는 실내 방송이 교실을 뒤흔들었다. 정규 수업시간 중 이런 갑작스런 방송은 처음 있는 일이었다. 복도에 학년 전체가 집합하게 되었고 어떤 영문인지를 몰라 서로 어리둥절한 표정들이었다. 우리는 곧바로 박정희 정권이 추진하는 '한일협정 비준'의 부당성을 성토하기 위해 나서야 한다는 사실을 알게 되었다.

서울을 비롯하여 전국 각지 대학과 일부 고등학교에서 벌어지는 시위를 박정희 정권은 강압적으로 진압하며 휴교령으로 학생들의 시위 참여를 막고 있었다. 또 한 미국이 한일협정 비준을 조종하고 있다는 신문 보도에 자극을 받은 대학생들은 미국의 간섭을 성토하고 있었다.

복도에서 구호를 외치며 시위를 하던 학생들은 이에 만족하지 못하고 학교 교문을 박차고 나서며 길거리 시위로 번지게 되었다. 시위는 상당 시간 이어졌고 길거리 시민들의 박수와 격려 속에 힘을 얻고 목청을 높혀 구호를 외치며 시위현장을 누볐다. 다행히 큰 충돌이나 마찰 없이 시가행진을 마치고 귀교하게 되었다.

우리는 일제의 폭거에 앞장섰던 선배들의 고귀한 정신이 살아 숨 쉬는 학생 탑을 마주하며 등·하교를 하였다.

'우리는 피 끓는 학생이다. 오직 바른길만이 우리의 생명이다'.

학생 탑의 비문은 가슴을 뛰게 했고 젊음의 혈기에 점화를 하는 역할을 했다. 우리는 선배들의 이러한 독립 애국정신을 이어받아 마음속에 결기가 살아있었다. 젊음의 투지를 누가 막을 수 있었겠는가! 굴욕적인 한일협정 비준 반대 투쟁에 참여하여 결사決死의 의지를 보였던 것은 일고인一高人으로서 당연한 의무이기도 했다.

다행히 큰 소요나 불행은 겪지 않고 바로 학업에 안착할 수 있었으니 대학 입시를 준비하던 고3 학생으로서는 퍽이나 다행스럽기도 했다.

처음 하숙 생활

　　매씨妹氏 댁을 떠나 자취생활을 시작한 지 5년여 만에 처음으로 하숙을 하게 되었다. 고3이 되어 대학 입시 준비를 해야 한다는 명분이 부모님의 마음을 움직이게 하였던 것 같다. 친구의 소개로 북성중학교 앞 골목길 기와집이었다.

　　하숙집 아주머니는 상하방(원래 하나의 방을 두 개로 나눈 방) 셋방을 얻어 하숙생을 받고 있었다. 다행히 주인 아주머니는 6학년 때 같은 반 친구의 어머니였고, 하숙을 같이하게 된 룸메이트는 동급생 박○○이라는 동기였다. 먼저 하숙을 하고 있던 대학생이 자리를 비우자 고등학교 일 년 후배가 들어와 좁은 공간에서 셋이서 하숙을 하게 되었다. 방안은 자취방에 비해 보다 깨끗해졌지만 협소한 공간을 셋이서 이용하는 불편함은 여전했다. 서로 일면식이 없던 사이였지만 같은 학교 선후배가 되어 가족적인 분위기 속에서 생활을 하게 되었다.

　　처음인 하숙 생활은 더욱 규칙적인 생활을 요구하고 있었다. 셋이서 함께 행동을 통일해야 했기 때문이다. 먹는 것도 그렇고 잠자리에 들어 불을 켜고 끄는 것도 그러했다.

동급생 친구는 밤 10시쯤이면 밖으로 나가 막걸리 한 잔씩을 먹고 오곤 했다. 막걸리를 먹으면 공부가 더 잘된다는 믿기지 않는 친구의 꼬드김에 넘어가지 않았으나 좀 특별한 친구라는 생각을 하고 지내게 되었다. 하숙집 아주머니는 자기 조카(언니 아들)이니 더욱 이러한 행동을 막으려고 하였으나 이 친구는 막무가내였다. 아마 하숙집 음식으로는 양이 차지 않아 출출한 배를 채우려고 한 잔을 하러 다닌 모양이었다. 배고프다는 말은 내놓고 할 수 없으니 이런 묘수를 찾지 않았나 짐작하게 되었다.

 하숙집 아주머니는 저녁엔 어디서 주무시는지 알 수 없기도 했다. 우리 세 사람이 위 아래 방을 모두 사용하고 있었기 때문이다. 우리가 학교 간 틈을 이용하여 낮에 주무시고 밤에는 뜬눈으로 마루 한켠을 지키며 밤하늘의 달님을 찾아 고단한 삶을 하소연하지 않았나 하는 생각을 지울 수 없기도 했다.
 이곳에서 대학 입시를 치르게 되었고 교육대학 입학 후 한 학기를 더 보내고 휴학을 하면서 하숙집을 떠나게 되었다.

 셋이는 고등학교 졸업 후 진로가 달라 서로를 잊고 살아갔다. 넓은 바다에서 큰 고기를 잡아야 사회에 성공할 수 있다는 신념 아래 우리는 앞을 보고 달리는 기관차가 되어있었기 때문이다. 그러나 언젠가는 다시 인연이 되어 만나는 기회가 오기도 하니 살맛 나는 세상인 것은 틀린 말이 아닌 것 같았다.
 우연한 기회에 동창회 소식을 통하여 해후의 기쁨을 갖게 된 것이다. 하숙집을 떠난 지 30여 년 만에 동급생 룸메이트는 강진 경찰서장을 거쳐 영광 경찰서장으로 부임을 했다. 그 무렵 나도 영광 관내에서 근무를 하고 있었기에 동기 십여 명이 합석이 되어 그동안의 회포를 나눌 수 있었다.

비교적 정직하고 침착했던 나는 어린 학생들의 마음에 꿈을 심는 스승의 길을 걷고 있었지만, 통이 크고 대범했던 그는 사법 정의를 세우는 경찰관이 되어 있었다.

같이 하숙을 했던 일 년 후배는 손가락에 가벼운 장애를 가지고 있었다. 어렸을 때 끓는 물 속에 손을 집어넣어 이런 장애가 오게 되었다고 했다. 아마 사춘기엔 가장 마음 아픈 상처가 되어 남모르는 고민에 빠졌을지도 모르는 일이었다. 조선대학교 약대를 졸업하여 약사의 길을 걷고 있었고, 큰 방 집 주인의 딸과 결혼하여 근처에서 약국을 경영하고 있었다.

꿈 많던 고등학교 시절 한방에서 잠을 자고 한 상에서 밥을 먹고 같은 교문으로 등하교를 했던 세 사람은 사회에서 각각 다른 일에 열중하며 각자의 삶의 십자가를 짊어지고 살아가고 있었다. 세 사람이 같이 만날 기회가 없었음이 아쉬웠지만 서로를 응원했던 마음만은 변하지 않고 간직하고 싶었다.

만남의 인연이란 무엇일까? 영겁의 시간 속에서 잠시 흐르는 물줄기로 마주쳤던 시간의 흔적이 아닐까?

교육대학 입학

중학교 입학 후 가정환경 조사란을 기록하면서 장래 희망란에 가고 싶은 대학을 '서울사범대학'이라고 썼던 기억이 있다.

갓 중학교에 입학했던 시골내기가 어떻게 서울대학교 사범대학을 알고 희망란에 그렇게 썼는지는 알 수 없는 일이다. 옆 친구를 흘끗 쳐다보고 썼는지 알쏭달쏭한 일이었다. '사람이 태어

▲ 교육대학교 입학

나면 서울로 보내고 말이 태어나면 제주로 보내라'는 말이 회자되던 때이니 서울을 희망한 사실은 나의 바람이 큰 몫을 했으리라 짐작을 하곤 한다. 또 한 교사로서의 성소聖召가 이미 가슴속 깊은 곳에 자리하고 있었던 것은 아닐는지 알 수 없는 일이다. 내가 미처 감지하지 못한 하느님의 뜻일 뿐이었다.

고 3 담임 선생님은 서울대 문리대 진학을 권하셨다. 담임 선생님은 영어 과목을 담당하셨다. 젊은 선생님답게 유모어가 많았

고 친근감있는 수업을 하고 계셨다. 수업 시간이 즐겁고 항상 기다려지는 시간이 되었다. 영어에 흥미를 잃지 않고 지금까지 영어 공부를 놓지 않고 있는 것은 선생님의 덕이었다. 나는 이과 반이었으나 미적분이며 삼각함수 등은 선수학습 지식이 없으면 따라가기 어려운 내용이었기에 수학은 거의 포기하고 있는 실정이었다. 아마 이런 나의 성적이 문리대 쪽을 지원하라는 권유를 받게 된 연유가 아닌가 짐작을 하게 되었다.

많은 학생이 서울로 서울로 상경을 원하고 있었기에 지방대학은 뒷전으로 밀리고 있었다. 그러나 서울 유학은 집안 형편상 도저히 꿈을 꿀 형편이 아니었다. 어느 해 보다 전남 지방 일원에 한해가 극심해 경제적으로 어려움이 컸던 때이기도 했다.

서울 진학의 꿈을 접고 2년 선배인 집안 형이 다니는 교육대학에 입학 원서를 내게 되었다. 학비가 저렴하니 경제적으로 어려운 친구들이 몰려들었다. 우리 고등학교 동기 십여 명이 합격을 했으나 입학 후에 몇 친구는 세무서나 교육행정직 공무원으로 진로를 바꾸기도 했다. 다행이 죽마고우나 다름이 없던 친구도 입학을 하여 큰 위안이 되었다.

막상 교육대학에 입학하고 보니 평소에 꿈꾸던 대학 생활과는 거리가 멀었다. 말이 대학이지 고등학교 수준과 별반 다르지 않았다. 내가 다니던 고 3 교실을 옮겨 놓은 듯한 답답함이 내리누르기 시작했다. 여유로움과 낭만도 젊음의 패기도 찾을 수가 없을 뿐 아니라 소위 '상아탑'이라 불리는 대학에서의 학문의 즐거움도 찾지 못하게 되었다. 대학 생활은 이런 나의 소망을 채워주리라는 막연한 기대가 있었던 것이다. 졸업하여 월급을 받는 교사로서의 직업을 갖는다는 생각보다는 대학생으로서의 자유와 낭만을 생각하고 있었던 것이다.

더구나 4년여의 자취생활로 인한 영양 결핍과 고 3 입시 공부에 지쳤던 나는 건강이 나빠지고 있었다. 가래가 많고 기침을 자주하여 결핵 검사를 받았으나 다행히 결핵은 아니라는 판정을 받았다. 그러나 기관지 확장 증세로 기독교 병원에서 치료를 받아야 했으니 한 학기 동안 대학 생활의 즐거움을 완전히 잃어버리고 말았다.

학교생활에 적응하기 어렵게 되자 건강을 회복하면서 새로운 진로를 찾기 위해 휴학을 결심하게 되었다.
하숙비 때문에 광주에 눌러앉아 공부를 할 수 없으니 시골로 내려갈 수밖에 없었다. 부모님께는 상의 한마디 드리지 않고 벌어진 일이었다. 아들이 공부를 남부럽지 않게 하여 원하는 대학 진학을 했으니 부모님께서는 자식에게 거는 기대가 남다르셨다. 휴학을 하고 내려온 아들을 보시고 아버지, 어머니께서는 몹시 속이 상하셨던 모양이다.
늘 못마땅해하시든 아버지께서 어느 날 뇌졸중 증상으로 쓰러지시고 말았다. 다행히 초기 증상이어서 병원 진료를 받고 일상으로 빨리 돌아오실 수 있었으니 퍽 다행스러운 일이었다. 아마

자식에 대한 실망감이 컸기 때문에 이런 일이 생기지 않았나 생각이 되었다.

나는 매일 동네 뒷산을 오르내리며 몸과 마음을 추스르며 마음의 안정을 찾기 시작했다. 산속의 소나무 숲 내음과 땅이 내 뿜는 신비한 기운은 나의 몸과 정신을 치유해주는 효능이 있었다. 병원 약을 먹는 것 보다 몸의 상태가 좋아지기 시작했다.

그러나 농사일이 바쁜 계절에는 고생하시는 부모님의 일손을 돕지 않을 수 없어, 방에 혼자 앉아 공부에 몰두하기가 쉽지 않았다. 이런 시간이 계속되자 공부를 체계적으로 하지도 못하고 일 년이라는 시간이 무심하게 흘러가 버렸다.

이제는 시골 생활에서 오는 답답함이 더욱 옥죄이기 시작했다. 어떻게든 현재의 시골 생활에서 벗어나고 싶은 심정이 사슴이 시냇물을 그리워하듯 밀려오기 시작했다. 부모님 곁을 떠난 지 7년여 만에 고향 집으로 내려왔지만 이젠 부모님 곁을 떠나 스스로 독립을 해야 한다는 절박감에 휩싸이게 된 것이다. 처마 밑의 어린 제비가 어느 날 둥지를 떠나 푸른 하늘로 날아가듯이….

복학 결심

복학 절차를 밟아 가을학기 복학을 하자 일 년 후배들과 같이 강의를 듣게 되었다. 선배로서의 자존심이 은연중 마음속에 자리하고 있었기에 후배들과 어울려 지내기가 쉽지 않았다. 다행이 나와 비슷한 처지의 고등학교 동창인 복학생 친구가 생겨 위안이 되었고, 학교생활을 쉽게 적응해 나가는 데 도움이 되었다.

의기 투합했던 우리는 방학을 이용하여 승주에 있던 친구 집에 들러 하룻밤을 지내며 정담을 나누는 우정이 있었다. 그러나 이 친구와의 인연은 잠시일 뿐이었다. 대학 졸업 후 전혀 소식을 알 수 없게 되었으니 말이다. 외국 유학으로 진로를 바꾸었는지 생사유무 조차 알지 못하고 지내게 되어 안타깝기 그지없었다. 우리는 현실을 냉철하게 바라보는 지혜가 부족했고 허공에 떠다니는 신기루를 잡으려고 하고 있었는지 모를 일이었다.

휴학 전 실업 과목이 학점 미달인 F학점 이었다는 사실을 뒤늦게 알게 되었다. 실업 과목은 농작물이나 원예에 관한 내용으로 입시 공부만 했던 나에게는 생소한 과목이었다. 농촌에서 어린 시절을 지냈지만 실업 과목의 수업내용이 달갑게 느껴지지 않아 그 시간을 도서관에서 주로 보내게 되었다. 이런 연유로 결강이 많아 미달 학점을 받은 것이다.

담당 교수님은 약초밭에서 제초 작업을 시키시며 학점을 이수하도록 하셨다. 가끔은 뜨거운 햇볕 아래서 제초 작업을 혼자 하기란 달가운 시간이 아니었다. 실업 과목에서 F학점을 받은 학생은 내가 유일했다. 혼자서 김매기를 하는 것은 몹시 자존심이 상하고 부끄러운 일이었다. 그러나 이런 작업을 통해서 근로의식을 고취 시키려는 교수님의 의도가 숨어있었다.

어느 날 교수님이 "근로의식을 고취 시키기 위해 더운 여름날 제초 작업을 시키는 일을 어떻게 생각하는가?"라고 질문을 하신 적이 있었다. 당시에는 질문의 뜻을 잘 이해할 수 없었다.

육체적인 작업은 하고 싶은 의욕을 가지고 일을 해 본 적이 별로 없었다. 일이 생겼을 경우 장소와 때를 가려가며 선택적으로 일을 할 수 있는 여유를 가져 본 적이 없었기 때문이다.

교사로서 학생들을 지도하면서 학생들의 근로의식을 고취 시키려면 어떻게 해야 하는지를 깨닫게 하는 질문이었음을 뒤늦게 나마 알게 되었다. 일을 자주 많이 한다고 해서 근로의식이 고취되는 것이 아니기 때문이다. 어쩌면 가장 간과하기 쉬운 면을 깨닫게 해준 교수님이셨다. 교수님의 질문은 나에게 평생 잊히지 않는 화두가 되었다.

교생실습

2학년이 되면 교생실습 학점을 이수해야 한다. 몇 군데의 실습 대상 학교가 사전에 공지되면 이 중 본인이 희망하는 학교를 선택하여 실습을 나가게 된다. 사실 교생실습은 교대생들에게는 중요한 경험이 아닐 수 없다. 강물에 살던 고기가 넓은 바다로 나가기 위해 잠시 강어귀에 머무르는 시간이라고 할 수 있으리라.

내 머리에는 초·중·고 시절의 교실의 모습이 생생하게 각인되어 있기도 했다. 입시 공부를 했던 머리에는 아직도 권위적이고 천편일률적인 학습지도, 일제고사 등이 자리하고 있었다. 교육대학에서 1년 여의 짧은 시간은 내 머리 속 잔재를 청산하기에는 너무 짧은 시간이었다. 이런 잔재를 지워버리는 일이 가장 중요한 실습 과정이기도 했다.

교생을 배정받은 학교에서는 교생들을 반기는 분위기는 아닌 것 같았다. 학교에서는 사무가 더 늘어나고 실습을 직접 담당하시는 교실 선생님도 교생들로 인한 업무가 가중되므로 반길 리가 없었다.

공지가 난 여러 학교 중 모교인 수창초등학교를 희망하였고 칠

팔 명씩 그룹을 편성하여 같은 교실에서 실습을 하게 되었다. 모교에서 교생실습을 한다는 것이 영광스럽고 가슴 벅찬 일이었다. 새로운 마음가짐과 각오로 교생실습을 준비해야 했다.

시골 전학생으로서 학교 교문을 들어섰을 때의 설렘은 없었지만, 붉은 본관 2층 건물과 운동장 앞쪽의 등나무는 옛날과 다름없이 정겨움을 지니고 있었다. 운동장에서는 애국 주회 시 씩씩하게 울려 퍼지던 행진곡 소리가 어제 일처럼 귓가에 맴돌고 있었다.

배정받은 학급은 남자 선생님이 담임이신 2학년 교실이었다. 연세가 50이 넘은 선생님이시기에 신중하고 빈틈이 없으신 분이었다. 단정하고 깔끔한 외모가 교사의 전형적인 모습을 보여 주신 분이라고 생각이 되었다.

학습 지도안을 써보고 학습 자료도 충분히 준비하여 수업을 준비해야 한다. 이론적인 지도안이 아니라 움직이는 학생을 지도하기 위한 생동감이 있는 지도안을 짜야 한다. 가끔은 학생들의 웃음을 자아내는 재치도 있어야 한다. 그래야 교실이 살아 움직이게 된다. 교생들은 교단 앞에 서는 긴장감으로 처음 대하는 어린들 앞에서 박제가 된 교실을 만들어 가고 있는지 모르는 일이었다. 또한 머리에서 짜여진 계획이 몸에 익혀지기까지는 훈련이 필요했다. 몸에서 우러나오는 학생들에 대한 이해와 사랑이 필요했다. 그러나 이러한 동작은 하루아침에 형성되고 실천에 옮겨지는 일이 아니었다.

우리는 대학에서 배운 학습이론을 앞세운 이론가의 면모를 보이려 들었지 살아 움직이는 학생들의 감정이나 정서적인 면을 감싸주는 동행자는 못되었기에 부끄러움이 앞서는 교생실습이었다. 교사로서 책무를 익히게 되니 자부심 또한 은연중 갖게 되었으며 소명의식을 다지는 계기가 되었다.

학생들은 많은 수의 교생들 위세? 때문인지 생활 태도가 너무 조용하고 순박했다. 활발하게 장난도 치며 교실에서 떠들기도 하여야 할 나이인데도 어른스럽기만 하니 안쓰럽다는 생각이 들기도 했다. 교생들이 떠난 후의 교실은 얼마나 생기가 돌지 궁금해지기도 했다.

信友會 모임을 마치고

모임은 항상 마음을 설레게 하는 면이 있다. 특히 부부 동반 모임은 더욱 그렇다. 그동안 살아온 세월의 흔적이 다르기 때문이다. 같은 시간 만큼 알콩달콩 살았다고 하지만 각자의 얼굴에 씌여진 시간의 주름은 서로 다르게 화인이 되었기 때문이다. 점심시간을 이용하여 신우회 회원 4명이 부부 동반으로 남구 월산동 '천하일품 찜천국'에서 식사를 하는 날이다.

교육대학 재학 시 푸른 꿈을 키우던 시절 의기투합하여 결성된 모임이다. 같은 반이란 이유로 또는 고등학교 선 후배라는 인연으로 만나게 되어 모임을 시작했으나 세월의 흐름 속에 산 자와 죽은 자로 나뉘고 서로 다른 길을 선택하여 살면서 지금은 4명이 남아 모임을 이어가고 있다. 된서리와 폭풍우를 맞은 듯 부침을 거듭하면서도 우리 우정은 계속 이어졌으니 어쩌면 친 남매간의 정이 들었다고 해야 옳을 것이다.

회원 한 사람이 정년 후 제주에서 생활하고 있기에 모임이 자주 열리지 못하고 뜸해지게 되었다. 오늘 모임도 회원이 광주에 올라오는 기회를 이용하여 성사 되었다. 네 분 사모님들 또한 참

▲ 신우회

석을 하니 화기애애한 분위기가 정겹기 그지없다. 손자를 키우느라 시간을 낼 수 없어 전원 참석이 어렵기도 했다.

　이제 모두 자기 십자가를 지고 살아온 연륜이기에 얼굴에서 나이테가 묻어나옴을 지울 수 없다. 앞머리가 빠지니 민둥하게 넓어진 이마며, 흰 눈이 흩뿌린 듯한 백발이며, 잡티 낀 얼굴 주름살이며, 축 내려와 안정감을 드러내는 뱃살이며 우리는 젊음을 빼앗긴 안타까움을 서로 확인해 보는 날이기도 했다. 우린 이런 노쇠현상을 아직 못마땅해 하고 있다. 더 오래 살아 지구의 끝과 함께하고 싶은 삶의 에너지를 가지고 있다. 그러나 어디 마음대로 되는 일이 있던가? 그러니 서로 안타까움만 더하는 시간이 되어 간다. 자연의 섭리를 알아 자연에 순응하는 진리를 배우며 살아가야 하지 않을지 되돌아보는 시간이기도 했다.

우리의 화제 또한 일상적인 여행, 주말농장, 건강 문제 등이며 장래의 희망 등 청사진은 이제 화제에 오르지 못한다. 손자들을 돌보며 겪었던 어려움이나 기쁨에 만족 아닌 만족을 해야 한다는 자족自足의 진리를 배워가고 있는 시간이기도 하다.

식탁에 올라온 해물찜에는 문어, 오징어, 전복이 가장 먼저 눈에 띈다. 두어가지 이름 모를 해물이 푸짐한 콩나물 사이에 숨은 듯 섞여 있어 먹기 전에 배가 부르다. 음식은 같이 하는 사람에 따라 맛이 다르다. 음식에 들어가는 재료가 달라 음식 맛이 다르듯 식탁에 누가 앉아 있느냐에 따라 음식 풍미도 달라진다.

우리 남친 들은 소주 한잔을 곁들이니 이보다 좋은 안줏감은 없는 것 같다. 잠시 시장기를 달래느라고 먹기에 바쁘다. 전복 두 개를 먹고 나니 음식을 다 먹은 것 같아 젓가락 움직임이 느려진다. 커다란 접시를 거의 다 비우자 주인장이 여기에 밥을 비벼오니 세상에 이런 호팔자가 없다는 호기豪氣가 돋는다.

이번 모임에서는 사진을 한 장 남기자고 제안을 하였다. 내일이 있어 우리를 다시 반갑게 맞아 주리라는 보장이 없다. 20여 년 전 회원 한 분이 한창 젊은 나이에 고인이 되어 안타까움을 마음 한구석에 간직하고 살아왔다. 만남과 헤어짐은 신의 영역이라지만 만남은 축복이었으며 시간의 흐름은 그를 잊게 만드는 쓰나미 같았다.

후식 겸 커피를 한 잔씩 마시게 되니 다음 모임을 이야기할 시간이 된 것 같다. 회비, 다음 모임 장소 등 회원 모임에 관한 일상적인 이야기를 주고받다 보니 의견이 분분하다. 나이가 들수록 말을 아끼고 지갑을 열라고 하지 않았던가? 누가 이런 마음을 알아주고 보듬어 줄까? 오늘 이 시간이 우리의 가장 젊은 날이며 가장 아름다운 목소리로 상대방을 성토하는 날이기도 하다.

제주 회원이 내년이면 제주 생활을 정리하고 가족의 품으로 돌아온다니 반가운 일이다. 코로나 팬데믹의 여파로 교회 선교사 일을 접게 되었다고 한다. 제주살이에 정을 붙여가며 제2의 안식처로 삼고 살았는데 자주 얼굴을 볼 것 같아 마음이 기쁘다. 제주의 모든 올레길을 섭렵하였다니 제주 시민이 분명한데 떠나려는 마음이야 섭섭하겠지만 우리 모임을 위해서는 반갑기 그지없는 일이다.

모두 건강하고 예의 바르고 겸손한 회원들이기에 모임이 오래 지속 되어 향기 나는 우정이 계속 이어지기를 바라는 마음 간절하다.

길어온 길 걸어갈 길

PART + 03

스승의 길에서

설레임과 희망 속에서

▲ 초임교사 시절

　대학 생활 중 가장 힘들게 했던 기악과 가창 레슨을 통과하여 소정의 음악 학점을 이수하고 졸업을 하게 되어 첫 발령을 학수고대하며 기다리게 되었다. 가장 좋아하신 분은 교사 발령을 자랑으로 여기며 기다리시는 어머니셨다. 발령 대기 중에 어머니와 함께 광주에서 고등학교 교사로 계시던 외종형을 찾아가 장성에서 가까운 곳으로 발령을 받으면 좋겠다고 말씀을 드리며 협조를 구한 적이 있다. 외종형님은 교직의 선배이시기에 가장 많은 조언을 해주신 분이기도 했다.

　당시에는 늘어나는 학생 수 때문에 교사 수가 턱없이 부족하게 되자 고등학교 졸업생을 3~6개월 단기 연수를 시켜가며 교사로 채용하던 시기였다. 우리 교육대학 졸업생은 공채 시험 없이 쉽게 발령을 받을 수 있는 여건이 되어 있었다.

항구를 출항하는 선박처럼 큰 기대와 설렘을 안고 어머니가 싸 주시는 이불 한 장을 메고 생면부지의 발령지 학교를 찾아갔다. 당시에는 버스를 이용해야 했기 때문에 장성에서 영광행 버스를, 영광읍 터미널에서는 군남행 버스를 이용해야 하는 불편이 있으니 한나절이 걸리는 거리였다.

버스를 내려 한참을 걸어가니 마을의 인가가 끝날 무렵 고풍스러운 학교 모습이 눈에 들어왔다. 날씨는 을씨년스럽고 해가 질 무렵이 되니 고향을 떠난 외로움이 밀물처럼 몰려왔다.

교무실을 찾으니 중년 남자 선생님 한 분이 반겨 맞아 주었다. 학기 말 휴가 중이어서 당직근무를 하고 계셨던 모양이었다. 가지고 간 이불 짐을 직원실 한쪽에 내려놓고 둘러보니 저녁에 쉴 곳이 있을는지 하는 걱정이 앞서기도 했다. 하룻밤을 숙직실에서 지내고 이튿날부터 출근을 시작하게 되었다.

군남은 영광읍에서 염산으로 가는 길목으로 백수 쪽으로는 넓은 들이 펼쳐져 있으며 교통이 비교적 좋은 편이었다. 면 소재지이기에 오일장이 서고, 우체국, 다방, 당구장, 약국, 중·고등학교, 한의원 등 주민 편의 시설은 두루 갖추어져 있었지만 전문적으로 하숙생을 받는 곳은 한 곳뿐이었다. 하숙집은 우체국 직원과 중·고 선생님들이 차지하고 있어 들어갈 곳이 없었다. 또 한 하숙을 하던 선생님과 하숙집 아가씨가 백년가약을 맺는 바람에 방이 부족하여 하숙생을 받기가 더 어렵다고도 했다. 객지에서 오신 선생님들은 대부분 자취를 하고 있었으나 시골 마을에서 자취방을 구하기도 어려운 형편이었다.

 사방으로 수소문 끝에 군남중·고등학교 근처에서 하숙집을 구하게 되었다. 가정집이었으나 내 사정을 안타깝게 생각하여 승낙을 한 것이다.

 큰 부인은 남자와 함께 오일장을 돌아다니며 장사를 하였고 둘째 부인은 집안일을 도맡아 하는 일부이처—夫二妻 가정집이었다. 큰 부인에게서는 일점혈육이 없자 작은 부인을 얻게 된 것이라고 짐작이 되었다. 작은 부인의 아들은 고등학교에 다니고 있었다. 이해할 수 없는 가정 형편이었으나, 고등학교에 다니는 아들이 있어 공부를 도우며 퇴근 후의 무료한 시간을 보내게 되었다. 가정을 떠나면 먹고 자는 문제가 가장 큰 애로 사항이 아닐 수 없었다.

사촌 매씨와의 해후

 직장 생활에서 가장 위로가 되고 힘이 되어주는 사람은 또래 친구인 것 같다. 서로 스스럼없이 자기 애로를 털어놓을 수 있기 때문이다. 새로운 사회생활과 함께 우리 앞에 또 다른 인생의 과제들이 버티고 있기 때문이기도 하다. 결혼 문제, 직장에서의 적응 문제, 사회생활에서 오는 어려움 등으로 초임지에서 만나 젊음을 불태웠던 친구가 있다.
 처음 만난 사이이지만 시간이 흐르면서 더욱 가까워지고 든든한 버팀목이 되어주었다. 친구는 목포 교육대학를 졸업하고 나보다 1년 앞서 발령을 받아 자기 모교인 이곳에서 근무를 하고 있었다. 친구는 부모님댁에서 출퇴근을 하고 있었기에 가끔 친구 집이 있는 군남면 동간리(마을 이름) 마을에 들리게 되었다.
 그러던 어느 날 고개를 넘어 친구 집에 가던 중 마을 뒤 밭에서 호미질을 하고 계시는 사촌 매씨(백부님 딸)를 뵙게 되었다. 작달막한 키에 반짝이는 눈매가 부지런함으로 똘똘 뭉쳐진 분이셨다. 매씨가 이 마을에 살고 계실 줄은 꿈에도 모르고 있었다. 매씨는 내가 출생하기 전에 이 마을로 시집을 오셨기에 나로서는 알 리가 없기도 했다. 당시에는 교통편이 좋지 않았으니 매씨도 친정 출입이 거의 없으셨다. 그러나 어떻게 쉽게 매씨를 알아볼 수 있었는지는 알 수 없는 일이었다. 아마 혈육의 정 때문이 아닌가 생각이 되었다.

친구의 집과는 바로 담 하나 사이였으며 친구의 재종 형수이기도 했다. 누님댁은 대궐 같은 기와집이었으며 연안 김씨 종갓집이기도 했다. 무슨 인연으로 이 먼 곳까지 시집을 오셨을까 알 수 없는 의문이 떠나지 않기도 했다.

매씨가 살던 '매간당梅磵堂' 고택은 지금은 '국가민속문화재 234호'로 지정되어 관리 보존되고 있다. 고택 정문에는 솟을대문에 '삼효문三孝門'이라 쓰여진 정려문旌閭門이 있는데 현 소유자의 8, 9, 14대조 어르신들의 남다른 효성에 감복하여 나라에서 세워준 것이라고 한다. '삼효문'이라는 현판은 고종의 형인 '이재면'의 글로 알려져 있다.

근래에는 영광군을 홍보하는 TV 영상에 '매간당 삼효문'의 모습이 자주 등장하여 자랑스럽기도 하다. 지금은 한옥 펜션으로 리모델링하여 고택 체험 장소로 관광객에게 개방을 하고 있다고 한다.

매씨의 큰아들은 고등학교 선배이기에 학교 다닐 무렵에는 몇 번 얼굴을 대하고 지낸 적이 있었다. 고려대학을 나와 석유공사에서 근무한 후 퇴직을 하였으며 연안 김씨 전국 종친회장을 역임하기도 했다. 셋째 아들은 나와 동갑내기로 중·고등학교 교사로 근무하였기에 나와는 더욱 내왕이 잦았다. 정년 후에는 자전거를 이용하여 외가 마을을 자주 다니면서 외가에 대한 남다른 애정을 보여 주기도 해 유독 더 가까운 사이로 발전하였다. 6남1녀 7남매를 모두 대학을 보내고 공직 생활을 하도록 했으니 매씨의 살림 솜씨는 가히 국보급이라고 칭송을 한들 손색이 없었다.

첫 발령지 학교가 매씨가 살고 계시던 군남이었다는 사실은 나로서는 알 수 없는 인연의 끈이 작용했음을 부인할 수 없었다. 생면부지의 낯선 땅에 새길을 내셨던 누님의 발길이 이제 나로 하여금 그 길을 넓게 만드신 것이 아닌지 모를 일이었다.

文 선배와의 해후

 광주광역시 노인지도자 대학에서 강의를 듣게 되면서 초임 시절의 문동주 선배를 해후邂逅하는 기쁨을 맛보게 되었다. 하도 오랜만이며 예기치 않던 만남이라서 모르고서 그냥 지나칠 뻔했다. 초임 시절 같이 근무했던 친구의 귀띔으로 선배님을 알아보게 되었다.

 문 선배와의 처음 만남은 1969년 교육대학을 졸업하고 첫 발령지 군남초등학교에서 근무하면서이다. 생면부지인 이곳에 발령을 받아 불안한 생활을 해가는데 등대 역할을 해주신 분이기에 오랫동안 기억 속에 살아있었다.

 나는 교육대학을 졸업하고 발령을 받았지만 교직에 대해 큰 매력을 가지고 있었던 것은 아니었다. 당시 어려운 가정 형편으로 말미암아 서울로 진학을 포기하고 교육대학에 진학하여 교사의 길을 걷게 되었지만 마음 한구석에는 크고 넓은 세상에서 꿈을 펼치고 싶은 마음에 들떠 있기도 했다. 농촌의 어려운 삶을 사셨던 어머니의 말씀에 순종하기 위해 교사로서의 길을 내팽개칠 수

▲ 군남국민학교 교직원(1970년)

가 없었다. 시간 나는 대로 공부를 하여 다른 진로를 찾고 싶어 하던 때였다. 이런 방황의 시기에 좋은 선배를 만날 수 있었음은 큰 행운이었다.

당시 군남국민학교는 전라남도지정 체육과 연구학교 임무를 수행하고 있었다. 29학급 규모의 학교였으며 부임하던 해와 이듬해 모두 2학년을 담임하게 되었다. 선배 선생님들이 많아 조심스런 학교생활을 하게 되었다. 지금도 잊혀지지 않는 선생님 몇 분이 계시니 이석우 교장 선생님, 박세창 교감 선생님, 정병주 교무 선생님, 이현식 선생님, 박명진 선생님, 황국희 여선생님을 비롯하여 훌륭한 선생님들이 근무를 하고 계셨다. 많은 선배 중에서도 가장 오래 기억에 살아계시던 분이 바로 문동주 선배이셨다.

　선배가 연구학교 주무를 맡아 도 지정 연구학교 업무를 추진하는 과정에서 연수회를 주관하시고 과제를 주셨기에 교육대학을 갓 졸업한 나와는 자주 논쟁거리가 생기게 되었다. 대학에서 배운 이론에 앞섰던 나는 학교 현실의 어려움이나 여건을 미처 파악하지 못하고 있었으니 경력이 있는 선배들과는 논쟁이 있을 수밖에 없었다. 강아지 범 무서운 줄 모르는 때이기도 했다.

　50여 년의 세월이 지난 지금도 뉘우침으로 기억에 남는 논쟁거리가 있으니, 저학년 교과서에 등장했던 '농업협동조합에 대한 학습문제'였다고 생각이 된다. 연수회 주제가 좋은 학습지도 방법을 찾기 위한 것이었다.
　나는 학생들을 협동조합으로 인솔하여 견학을 시키며, 협동조합에서 하는 일을 직접 보고 배우도록 해야 한다고 주장을 했지만, 다른 의견들이 터져 나와 문동주 연구 주임은 홍역을 치르시게 된 일이 있었다. 지금 생각해 보면 나의 발언은 순수하고 이론에 부합할지 모르지만 견학 시 오가는 시간, 안전 문제, 교통수단 등 해결책이 뒤따라야 한다는 것을 모르고 있었기에, 젊음의 열정만 앞세워 쉽게 이런 이야기를 하지 않았나 생각을 하게 된다.
　자주 연수회에서 문 선배와 토론을 하게 되었고 여기서 듣고 배운 경험은 교직 생활의 밑거름이 되었다.
　성격이 원만하시고 언행의 과부족이 없어 상대방을 이해하고 정감情感을 주셨기에 젊은 교사들의 길이 되어주었다.

　나는 2년 근무를 마치고 고향으로 학교를 옮겼고 그 후로는 사적인 연락이 없다가 이렇게 해후를 하게 되니 반갑기 그지없었다.

　선배는 영광을 떠나 광주로 전입하여 근무를 하였고 광주와 전남 인사 구역이 나뉘게 되자 자주 소식을 듣지 못하고 지내왔다. 퇴직 후 제5대 광주광역시 교육위원으로 당선되었다는 이야기를 풍문으로 듣고 퇴직 후에도 많은 활동을 이어가고 있다는 사실을 알고는 있었다. 선배도 이제 8旬을 넘겼으니 인생의 쓴·단맛을 다 보신 것 같았다. 흰 머릿발을 감추려고 머리 염색을 하였지만, 얼굴은 옛날과 다름없는 동안이며, 몸 관리가 반듯하여 보통 수양을 쌓으신 분이 아니라는 것을 금방 알아볼 수 있었다. 겸손함과 절제된 모습이 옛날과 다름없어 보여 후배들에게 좋은 귀감이 되는 교직의 선각자라는 생각을 지울 수가 없었다.

　오랜만에 만나는 사람에게서 받는 인상은 두 가지 중 하나이다. 추한 모습일 수도 있고 인생을 아름답게 살아가는 모습일 수도 있다. 시간의 폭력은 누구도 빗겨 가지 못한다. 얼굴 표정은 살아온 삶의 흔적을 그려놓은 조물주의 수채화이다. 아름답게 나이 들어가고 인연을 소중하게 간직하고 사는 것은 신이 주신 마지막 선물일지 모른다.

흑백 사진

 광주광역시 북구청에서는 매월 '희망아카데미'를 열어왔다. 코로나19 여파로 아카데미가 열리지 않아 궁금하던 차 희망아카데미가 열린다는 소식을 알려와 반갑기 그지없었다.
 올해는 다섯 번 예정되어 있는데 오늘은 두 번째로 이유진 강사의 '지구의 마지막 경고'라는 주제의 강의가 있는 날이다. 강의를 듣기 위해 출발하면서 50여 년 전의 흑백 사진 두 장을 챙겨 들고 집을 나섰다.

 그동안 모아진 사진들을 폐기하고 정리하던 중 오래된 흑백 사진 두 장을 발견하게 되었다. 교직 초임인 영광 군남국민학교 근무(1969년) 당시 아동과 자모와 함께 봄 소풍 기념으로 찍었던 사진이다. 빛바랜 흑백 사진 속에는 풋풋한 신출내기 교사의 멋없는 모습과 아직 학생티를 벗어나지 못한 순진함이 그대로 녹아있었다. 교직 초임 시절의 남아있는 유일한 사진이기도 했다.
 사진 속의 인물이 궁금하던 차 북구 '문인' 구청장의 가족일지도 모른다는 생각이 들었기에 희망아카데미에 참석하는 길에 사진을 챙겨 나선 것이다. 사진 속 어린이의 이름은 '문오'라는 기억이 또렷이 남아있기도 했다. 불갑사 주변의 만발한 벚꽃 아래서 신출내기 교사와 부잣집 맏며느리 풍모의 어머니, 몸매가 우량아처럼 실팍한 귀염둥이 학생 이렇게 셋이서 찍은 사진이다. 학생의 생김생김이 귀엽고 남다르게 실팍해 기억 속에 오래 남았던 것으로 보인다.

나는 북구청장으로 당선된 문인 청장의 이력을 보면서 사진 속의 주인공들이 청장의 가족일지 모른다는 생각이 불현듯 떠오르게 되었다. 사진 속의 주인공이 지금은 어떤 삶을 살고 있을까? 문인 구청장과는 어떤 관계가 있을까? 하는 궁금증이 가시지 않았다.

구청장 비서실을 찾아 들어가니 직원 한 사람이 반갑게 맞아주었다. 구청장은 시청에 출장 중이어서 오후에나 귀청歸廳할 것이라고 했다. 마냥 기다리고 있을 수만은 없어 사진 속의 인물이 문인 청장의 가족일지 모르니 사진의 주인을 찾아주면 좋겠다는 말을 남기고 희망아카데미 강연장으로 들어갔다.

희망아카데미가 끝난 뒤 찌는듯한 날씨를 피해 동행한 친구와 함께 전남대학교 캠퍼스 안의 용지(용봉 저수지)로 발길을 돌렸다. 나무 그늘 밑에서 더위를 시킬 겸 앞으로 살아갈 이야기를 나누고 싶어서였다.

넓적한 바위에 앉아 내려다보이는 용지의 만발한 연꽃과 수련은 신비스러움과 함께 황홀감을 선사해주었다. 대학생들의 고귀하고 순수한 젊음의 혼불이 모두 아름다운 연꽃으로 피어오르는 것 같아 속세의 찌든 마음과 몸을 씻어내는 시간이 되었다.

  동행한 친구 또한 초임 시절 같이 근무했던 동료이니 우리는 50여 년 전의 옛 추억 속으로 시간 여행을 떠나고 있었다.

  비서실 방문 이틀이 지난 후 연락이 왔다. 다행스럽게도 청장의 가족이 틀림없다는 연락이었다. 사진 속의 인물은 청장의 동생과 어머니라는 것이다. 사진을 주인공에게 보내줄 수 있어 마음이 흐뭇하기 그지없었다. 이제 사진 속의 어린 학생 또한 환갑이 넘어 은퇴할 나이가 되었다. 어린 학생은 어떤 삶을 이루어 냈을까? 사진 속의 어머니는 살아계실까? 어머니께서 주셨던 사랑에 잠 못이루어 할지도 모른다. 물론 담임이었던 나를 기억하고 있을 리는 만무하다. 그러나 교사에게는 젊음을 소환하는 아름다운 추억으로 말미암아 백발 황혼빛 여생에 힘이 되어줌은 틀림없는 사실인 것 같았다.

고향 장성으로

　당시 학교에서는 부족한 학교 운영비를 마련하기 위해 학생들에게 사친회비를 징수하고 있었다. 학생에게는 조그만 갈색빛 사각봉투를 나누어주고 여기에 납부날짜와 인장을 찍어 사친회비 납부 증명을 해주고 있었다. 어느 날 회계 담당자와 크게 언쟁을 벌린 일이 있었다. 회계 담당자의 장부에는 학생의 사친회비가 미납으로 처리되어 있었기 때문이다. 이분은 지방 토박이인데 평소 술자리가 많아 평판이 좋지 않은 직원이었다. 이런 사실을 아는 나는 젊은 패기에 한바탕 퍼붓고 나니 그분도 자기 잘못을 인정하고 물러났다. 지금 생각하면 조용하게 이야기가 되어 해결이 되어야 할 일이었는데 사회경험이 적은 나로서는 용인할 수 없는 일로 생각이 되었던 것 같다.

　이런 일이 있게 된 후부터 안일한 생활 태도에서 벗어나게 되었고 마음의 안정을 찾지 못하는 시간을 갖게 되었다. 또 한 고향에 다녀오려면 많은 시간이 소요되며, 하숙 생활 또한 불편하니 어머니가 계시는 고향으로 하루라도 빨리 가고 싶다는 생각을 하게 되었다.

영광 교육청 인사 담당 장학사를 찾아가 3월 1일 자 정기 인사 내신을 요청을 하기로 하였다. 당시 고향 학교인 황룡북국민학교 조면택 교장께서 도 교육청에 아는 분이 계시므로 힘을 보태시겠다고 해 용기가 나기도 했다. 교직 후배인 나를 항상 따뜻하게 대해 주시며 정감을 주셨던 분이셨다. 조 교장 선생님은 대구사범학교 졸업생으로 박정희 전 대통령과는 사범학교 동기시기도 했다.

다행히 1971년 3월 1일 자 장성 발령을 받게 되어 교직 첫 발령지 영광 군남을 2년 만에 떠나게 되었다.

첫 발령지 군남 생활은 학생 신분을 벗어나 초보 교사로서 교직 문화에 적응해 가는 시간이 되었다. 또 한 사회생활을 시작하면서 자신을 새롭게 발견하는 기회가 되었다. 새로운 진로를 찾기 위해 행정직 공무원 시험을 치르기도 했고, 중등학교 준교사 자격 시험에 도전을 하기도 했다. 사전 준비가 철저하지 못했기에 실패의 쓴맛을 보게 되었고, 이런 실패의 경험이 오히려 교직이 천직이라는 소명의식을 갖게 했는지도 모를 일이다.

교직 문화를 접한 첫 경험지가 농촌학교였기에 이후 농촌 지역 학교를 떠나지 못한 연유가 되기도 했다. 비슷한 환경에서 교직 생활을 하는 것이 몸에 맞는 옷처럼 편하고 부담이 없기 때문이다. 내가 어린 시절을 보낸 곳 또한 농촌이었기에 농촌 어린이들의 애환을 잘 알 수 있었던 점이나 기관지 확장증으로 고생을 한

적이 있었기에 공기 좋고 조용한 시골 학교가 건강상 유리한 점이 많기도 했다.

　그러나 우물 안 개구리처럼 살게 되는 우를 범하였으니 나의 달란트를 잘 사용하였는지는 항상 의문으로 남게 되었다.

결혼을 하다

　결혼만큼은 부모님의 뜻을 따라야 한다고 항상 생각을 하고 있었다. 그래야 가정의 화평을 누릴 수 있다고 믿었기 때문이다. 부모님의 의중을 살피며 지내던 중 어머니께서 선을 보고 온 아가씨가 있으니 다음 일요일에 맞선을 보고 오라는 말씀을 하시는 것이다. 당시에는 전화기가 흔하지 않았으니 멀리 떨어져 지내고 있는 아들에게 혼담 진행 상황을 미리서 알려줄 수도 없는 때이기도 했다. 결혼에 대해 생각을 하고 있었지만 겉으로는 내색하지 못하고 지내고 있던 터였다. 더구나 학교 일에 쫓기다 보니 아예 결혼 생각이 뒷전으로 밀리고 있는 때이기도 했다.
　아버지께서는 내가 독신이기에 손자를 빨리 보고 싶다고 말씀하신 적이 있지만 이렇게 갑작스럽게 거두절미하시고 맞선을 보라고 하실 줄은 꿈에도 생각하지 못하고 있었다.
　어머니 말씀에 순종하는 것이 효도의 길이요, 집안의 평안을 위해서도 중요한 일이었다. 대소사가 어머니의 말씀에 달려 있었기 때문이다.
　중매쟁이의 말을 들으니 아가씨 쪽 사람이 찻집으로 나와 내 선을 보고 나서, 총각을 규수 집으로 들여보내 아가씨와 맞선을 보게 한다는 것이었다.

약속된 날짜에 늦지 않게 약속 장소로 나가니 규수 쪽 오빠와 형부가 기다리고 있었다. 이런 오디션을 거쳐 나는 규수 집을 방문하게 되었고 서로를 대면하는 맞선자리가 이루어졌다.

본래 사람은 남녀가 신체적으로 붙어 있어 신神의 자리를 넘보게 되었고, 서로 싸움이 잦자 신이 둘을 떼어 놓게 되었다는 것이다. 헤어진 남녀를 다시 만나도록 하는 절차가 결혼이라는 글을 읽은 적이 있다. 이런 창조 신화적인 이야기는 결혼에 대한 나의 생각을 정리하는 데 많은 도움을 주었다.

그래서 배우자는 나의 부족한 점을 채워줄 수 있는 사람이면 된다는 결혼 신념을 가지고 있던 때였다.

신체적인 면에서 내 귀의 생김새에 대해 자신감이 없어 항상 귀 모양이 좋은 여자를 택하면 된다는 생각을 많이 했었다.

얼굴을 마주 대하고 보니, 머리카락이 흘러내려 귀를 쉽게 쳐다볼 수가 없었다. 몇 마디 말을 하던 중 귀 모습이 얼른 눈에 들어왔다.

그날 아침 아가씨는 성당에서 수녀님께 덕담을 들었기에 기분이 좋았던 상태에서 선을 보게 된 것이라고 했다.

이제 여러 가지 조건을 따질 필요가 없다는 생각이 들었다. 어떻게 내 마음을 아시고 이런 색시를 고르셨을까? 하며 어머니께 섭섭했던 마음을 달래고 규수집에서 나올 수 있었다.

얼마 전에도 맞선자리가 있어 마주 앉은 아가씨의 귀를 볼 수 없어 귀를 보자고 했다가 혼사가 성사되지 못한 일이 있었다. 물론 그때 혼사가 이루어졌더라면 변邊 씨 규수를 만나지는 못했을 것이지만… 우리 결혼은 이렇게 하여 1972년 1월 7일 선을 본지 석 달 만에 식을 올리게 되었다. 결혼식 날은 눈이 많이 내려 온 세상이 백색으로 바뀌어 있었다. 우리 두 사람은 하얀 눈꽃으로 장식한 식장에서 식을 올리는 듯 세상이 환하게 축복을 해주는 것만 같았다. 마치 하얀 도화지 위에 그림을 그리듯 아름다운 세상을 살아가라는 하느님의 당부 말씀이 귀에 들리는 듯하였다.

주례는 광주 수창초등학교 시절의 은사님이셨고 당시 장성교육장으로 계시던 장말암 선생님께서 맡아 주셨다. 교육장님은 스승과 제자라는 인연으로 쉽게 주례 승낙을 해주시어 장성읍에 있는 예식장에서 결혼식을 올리게 되었다.

이제 우리는 새로운 세상에서 '가정이라는 배'의 선장이 된 것이다. 어떠한 세상이 우리를 기다리는지는 아무도 모를 일이었다. 학교 근처 외양간이 딸린 조그만 방을 얻어 신혼살림을 붙이니 이곳이 처음 보금자리가 되었다. 부피가 큰 살림 도구는 부모님이 계시는 시골집에 맡기고 숙식에 필요한 도구만 챙겨 나와 신혼 생활을 시작하게 된 것이다.

장성읍 이사

결혼 후 큰아들이 태어나면서부터는 외양간 부엌의 거처는 너무 허술했다. 병 의원이 있는 장성읍에 가려면 한나절이나 걸렸고 귀가 시간도 버스에 맞추어야 하니 생활의 불편은 더욱 커지게 되었다. 이런 사정 때문에 장성읍이 가까운 월평초등학교를 희망하여 12월 1일 자 중간 발령을 받아 학교를 옮기게 되었다.

육이오 전쟁 후 어수선했던 시절 우리 집과는 시오리의 먼 거리 학교였다. 일학년 입학을 하였던 어머니의 품속 같던 모교母校였다. 시골 작은 마당에서 뛰놀았던 나는 학교라는 큰 운동장에 들어서면서 세상이 넓고 크다는 것을 알아가기 시작했다. 난생처음 여러 사람과 만남이 이루어진 곳이며 산모퉁이를 돌아 멀리 사라지는 버스의 뒷모습을 바라보면서 저 산 너머에는 누가 살고 있을까? 궁금해하며 새롭고 넓은 세상에 대한 동경이 시작된 곳이기도 하다. 학교 뒤쪽의 시냇물은 어디서 흘러와 어디로 갈까 하는 호기심과 무지갯빛 어린 꿈이 자라기 시작했던 보금자리였다.

일제강점기 때 건축된 기와지붕 목조 건물은 사라지고 시멘트

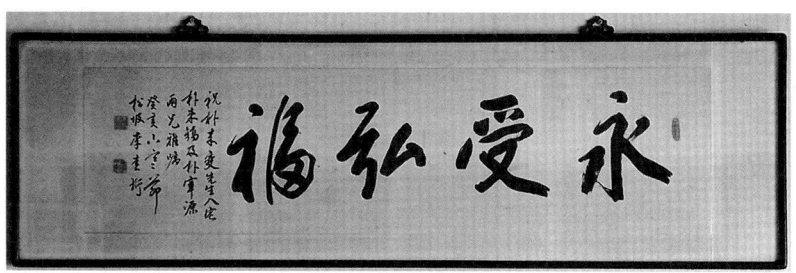
▲ 입택 기념 족자

건물이 운동장을 지키고 있었다. 운동장 한쪽 3층 건물에는 도서관이 들어서 있어 학교의 모습은 더욱 웅장해 보였다.

교문 앞으로 달리는 호남선 열차는 예나 다름없이 고향을 떠나는 사람들의 희망과 설레임을 실어나르고 있었다. 기찻길 건너편에는 뿌연 연기를 내뿜는 시멘트 공장이 새롭게 자리를 잡아 위용을 자랑하고 있었다. 학교의 옛 모습은 간 곳이 없고 놀이터가 되었던 커다란 느티나무의 모습도 사라진 낯선 도시 학교의 모습을 하고 있었다.

우선 시골 부모님이 계시는 곳으로 이사를 하고 버스 통근을 하기 시작했다. 이 무렵 다행스럽게 고향 마을에 전기가 들어오고 버스가 다니기 시작한 것이다.

버스 통근을 시작한 지 얼마 지나지 않아 장성읍 버스 터미널 부근에 방 하나 부엌 하나뿐인 단칸방을 구하여 살림을 옮기게 되었다. 그러나 집이 너무 허술하고 변소가 가까워 한여름에는 냄새가 나기도 하여 남 보기가 부끄럽기도 하였다.

　한여름과 가을을 보내고 겨울이 돼서야 장성 읍사무소 앞에 새 주택이 매물로 나와 부모님의 도움으로 주택을 구입하게 되었다. 단칸방의 불편함을 빨리 벗어나고자 새집이 아직 완성되지 않았으나 겨울철 이사를 하게 되었다. 공사가 일부 끝나지 않았지만 좋은 이사 날짜를 받고 보니 겨울 이사를 하게 된 것이다. 새집을 장만하여 이사를 하게 되니 얼마나 행복한 순간이던가! 기와집 모양의 지붕이 집을 더 크고 돋보이게 하고 있어 이제 부러울 것이 없다는 생각이 밀려왔다. 큰 방 하나 부엌방 하나 상하방 하나인 크지 않은 삼 칸 집이었으나 내 이름이 새겨진 문패를 달고 살게 된 집을 장만 한 것이다. 아내는 부엌방과 상하방에 들어 온 사람들과 한 지붕 세 가족 살림을 이루게 되었다. 이제는 큰 방 주인으로서 한 지붕 세 가족을 이끌어 나가야 하는 새로운 생활을 시작하게 된 것이다.

　이 지역은 장성 읍사무소 근처로 새로운 택지로 개발되어 주택들이 들어서고 있었다. 거리가 깨끗하고 정리가 잘된 곳이며, 이웃에는 선배 몇 분이 살고 계시기에 생활하는 데 불편이 없었다.
　앞집에는 등기소 직원이, 옆집에는 중학교 체육 선생님이, 뒷집에는 기차역 직원이, 도로 맞은편에는 선배 한 분이 살고 있어 든든한 이웃이 되었다. 중앙초등학교가 가까워 큰아들과 딸아이가 등하교 하는 데도 불편함이 없는 위치였다. 이제 의젓한 가장으로서의 면목이 서게 된 내 집이었다.

신원보증 서류

　매씨의 둘째 아들인 조카는 광주고등학교 졸업반으로 육군사관학교에 지원하여 필기시험에 합격하고 2차 전형을 기다리고 있었다. 매형이 젊은 나이에 돌아가시고 매씨께서 5남매 생계를 책임지고 계셨기에 생활 형편이 넉넉하지 못하였다.
　등기소 직원 한 분이 이웃에 살고 있어 아버지의 농토 일부를 손쉽게 이전을 해주었지만 더욱 중요한 것은 유명인사의 신원보증이었다. 1970년대는 국시가 반공이었으니 신원보증은 합격에 가장 큰 영향을 주고 있었다. 수소문 끝에 진원면 출신 김태규 의원을 서울로 찾아가게 되었다. 이분은 전남대 농대 교수를 거쳐 정치에 뜻을 둔 유정회 소속 국회의원이었다. 김태규 의원과 나는 안면이 없었기에 장인 어르신의 도움으로 당시 한학자로 명망이 높던 변시연씨와 기차를 이용하여 서울 동행을 하게 되었다.
　변시연 씨는 호남지역의 대표적인 한학자로서 한국 전통 시문을 모아 전 73권의 문원文苑을 편찬하신 분이다. 이 책은 조선 초기 서거정 등이 역대 시문을 집대성한 『동문선東文選』 이래 가장 방대한 한국 시문집으로 꼽힌다고 전해지고 있다. 손룡정사라는 학당과 한국고문연구회를 만들어 후학을 가르치는데도 힘을 기울인 분이다.

　변시연 씨와 김태규 의원은 친분이 두터운 사이였기에, 여관에서 하루 저녁을 지낸 후 다음날 새벽 청진동에 있었던 국회의원 댁을 방문하게 되었다. 우리를 맞이하기 위해 큰 기와집 대문을 아침 일찍부터 열어놓고 계셨다. 나는 손쉽게 일 처리를 하고 내려와 신원보증 서류를 제출할 수 있었다.

　이런 나의 노력에도 불구하고 조카는 사관학교 입시에 실패하고 말았다. 그 후 공무원 시험에 도전하여 합격의 영광을 얻게 되었고, 전라남도 교육청에서 교육감 비서실장 등 요직을 거쳐 부이사관 승진을 하였다. 목포 도서관장, 순천 청암고등학교장을 마지막으로 공직생활을 은퇴하였다. 어려운 형편에도 굴하지 않고 공직생활 유종의 미를 거둔 조카가 자랑스럽기만 하다.

세월의 수채화

 며칠 전 조카가 집 현관 앞에 수박을 한 통 놓고 간다는 연락이 왔다. 고향에 다녀오면서 새로 문을 연 농협 하나로마트에 들려 먹음직스럽고 큼지막한 수박을 보고 외삼촌 생각이 난 모양이다. 집에 없었던 터라 현관 앞에 놓아두고 간다는 메시지를 보내왔다. 그동안 소식이 궁금했었기에 반갑기 그지없었다.

 한 여름철 과일 중의 꽃은 역시 수박이다. 수분이 많고 알맞은 당도가 있어 여름철 더위로 찌든 몸과 마음을 달래주는 과일로는 수박을 당할 과일이 없다. 요사이는 씨 없는 수박까지 등장하여 먹기 또한 편해 과일 중의 왕자임에 틀림이 없다. 외삼촌이 여름이면 가장 좋아하는 과일이 수박임을 익히 알고 있었던 모양이다.

 집에 들어온 나는 메시지를 보고 반갑기도 해 전화를 넣었다. 시골 어머니 댁에 다녀오는 길에 수박 한 통을 현관문 앞에 놓아두었으니 맛있게 먹으라는 것이다. 들어오면서는 수박을 볼 수 없었기에 다시 현관문을 열고 이곳저곳 위층 아래층까지 찾아보았으나 찾을 수가 없었다. 이제까지 20여 년을 살지만 도난 사건은 한 번도 경험해보지 않았기에 서운한 생각이 밀려왔다. 현관문 앞에 놓아둔 택배도 잃어버린 적이 없었다. 그런데 이런 사소한 수박이 보이지 않으니 수박을 잃어버린 아쉬움보다 이웃 사람들에 대한 불신감과 서운함이 모락모락 피어오르는 것이다. 손을 탔으니 없어졌겠지 하는 생각이 들었기 때문이다. 조카는 공직생활로 단련된 사람이라 아파트 동호수를 잘못 찾아 실수를 하리라고는 생각을 할 수 없었다. 우리 집 엘리베이터 10층 번호 위치까지 정확히 기억하고 있으니 조카의 실수는 인정할 수 없기도 했다. 나는 다시 전화를 하여 마음만은 잘 받겠으니 서운하게 생각지 말라고 다독이고 전화를 끊었다. 그러나 내 마음속에는 못 먹는 수박이 아깝다기보다는 수박의 묘연한 행방 때문에 궁금증은 커지기 시작했다. 좋은 방법이 없을까를 생각하던 중 경비실을 찾아가면 어떤 단서를 찾을 수 있지 않을까 하는 희망으로 경비실로 내려갔다. 일요일이어서 기술자가 출근하지 않았으니 월요일 출근을 하여 CCTV를 돌려보면 바로 알 수 있다고 했다. 다음날 나는 일이 있어 경비실에 갈 기회를 놓치고 말았다. 하룻밤을 더 지낸 이튿날 경비실에 들리게 되었다. 다행히 기사가 경비실에 있어 조심스럽게 사정을 이야기를 할 수 있게 되었다. '내것 잃고 내 함박 깨뜨린다'는 속담이 있다. 이런 소문이 잘 못 전해지면 수박 하나 때문에 인심을 잃게 될지 모르는 순간인 것이다. 경비실 기사는 101동 10라인 CCTV를 확인하기 시작했다. 그러나 조카가 오고 간 시간대에는 수박을 가지고 엘리베이터를 타는 사람이 보이지 않았다. 순간 낭패감이 드는 것이었다. 설마 조카가 다른 곳에 놓고 갔다는 말인가? 이런 일에는 유경험자인 기사는 경험적으로 일어날 수 있는 실수를 찾아보려고 하였다. 나는 101동 10라인인지라 혹시 102동을 찾아가 놓고 갈 수도 있다는 추리를 한 것이다. 택배가 이런 경우가 한두 차례 있기도 했다. 102동 택배가 우리 집 현관 앞에 놓여 있어 주인에게 연락을 하여 찾아가게 한 적이 있으니 조금은 희망적인 일이었다. 그러나 102동 엘리베이터 안에서도 수박을 들고 오르내리는 사람은 보이지 않았다. 궁금증은 더욱 미궁 속으로 빠져들게 되었다. 어찌 보면 세 번째 시도가 가장 낙관적인 희망이 살아있을지도 모르겠다는 생각이 들었다. 이번에도 수박을 가지고 엘리베이터에 들어서는 조카를 발견하지 못한다면 수박은 그야말로 행방이 묘연해지게 된다. 내 경험적 추론으로는 그렇다. 바로 옆 8라인 엘리베이터 CCTV를 돌리자 여기에서 조카가 큼직한 수박을 들고 타는 모습이 드러나는 것이다. 머리 위쪽에서 촬영한 영상인지라 조카의 듬성듬성 머리가 빠진 모습이 확실하게 보이는 것이다. 비로소 궁금증이 풀리게 되자 체한 음식이 내려가는 기분이었다. 조카가 라인을 착각하고 수박을 놓고 간 것이다. 이럴 수가…

경비실에서 설레는 마음으로 밖으로 나온 나는 밤하늘의 영롱한 별빛을 바라보듯 옆 라인 10층으로 올라갔다. 현관문에는 '천주교 교우의 집'이라는 표식이 붙어 있어 조금은 더 희망적이었다. 초인종을 누르니 주인이 반응이 없는 것이다. 한 번 더 눌렀으나 여전히 반응이 없다. 나의 희망은 물거품이 되는가? 다시 경비실로 내려와 있었던 이야기를 하자 혼자 사는 여자 노인이 계신다고 귀띔을 해준다. 자주 경로당에 다니며 소일을 하니 경로당에 들려 알아보겠노라고 하는 것이다. 이제 궁금증이 풀렸으니 그럴 필요가 없다고 하고서는 집으로 올라와 버렸다.

그로부터 한 시간쯤 지났을 무렵 초인종이 울렸다. 문을 열어 보니 비닐봉지에 싸인 수박 반 조각을 경비실 직원이 들고 서 있는 것이다. 노인당을 찾아가 할머니에게 자초지종 이야기를 한 모양이다. 잃어버렸던 수박을 보니 반갑기도 했지만 궁금증을 해결해 주려는 경비실 직원의 마음 씀도 고맙기 그지없었다.

독거노인으로 사시는 할머니도 현관문 앞에 낯선 수박이 놓여 있으니 아들 딸 집으로 수소문을 하신 모양이다. 그러나 보낸 사람이 없다고들 하니 난처한 처지가 되었다. 수박은 무더운 여름 날씨에는 쉽게 상할 수 있으니 반쪽은 노인당으로 가지고 가서 나누어 잡수고 반쪽을 냉장고에 넣어 두고 계셨던 모양이다. 이렇게 되어 이웃에게 뜻하지 않은 공양을 하고 남은 반쪽이 이틀 밤을 외박 후 주인을 찾아와 우리 집 냉장고에서 안식처를 찾게 되었다.

아직 고등학교 3학년의 앳된 학생으로 여겨지던 조카가 이런 실수를 하리라고는 생각할 수 없는 일이었다. 나는 즉시 조카에게 사건의 전말을 이야기 하고 수박을 맛있게 먹게 되었다고 전하게 되었다. 조카의 나이가 70을 넘기지 않았지만 이런 실수를 하는 것을 보면 '나이 이길 장사 없다'는 옛 어른들의 말씀을 실감하게 되는 일이었다.

교육감 표창(1977년)

　교직 입문 후 처음으로 교육감 표창장을 받게 되었다.

　큰 형님(1927년 10월 6일생)은 어린 나이에 둘째 백부님 앞으로 양자를 가셨다. 백부님께서는 젊은 나이에 일점혈육 없이 돌아가시어 후사가 없자 가문 예법에 따라 아버지께서는 큰아들인 형님을 백부님 앞으로 양자를 보내신 것이다.
　그러나 형님께서 6·25 전쟁 중 전사하시고 얼마 후 백모님 또한 돌아가시게 되자 대가 끊기고 말았다. 이런 연유로 아버지께서 백부님 전답과 묘소를 관리하고 계셨다. 백부님의 산소는 마을 뒷산 응달쪽이어서, 설날 성묘를 가면 항상 눈 속에 계시니 안타까운 일이었다.
　아버지께서는 결단을 내리시고 이장을 결심하시게 되었다. 나는 아버지 시중을 들면서 유골을 수습하여 양지바른 곳에 계시는 백모님과 함께 합장으로 사초를 하여 모시게 되었다.
　양지쪽 묘소 벌안을 넓히고 잡목을 제거하니 넓고 안온한 묘소가 되었다. 망주 상석을 새롭게 해 세우니 그간의 안타까웠던 마음이 사라지게 되었고 지나가는 사람들도 칭찬을 아끼지 않아 마음이 뿌듯하지 않을 수 없었다.

이런 일이 있은 지 얼마 지나지 않아 도 교육청에서는 5월 8일 어버이날을 기해 '효 사상 선양 교원'을 표창하여 교원의 사기를 진작시키고자 하였다. 경력이 짧았던 나는 표창 사실을 전혀 모르고 지내고 있던 터였으며 상에 대해 마음을 쓸 겨를도 없이 지내던 때였다.

선배 선생님 한 분이 표창 대상자로 나를 추천하고자 하여 이런 사실을 알게 되었다. 선배 교사의 노력으로 학교장 추천을 받게 되었고 서류가 장성 교육청으로 올라갔다. 다행히 교육청 심사 결과 최종 1인으로 도 교육청에 보고가 되어 5월 8일 어버이날을 기념하여 '효성이 지극하고 선행교육에 공헌'한 공적으로 도 교육감 표창장을 받게 되는 뜻하지 않은 기쁨을 누리게 되었다. 교직에 들어와 8년 만의 일이다.

선배는 40여 명의 많은 동료 교사 중 경력이 일천한 후배 교사를 왜 표창 대상자로 추천하고자 하였는지는 알 수 없었다. '귀신이 곡할 노릇'이었다. 지금까지 백부님 묘소를 이장하여 사초를 한 일 이외는 특별하게 부모님께 효도라고 할 만한 일이 없는데 어찌 된 일인지 자신에게 되묻지 않을 수 없었다.

교직 입문 후 처음 받아 보는 표창장이어서 기쁜 마음 외에는 큰 의미를 모르고 지냈으나, 세월이 흐르고 철이 들어가면서 숭조상문崇祖尙門의 정신으로 살라는 훈계로 받아들이게 되었다.

열의가 빚은 체벌

　신흥리초등학교로 학교를 옮겨 6학년을 담임하게 되던 해였다. 젊은 교사이기에 수업시간이 많은 고학년 담임을 주로 하고 있었다. 어느 날 교실에서 숙제 검사를 하던 중 뜻하지 않은 체벌로 인하여 잊을 수 없는 후회 막급한 일이 벌어지고 말았다.
　평소 학습 태도가 좋지 않아 주의를 자주 받던 학생이었다. 이날도 학생은 숙제를 소홀히 하여 왔기에 경각심을 주려고 학생이 사용하던 두꺼운 칩보드 책받침을 들어 머리를 토닥이게 되었다. 머리 피부가 책받침의 모서리 부분에 닿아 피부가 약간 째지며 피가 보이게 되었다. 나도 모르게 손목에 힘이 들어가 있었던 모양이었다. 깜짝 놀라 당황하지 않을 수 없었다. 종아리의 상처는 대수롭지 않게 거의 모든 학부형이 수긍을 하지만 머리 피부가 째어진 상처는 학부형의 마음을 아프게 할 수밖에 없었다.
　우선 전화로 학부형께 사과를 하고 용서를 구하였으나 상처 부위를 확인한 부형의 마음을 쉽게 달랠 수 없었다. 동료 교사와 함께 학생 집을 방문하여 사과를 하고 용서를 구한 끝에 학부형의 마음을 진정시킬 수 있었다.
　무엇인가 더 열심히 잘해보고자 하는 의욕이 앞섰기에 이런 일이 벌어진 것이라는 반성을 하게 되었다.

　당시 6학년은 세 반이었다. 매월 치르는 일제고사에서 다른 학급보다 더 좋은 성적을 내기 위해 세 반 담임은 보이지 않는 경쟁을 하고 있었다. 매월 일제고사를 치르기 때문에 시험 범위에 따라 교과 진도를 맞추어야 하고 교사 주도의 주입식 수업이 당연하게 여겨지고 있었다. 시험지는 외부 출판사에서 공급하고 있었다. 음악 미술 교과도 필기시험을 치르게 되니 나열식 지식 위주의 학습지도가 일상적이었다.

　치열한 중학교 입시 공부를 했던 기억은 내 머리 속에서 쉽사리 지워지지 않고 유령처럼 머리 한쪽에 자리를 잡고 있었다. 이런 연유로 학습지도에서도 구태의연한 사고방식을 버리지 못하고 있었다.

　고등학교 시절에는 공부가 최대의 목표였다. 전국 수학 학력 경시대회가 서울에서 열리면 학교 선배들이 참석하여 좋은 성적을 거두고 돌아와 전교생 앞에서 열렬한 환영을 받게 된다. 서울대학교에 합격한 학생들의 명단이 게시판에 공고되면 이 또한 선망의 대상이 되었다. 서울대 법대 수석 합격자가 우리 동기에서 나왔다. 이런 모습이 항상 선망의 대상이 되었고 강박관념으로 뇌리에 남게 되었다. 이런 모습을 보면서 고등학교 시절을 지낸 나는 공부를 잘해야 사회에 나와 성공 할 수 있다는 신념을 가지게 되었다. 이런 사고방식은 쉽게 변하지 않아 지식 위주의 교육에 남다른 열성을 보이고 있었다.

교실에서 하루 내내 생활하다 보면 나태해지고 수업에 불성실해지려는 경우가 발생하기도 했다. 이럴 때마다 내 어린 시절 학교생활을 머리에 떠올리며 자신을 채찍질하게 되었고, 초·중·고 시절 공부가 뒷받침이 되었기에 명문 학교를 졸업하여 교직의 길을 걷는 행운을 얻은 것이라는 생각이 머리를 떠나지 않고 있었다.

입시 교육을 받았던 나는 지식 전달 교육에만 열의를 다했기에 이런 후회스런 일이 발생한 것이라는 반성을 하게 되었다.

이런 시련을 겪음을 계기로 인성교육의 중요성을 인식하게 되었고 교사의 본분을 다시 생각하는 기회로 삼게 되었다.

교육감 방문

 승진의 필요성을 느끼면서 육지 벽지 학교인 '와우분교장' 근무를 하게 되었다. 고향 마을과는 거리상 가까운 곳이지만 높은 산이 가로막고 있어 인적 교류가 거의 없던 지역이었다.
 本校에서 부임 인사를 마치자 학교장의 당부 말씀을 뒤로하며 와우분교장을 향하여 출발하였다. 조그만 고개를 넘자 비탈진 자갈밭 길이 이어지고 계곡 물줄기를 사이에 두고 초가집들이 군데군데 점을 찍어 놓은 듯 나타나기 시작했다.
 냇가 언덕에는 어미 소가 송아지를 거느리고 한가로이 풀을 뜯는 모습이 동화책 속의 그림 같기도 했다.

 분교장 입구는 아취형 터널로 달래 덩굴이 감싸고 있어 오지 분교장의 운치를 더해주고 있었다. 운동장으로 들어서니 부잣집 마당이라고 할 만큼 조그마했으나, 둘레에는 하얀색으로 단장을 한 '소녀 독서상'과 도색을 금방 마친 듯한 운동기구가 늘어서 있어 학생들의 배움터임을 말하고 있는 듯했다.
 운동장 위쪽 언덕에는 두 칸의 교실과 슬라브 관사 한 동이 마치 숲속을 나는 새가 둥지를 튼 듯 자리하고 있었다.

운동장 앞쪽의 시냇물은 큰 바윗돌을 감돌아 흐르며 조용한 시골의 적막을 깨뜨리고 있었고 병풍을 두른 듯한 뒤쪽의 산등성이는 순박한 마을 인심을 거느리고 있는 듯하였다.

근무했던 부부 교사는 모두 살림을 정리하여 새 임지로 떠나고 텅 빈 관사만이 새로운 손님을 기다리고 있었다.

학구인 와우리(臥牛里)는 장성군 황룡면의 서북쪽에 위치하여 북쪽으로는 높은 산등성이가 고창군 성송면과 경계를 이루고 있어 외부와는 왕래가 적은 오지이다. 와우(臥牛)라는 지명은 마을 모양이 소가 누워있는 모양이며 명당이 있다 하여 붙여진 이름이라고 한다. 여섯 개의 자연 촌락으로 이루어진 리(里) 단위의 학구이며 산이 높고 농경지는 좁아 주민들은 한봉(토종 벌), 소, 돼지 등을 기르고 땔감을 채취해 시장에 파는 등 전형적인 산골 마을이었다.

사범학교 선배 한 분과 단둘이서 발령을 받아 근무를 시작하게 되었다. 학교장은 본교에 상주하고 있어 학교장과는 자주 마주칠 일이 없어 심적으로는 편한 생활을 하게 되는 좋은 점이 있었다.

선배 교사는 사범학교 출신답게 교육에 대한 확고한 신념을 가지신 분이었고 개인 생활이 흐트러짐이 없었다. 그러나 꼼꼼한 성격에 융통성이 없으니 혈기 왕성한 나와는 생각 차이가 많이 드러나기도 했다.

기능직 한 사람은 이웃 마을에서 출퇴근을 하며 분교장 시설물

관리에 열성을 다하고 있을 뿐 아니라 주민들과의 유대관계도 좋아 안심이 되었다.

퇴근 후 한가한 시간을 이용하여 한봉 벌도 키우고 표고버섯을 기르며 무료함을 달래거나, 봄철에는 칡을 캐 즙을 내어 위가 허약한 지인에게 보내주는 여유도 갖게 되었다

온돌방을 사용하니 가까운 산에서 화목을 채취하여 불을 지펴야 하는 고역이 있었으나 학부모들이 가끔은 나뭇단을 보내주어 이런 수고를 덜 수 있기도 했다.

마을 어르신들의 생신날이 되면 우리까지 초대를 받으니 마치 와우리 주민의 한 사람이 된 듯 편안하고 즐거움 속에서 근무를 하게 되었다.

학교장은 우리의 근무 태도를 우려 반 기대 반의 눈으로 보고 계신 듯했다. 한 달에 한 번꼴로 내방을 하시어 학교 시설물을 점검하시곤 했다. 수돗물 공사는 본인이 손수 해주시기도 했다.

이런 오지奧地 산골의 열악한 교육환경을 살피기 위해 당시 전라남도 교육감이었던 김낙운 씨가 분교장을 방문하였다. 분교장을 위한 특별한 선물은 없었지만 여러 분교장 중 와우 분교장을 방문함은 근무하는 교사들의 사기를 드높이는 계기가 되었다. 분교장 경영이 모범적이라는 평가를 받게 되었고 오지에서 고생하는 보람을 찾는 계기가 되었다.

또한 교육감의 방문은 와우리 주민들 사이에 회자 되어 교사들

에 대한 신뢰감을 높이는 데 일조를 하기도 했다. 분교장 개교 이후 처음 있는 일이었기 때문이다.

  분교장 생활은 교사의 일거수일투족이 쉽게 학부형의 눈에 노출되기 때문에 신뢰감을 쌓아가는 일이 교육의 핵심이라 해도 과언이 아니었다.

  분교장은 날아가는 새도 지나가는 고양이도 반가울 만큼 사람이 그리운 곳이었다. 그러나 가끔은 술주정뱅이 학부모의 고성이 둥지를 떠나 멀리 사라지는 새소리처럼 가슴을 할퀴고 지나가기도 했었다.

  3년 동안 정들었던 분교장 근무를 무사히 마치고 떠나려니 아랫집 12남매들의 다정스럽고 애티 나는 얼굴들이 주마등처럼 스쳐 지나가고 있었다.

어머니께서 돌아가시다(1984년)

장성에서 거처를 옮겨 광주 생활을 시작하면서 버스 통근을 하게 되었다. 처음으로 광주 도시 살림을 하게 되는 아내도 바쁘지만 시간에 맞춰 통근버스를 타야 하는 나 자신도 고단한 생활을 하지 않을 수 없었다.

이런 바쁜 생활 속에서 장성 시골집에 계시던 어머니의 병환이 깊어졌는데도 빠르게 대처를 못해 돌아가시게 된 것이다. 몇 년 전부터 복수가 차면 주사를 맞고 복수를 빼고 계셨다. 간장이 나빴기에 오는 증상이었다. 어머니 병세가 위독했으나 변변하게 병원 한 번 모시고 가지 못하고 말았으니 불효가 막심하다 해도 과언이 아니었다.

어머니께서 병환 중일 때도 따뜻하게 손 한 번 잡아드리지 못했다. 휴일에 고향 집에 가면 항상 밭에서 일을 하고 계셨다. 간장이 나빠 복수가 가끔 차올랐으나 아랫마을에 의사 행세를 하는 남자분이 있어 주사를 맞고 복수를 빼내고 계셨다. 군에서 의무병으로 근무하다 제대를 하였기에 의료시설이 열악했던 당시에는 생명의 은인으로 대접을 받기도 했다.

어머니께서는 이런 아픔을 괘념치 않고 일손을 놓지 않으셨다.

아버지께서도 일본 징용과 육이오 사변을 통해 몸을 많이 다치셨다.

"나는 속병이 들어 아프지만 당신은 삭신이 아프니 나보다 오래 살 것이오." 어머니는 아버지의 위로를 이렇게 받아넘기시기도 했다. 조선대 병원에 잠시 입원을 하셨으나 병세에 차도가 없자 퇴원을 하시어 양산동 집으로 오시게 되었다.

초임 발령 시 내복을 사다 드린 적이 있었으나 변변한 생신 선물 한번 해 드리지 못하고 말았다. 어머니는 항상 살아 계실 줄로만 알고 지냈는데 이렇게 빨리 돌아가시다니 하늘이 무너지는 일이었다. 어머니의 성품은 과단성이 있으시고 맺고 끊는 일 처리가 분명한 분이시기도 했다. 집안 대소사를 구안하시고 자녀들 혼사를 주관하셨다. 아버지와는 농사일로 자주 다툼이 있었지만 어머니의 근간함이 집안의 활력소 역할을 하고 있었다.

어머니 장례를 치른 후 죄스러움을 이겨낼 길이 없어 장성군 북하면 남창계곡 입구에 있던 '영락양로원'을 찾았다. 빵과 우유 등 노인분들이 잡수실 먹거리를 챙겨 집사람과 함께 방문을 했다. 원장이란 분의 안내로 노인분들이 기거하시는 모습을 처음으로 보게 되었다.

1980년대에는 양로원 시설이 적었을 뿐 아니라 양로원에 부모를 보내는 자녀는 불효자식으로 인식이 되었던 때이기도 했다. 원장님의 설명을 들으니 가정환경이 좋으신 노인도 계시는데 그런 분은 대개 성격이 특별해 와 계시는 경우가 더러 있다고 했다.

 정신이 멀쩡한 분도 있지만, 정신이 흐려 사리 분간을 제대로 못하는 분도 계시며, 남남끼리지만 부부처럼 한방을 쓰는 분도 계신다고 했다.

 이듬해에는 아내와 함께 선풍기와 음료수를 준비해 노인분들과 잠시 시간을 보낸 적이 있었다. 그 후 장성 근무를 마치고 장성을 떠나면서 양로원 위문을 잊고 지내게 되었다.

 20여 년이 지난 후 장성 북일초등학교에 근무하게 되면서 학생들과 함께 다시 영락양로원을 찾아 위문 공연과 봉사활동을 시작하였다. 어머니에 대한 불효심을 잠시나마 내려놓고 싶어서였다.

 이런 힘든 일을 하는 원장은 어떤 마음을 가지신 분일까? 하는 의문이 들기도 했다. 원장은 나에게 흰색 꽃을 피우는 동백 두 그루를 주어 잘 키우기도 했다. 현재는 원장님은 돌아가시고 딸이 대를 이어 운영한다는 소식을 듣게 되었다. 죽음은 누구나 피할 수 없는 일이지만 부모일 경우는 호천망극昊天罔極의 설움이 복받치는 것은 인지상정이 아닐까?

형님 祭祀날

7월 15일은 형님 제삿날이다. 형님이 오 남매 맏이고 나는 막내이기에 19년의 터울이 생겼다. 그러니 형님에 대한 또렷한 기억이 없다. 얼굴 모습은 전혀 기억이 나지 않는다. 빛바랜 가족사진 한 장 없으니 더 그렇다. 나에게 하신 말씀 한마디가 형님에 대한 기억으로 유일하게 남아 있을 뿐이다.

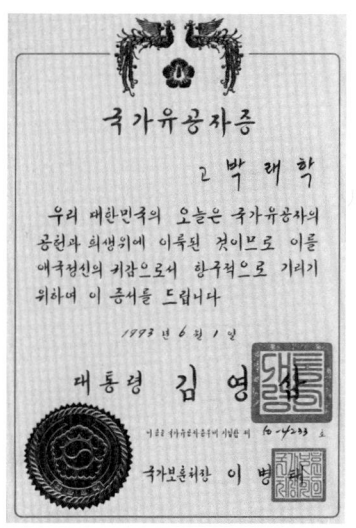

비행기 소리가 요란하게 지축을 흔들던 어느 날 대문간에서 놀고 있던 어린 동생에게 밖으로 나가시며 "방안에 고구마가 있으니 먹고 놀라"라는 말씀이 형님에 대한 기억의 전부가 되어버렸다.

형님은 6·25 전쟁에 참전을 하셨다. 휴전을 앞두고 전쟁은 더욱 치열해졌고 휴전 협정 십여 일을 앞두고 전사하신 것이다. 장가를 들어 딸 하나를 두고 돌아가셨으나 딸도 아버지의 얼굴을 기억하지 못함은 나와 마찬가지다. 나보다 두 살 아래이니 아버지의 사랑스런 품에 앉겨 본 적이 있는지도 모를 일이다. 형님은 어린 딸과 가족을 남겨두고 영영 돌아오지 못할 길을 떠나셨다.

어머니께서는 형님이 군대에 가시던 날을 기억하고 매년 상을 차려 놓고 무사 귀환을 빌며 살아오셨다. 물론 전사 통지서를 받았으니 돌아가신 것은 어쩌면 분명한 사실이었다. 그러나 어딘가에 살아있으리라는 희망을 저버릴 수는 없었다. 어머니의 마음은 자식의 죽음을 결코 가슴으로 받아드릴 수 없는 일이었다.

어머니께서 돌아가신 후 나는 큰 고민에 빠지게 되었다. 과연 어머니께서 소망하셨던 형님의 생환을 기다리고 있어야만 할까? 아니면 형님의 전사를 받아들이고 제사를 모셔야 할지를 결정해야 했다.

서울 국립현충원과 서신 교환을 통해 형님의 군 이력에 대해 자세히 알게 되었고 1953년 7월 16일 전사하셨다는 사실을 다시 한번 확인하게 되었다. 또 한 서울 동작동 현충원 충혼탑 안에 위패로 모셔져 있다는 사실과 위패 위치도 알게 되었다. 이제 제사를 모셔야겠다는 판단을 하고 살아계신 날을 기해 제사를 모시는 예법을 좇아 매년 7월 15일 제사를 모시게 되었다. 이렇게 제사를 모시는 일이 형님에 대한 최소한의 예의라고 생각을 했기 때문이다.

제사를 모셔오던 중 형님 딸인 질녀가 찾아와 제사를 자기 집에서 모시고 싶다고 하였다. 金서방도 같은 생각을 하고 있는지 알고 싶어 김서방의 의견을 듣고 싶다고 하였더니 둘이서 함께 찾아와 제사를 모셔가겠다는 뜻을 굽히지않았다. 그 뜻이 장하고 고맙기도 해 병풍, 제기를 마련해 주고 유교식 제례 절차를 안내해 주어 매년 질녀 집에서 모시게 되었다.
　몇 해 동안은 질녀 집으로 형님 제사를 모시러 다니기도 하였으나 코로나19 여파로 참석을 못하게 되었다. 이제는 나도 거동이 더디고 제수 준비하느라고 정신이 없을 질녀가 다른데 신경을 쓰지 않게 하려고 전화로 안부 인사만 하는 형편이 되고 말았다.
　형님 제삿날이 다가오면 형제간의 우애友愛에 대해 생각을 하게 된다. 어떻게 해야 돌아가신 형님을 잘 모시는 일이 될까? 몇 년 전에는 선산에 가묘假墓를 만들어 형님을 모시고자 생각도 했다. 유골이 없는 봉분을 만들어 놓자는 생각이었다. 이런 예법이 있을까 연구를 하다가 뜻을 이루지 못하고 허송 세월만 보내게 되었다.
　서울 국립현충원 충혼탑 안에 위패가 모셔져 있다는 사실에 다소의 위안을 삼고 있다. 유골을 찾지 못해 현재는 위패로 모셔져 있는 상태이지만 안장의 영광을 기대하며 그날을 손꼽아 기다리고 있다. '하사 박내학' 국가와 민족을 위해 몸을 던져 조국을 구한 장한 이름이다.
　나 또한 백년대계 인재양성을 위해 일생을 몸 받쳐 살아왔으니 우리 형제는 길은 달랐지만 국가와 민족을 위해 몸을 바친 애국

자라는 자부심 속에 살아가고 싶다.

　제사 참례는 못하지만 화살기도로 형님 영전에 동생의 마음을 전하고 싶었다.
　'형님, 오늘이 형님이 돌아가신 지 69주년이 되는 날입니다. 치열했던 전쟁터 가파른 고지 찾아주는 사람 없는 어느 외딴곳에 누워 계실 모습을 생각하면 가슴이 미어집니다. 조국의 산하 어떤 곳에 계시더라도 형님을 찾아 상봉할 날을 손꼽아 기다리며 저희들은 형님의 유훈을 잘 받들어 살아가겠습니다. 모든 괴로움, 고통 다 놓으시고 영면하시옵소서'.

　'아버지가 생각나면 형님 얼굴 보고, 형님 얼굴 생각나면 거울에 비친 내 얼굴 본다.' -『열하일기』에서

　　장미화

　　길가 담장 위 보초 선 듯 새빨간 장미화
　　붉다 못해 선혈 빛으로 가슴속을 흐른다

　　한 여름 6월 뙤약볕 고지 능선
　　조국 강산 핏빛으로 물들어 갈 때

태극기 부여잡고 못다 핀 꽃 한 송이
아련한 기억 속에 살아오는 형님 얼굴

세월이 남기고 간 양지바른 깊은 골짜기
처연한 孤魂은 소리 없이 잠이 들고

이제 젊음의 혼불 타오르는 듯
청순한 불길 되어 조국 산하 흐른다

목마르게 불러보는 대답없는 이름 앞에
산 자는 오늘도 오늘을 살아가고 있을 뿐.

살구 담은 석작

요사이 길가엔 먹음직스럽게 노랗게 잘 익은 살구가 길 가는 손님을 기다리고 있다. 몇 걸음 건너 손님을 기다리는 할머니들의 얼굴 주름살이 어릴 적 내 어머니 모습을 닮았다.

살구는 초여름을 알리는 계절의 전령사다. 요사이는 개량종 살구가 나오면서 옛날과 달리 수확철이 늦어졌다. 어린아이 주먹만 할 뿐 아니라 동그스름한 모양이 귀엽고 암팡지다. 과즙이 많고 식감 또한 부드러우니 이빨이 부실한 사람에겐 먹기 알맞은 과일이다. 한 알 깨물면 새콤달달한 맛이 입안에 가득 배이니 어릴 적 그 맛을 샘물 길어 올리듯 반갑기 그지없다. 과육이 씨에 달라붙지 않으니 먹기가 이보다 더 좋은 과일은 없다. 과육이 어린아이 볼처럼 뽀얗고 과즙이 많아 상하기도 쉬우니 오래 두고 먹기가 불편하다는 점은 옥의 티다.

어릴 적 고향 초가집 문간채 대문 옆에 커다란 살구나무 한 그루가 있었다. 집 앞에 자라던 살구나무는 우리 집 깃발 나무였다. 마치 태극기가 바람에 휘날리듯 살구나무는 항상 제자리에서 펄

럭이는 깃발 같았다. 어린 시절의 내 눈에는 살구나무가 크고 우람하게 보이기도 했다. 살구가 노르스름한 분홍빛을 띠어 갈 때면 신나게 동네 친구들 앞에 나설 수가 있었다. 다른 또래 집에는 우리 집 살구나무처럼 큰 나무가 없었다. 우리 집은 살구나무로 인해 동네 사람들은 '살구나무 집'이라고 부르기도 했다. 잘 익은 살구는 널따란 앞마당에 떨어지기도 하고 큰 가지가 울타리 밖으로 뻗어있어 언덕 아래 모를 심은 논배미에 떨어지기도 했다. 바지 가랭이를 걷어 올리고 어린 모가 다칠세라 살금살금 물속으로 들어가 뽀얀 흙먼지를 뒤집어쓴 살구를 씻어 먹곤 했다. 하루 내내 집안에서 배고픔을 달래며 지낼 수 있는 간식거리가 되어주었다.

6월 모심기 철이 다가오면 어머니께서는 익어가는 살구를 장대로 털기 시작하셨다. 마당에는 멍석을 미리 펴서 떨어지는 살구의 살갗이 상하지 않도록 조치를 해야 했다. 멍석 위에 나뒹구는 살구 몸매는 연지곤지 찍어 바른 누님의 예쁜 얼굴을 닮은 듯 싱싱하고 다부지기도 했다. 이 무렵이면 어머니는 친정 나들이를 가실 때가 된 것이다.

외가에는 외할머니가 계셨다. 우리집 형편이 넉넉지 못했기에 외가댁에서는 칠 남매 막내딸인 어머니에게 배고픔을 달랠 적잖은 도움을 주고 계셨다. 외가에 가려면 빈손으로 갈 수 없으니 살구 석작이 유일한 선물꾸러미였다. 나는 어머니 뒤를 따라 한나절 거리의 외가댁을 종종 다니기 시작했다. 논둑길을 따라가기도 하고 산등성이를 넘어 커다란 저수지 푸른 물결을 마주하며 걷기도 하고 가끔은 연한 찔레순을 꺾어 먹으면서 작은 발걸음을 부지런히 옮겨야 했었다. 웬일인지 외할머니 얼굴은 기억이 잘 나지 않는다. 그래서 '친손자는 가문을 잇고 외손자는 남의 성을 잇는다'라는 전언이 있는지 모르겠다. 아마 가는 길이 멀었기에 지친 나머지 외할머니를 뵙는 기쁨이 사라져 버린 것이 아닌지 모를 일이다. 외가에 가지고 가시는 선물꾸러미 1호가 되어준 살구였다.

　요즈음 우리 마을 대로변에는 살구 좌판이 늘어서 있다. 새벽에 집을 나선 할머니는 살구 바구니를 앞에 두고서 더운 날씨 때문인지 오수午睡를 즐기고 계신다.
　살구는 마치 신랑감을 찾는 색시처럼 연분홍 미색을 띠고 손님을 기다리고 있다.
　졸고 계시는 할머니는 살구 바구니를 다 팔아 치운 듯 느긋한 얼굴이다. 부엉이 눈으로 기다리고 있을 영감 좋아하는 고등어 한 마리를 사들고 집을 향한다. 먹구름이 하늘에 모이는 것을 보니 언제 비가 올지 촌각을 다투는 시각이다. 마당에 널어놓은 햇마늘 비 맞을까 염려되어 헛간으로 들여야 한다. 한 몸뚱이 두 사람 몫을 해야 할 때다. 할머니는 꿈속에서도 오늘 하루 살림을 놓지 못하고 계신다. 살구 한 알 한 알에는 할머니의 땀방울이 베어 저렇게 풋풋한 냄새를 풍기는 걸까?

이제 고향 집 마당에는 잡초만이 하늘을 찌르고 있다. 살구나무는 내 어릴 적 기억 속의 전설이 되어가고 있다. 어머니의 고단한 삶이 담겼던 살구 바구니가 대를 이어가듯 오늘도 변함없이 길거리에 나와 손님을 기다리고 있다. 어머니가 더 그립고 보고 싶어 어린아이가 되어 가는 계절이다.

감초당 형님(학호 박래욱)과 인연

감초당 형님은 8살 손위 집안 형님이십니다. 내 피붙이 큰 형님이 6·25 전쟁 중 전사하셨기에 그 빈자리를 감초당 형님이 있어 버팀목이 되었고 마음의 위로를 받고 살게 되었습니다. 감초당 형님 또한 6·25 전쟁 중 부모님을 잃고 고아처럼 살아오셨기에 나를 친동생처럼 대해 주셨습니다. 이런 인연으로 대소사 일은 형님과 상의를 하여 일을 처리하였고 이런 정이 계속되어 서울로 가신 후에도 나는 형님의 안위를 살피며 지내게 되었습니다.

형님이 북구 양산동에서 한약업을 하고 계셨기에 광주로 이사짐을 옮기면서도 형님댁 근처인 양산동으로 이사를 하게 되었으며, 인근 학교 발령을 받고 형님과 함께 학교장댁을 방문하여 인사를 드린 적도 있었습니다. 셋째 자녀 혼사 시에는 서울에서 내려오시어 주례를 서주시기도 하셨습니다. 문중 일은 형님을 통해서 배우게 되었으니 항상 든든한 후원자 역할을 해주시던 분입니다.

온후한 마음가짐으로 상常스런 말씀 한 번 입에 담지 않으셨습니다. 크고 작은 문중 일을 하시면서도 당신의 자랑으로 내세우

▲ 학호 형님과 청백당 제사 참석

지 않고 조상님의 음덕이라며 항상 겸손하게 처신하셨으니 남다른 덕을 갖추신 분이었습니다.

매일 아침 새벽녘에 일기를 쓰시며 어제를 반성하고 오늘 일을 계획하셨던 부지런함과 열성과 투철함은 잊을 수 없는 형님의 모습이었습니다.

형님은 어려서부터 어머니의 가르침을 받아 일기를 쓰기 시작했다고 합니다. 1954년부터 써온 일기가 1997년 8월 최장수 일기 쓰기 기록 보유자로 기네스북에 오르게 되자 KBS 방송을 비롯하여 각 방송과 신문에서는 앞다투어 심층 취재하여 보도하기 시작했습니다. 이로 인해 일기 쓰기 기록 보유자로 유명세를 타게 되어 각급 학교에서는 강의 요청이 쇄도하게 되었습니다. 정년으로 자유의 몸이 된 나는 형님을 안내하며 초·중·고등학교를 방문하여 후학들에게 꿈을 심어주는 강의에 일조를 하게 되었습니다.

기네스북 등재 9년 후인 2006년 11월 일기장를 비롯하여 46년 동안 써온 금전출납부, 한약 처방전, 통장, 영수증, 빠진 치아 3개, 사진 등 모든 개인 소장품과 아울러 외가外家(어머니의 친정)인 담양군 대치면 영천 이씨 가문의 개인 소장품 일부를 국립민속박물관(경복궁)에 기증을 하였습니다. 해가 갈수록 보관하기가 어려워지고 가치를 알아주는 사람도 없게 될 것이 두려워 박물관 기증 단안을 내리신 것입니다.

'귀중한 자료를 국립민속박물관에 기증해 주신 귀하께 진심으로 감사드립니다. 우리 관은 이 자료의 활용과 보존관리에 최선을 다할 것을 다짐하며 이 증서를 드립니다. 2006년 11월 28일. 국립민속박물관장.'

유물기증서와 함께 14건의 기증 유물이 기록되어 있습니다.

국립박물관 학예연구사들이 鶴湖(형님의 아호) 일대기를 기록한 '記誠仁'(학호 형님이 초대된 KBS1 방송 프로그램 제목이기도 함)이라는 책의 서문에는

"선생님의 일기는 선생님 개인의 개인사이자, 그 자체가 가장 정열적으로 살아오신 20세기 후반과 21세기 한국사이기도 합니다"라고 끝을 맺고 있습니다.

서울에 계시던 중 갑작스럽게 건강이 악화되자 제주대학 병원에 근무하는 상현(큰아들)이를 따라 제주에서 투병을 하시다가 돌아가시게 되니(2022년 4월) 코로나19 방역수칙 때문에 조문 기회를 잃고 마는 결례를 범하고 말았습니다. 1주기 때에는 제사에 꼭 참석하여 미약한 충정을 표하고자 합니다. 죽음은 자연의 순리라고 하지만 산 사람의 마음속에는 영원히 지워지지 않는 아픔과 외로움을 남기고 말았습니다. '죽음과 삶' 알 수 없는 난제입니다.
　아아! 슬프도다. 영면하시옵소서!

다섯 번째 졸업식

　방송통신대학 초등교육학과 3학년에 편입하였던 나는 황소개구리 울음소리를 벗 삼아 공부를 하고 있었다. 적막에 휩싸인 사택에서 개구리 울음소리는 오일장의 수다스러움처럼 시끄럽기도 했지만 쏟아지는 밤하늘의 별빛은 강렬하고 신비스럽기만 했다. 이러한 환경은 고요한 명상의 시간으로 이끌어 주었으며 학구열을 부추기는 데 앞장을 서고 있었다.

　황소개구리는 생김새가 두꺼비 비슷하며 몸체가 크고 울음소리가 황소가 우는 소리와 닮았다고 하여 붙게 된 이름이라고 한다. 식욕이 왕성하고 육식성인지라 토종 물고기들을 잡아먹는 생태환경 교란자로 낙인이 찍혀 있었다.
　이 황소개구리는 농가의 소득을 올리려고 박정희 대통령 시절에 미국. 일본 등지에서 들여왔다고 전해진다. 식용이 목적이었으나 황소개구리를 키우던 농가들은 소득이 별로 없자 이를 방류하기 시작하게 되었고, 천적이 없어 개체 수가 크게 불어나기 시작했다고 한다. 그 생김새 또 한 혐오감을 주기에 주민들은 퇴치 운동에 나서고 있었다.

지금은 황소개구리 개체 수가 점차 줄어가고 있다고 한다. 정부의 시책에 힘입어 개체 수가 줄어들고, 너구리 오리 가물치 등의 상위 포식자가 나타나면서 우려하지 않아도 될 만큼 생태계 안정이 이루어졌다고 한다.

흥미로운 사실은 상위 포식자에게 위협을 당하는 환경이 되자 황소개구리의 크기가 점점 작아져 토종 개구리화 되어가고 있다는 사실이다. 국내 환경에 적응해 가면서 본래의 황소개구리 특성을 잃어가고 있다는 것은 흥미로운 일이지만 그 악명을 언제쯤 벗어버리게 될지는 의문이기도 했다.

사범학교를 나오신 선배 한 분도 방송통신대학에 적을 두어 공부를 같이하고 있었다. 서로 뒤질세라 공부를 하게 되니 객지에서의 외로움도 잊을 수 있었고 퇴근 후의 한가한 시간을 연수 시간으로 활용하게 되어 마음이 나태해짐을 막을 수 있기도 했다. 가장 어려운 과목이 영어라고 했지만 서울에서 치러진 최종 시험을 무사히 통과하여 '초등교육전공 교육 학사'의 자격을 얻게 되었다. 교육대학 2년을 공부했던 나로서는 대학원 진학을 위해서는 4년제 학부를 마쳐야 했다. 시골의 한적한 학교 근무를 하면서 학업을 마칠 수 있었으니 퍽 다행스런 일이었다.

1987년 2월 서울에서 열리는 졸업식에 참석하기 위해 시간 관계상 비행기를 이용하게 되었다. 그동안의 노력으로 졸업을 하게 되었으니 졸업식에 참석해 보 싶은 마음이 간절했다. 또한 아내의 강력한 권유가 있기도 했다.

20여 석의 앞 좌석이 비어있던 비행기는 광주를 방문했던 당시 노태우 민정당 대표(후일 대통령 취임) 일행이 자리를 메우자 출발을 하였다. 악명 높던 일당들에게 납치되고 있다는 생각에 잠시 휩싸이기도 했으나 이 일행이 통신대학 졸업을 축하 해주었던 유일한 축하객이었다는 허황된 망상을 가끔은 해보게 되었다.

별빛 쏟아지는 조용한 밤 적막을 깨트리던 황소개구리의 울음소리는 또 다른 졸업 축하곡이었으며 지금도 귓전에 맴도는 것은 목가적인 농촌 풍경이 그 배경을 이루었기 때문일 것이다. 정년 후 나는 시골 고향마을에서 오두막을 짓고 밭을 일구며 지내고 싶었다. 번잡한 도시 문명에서 벗어나 삶의 본질에 집중하며 자연 속에서 사는 소박하고 충만한 삶을 꿈꾸고 있었다. 그러나 내 소망은 소망일 뿐이었다. 이제 귀촌은 때를 놓치고 말았다. 도시 생활의 편리함과 번잡함 속에 맛을 들여놓고 말았다. 그러나 농촌학교에서의 여름밤 눈부시리만큼 투명했던 별빛과 황소개구리 합창은 도시의 분진에 절인 내 심신을 맑고 밝게 치유하는 명약이 되었다.

출근 길

편리한 승용차 통근은 교통사고 위험을 은연중 안고 있었다. 다른 날도 아닌 장학지도가 예정된 날이었다.

매년 군 교육청에서 장학지도라는 명목으로 장학사 한 분이 학교를 방문하여 현황을 파악하고 교육장에게 보고하는 행정적 지도를 하는 날이었다. 전 직원이 평소보다 일찍 등교하여 장학지도 대비를 해놓고 담당 장학사의 내방을 기다리는 것이 상례常例였다. 평소보다 더 긴장된 마음으로 출근을 하는 날이었다.

학교를 옮겨 버스 통근을 시작한 지 얼마 지나지 않아 젊은 선생님 덕택으로 교직원 다섯 명이 광주에서 승용차 통근을 하기 시작했다. 승용차 통근은 아침 시간을 30분 이상 단축해줄 뿐 아니라 차 안에서 오가는 이야기로 즐거운 마음으로 출퇴근을 할 수 있게 되었다.

잘 달리던 승용차가 학교 근처 커브 길 도로에서 갑자기 전복되는 바람에 큰 사고로 이어질 뻔한 일이 발생했다. 날씨도 좋았고 평탄한 길에서 이런 사고가 발생하다니 도무지 이해가 되지 않는 일이었다. 차바퀴는 하늘을 향해 팔을 벌린 듯 차체는 뒤집혀 버렸고 일행은 모두 차 안에 거꾸로 매달려 버린 것이다. 뒷좌석에 앉았던 나는 다행히 안전띠를 하고 있었지만 잠시 정신을 잃고 말았다. 정신이 번쩍 드는 순간 승용차 밖으로 빨리 빠져나와야 한다는 생각이 번개처럼 스쳐지나가는 것이었다. 거꾸로 매달려 방향 감각을 잃어버리니 손만 허우적거릴 뿐 승용차 문을 쉽사리 찾을 수가 없었다.

이런 위기 상황에서는 여성의 기민함이 더 빠르게 작동하는 것 같았다. 후배 여선생의 손이 승용차 문손잡이에 먼저 닿아 승용차 문을 가까스로 열게 된 것이다.

어렵사리 열린 문으로 빠져나와 팔과 다리를 움직여 보니 다행스럽게도 크게 다치거나 불편한 곳이 없어 보였다. 바로 학교로 출근할 수 있어 안도의 숨을 쉬는 순간이었다.

앞 좌석에 앉았던 학교장은 이마에서 피가 낭자하여 병원에서 한 달 가까이 입원을 하는 고생을 하였고. 선배 직원 한 분은 목을 다쳐 그 후유증으로 명예퇴직을 하고 말았다. 임신 중이었던 여선생님은 다행히 태아에는 이상이 없어 며칠 병가를 내어 몸을 추스르고 나서 출근을 하였다. 안전띠 덕에 거꾸로 매달리는 위치가 되었지만 몸을 보호할 수 있어 더 큰 사고를 면할 수 있었음은 천우신조였음이 분명했다. 같은 승용차 안에서 당한 사고였지만 사람마다 상처 부위는 너무나 달랐다. 운전을 했던 동료 교사의 운전 실수가 분명한데 왜 이런 실수를 했는지는 하느님만이 알고 계시는 일이었다.

집에는 아버지가 계셨기에 이런 사고 소식을 입 밖으로 낼 수 없어 혼자만 알고 있는 사건이 되었다.

감사패

본교(대마초등학교)에 처음으로 특수학급(심신 장애가 있는 학생의 적절한 지도를 위해 특별히 설치하는 학급)이 편성되어 특수학급 담임을 맡은 적이 있다. 자격증을 취득한 교사가 없었기에 자격증 교사가 부임할 때까지 한시적으로 담임을 하게 되었다. 아동의 눈높이에 맞춘 사제동행의 교육열을 보이자 이를 가상히 여긴 학부모들의 이목을 끄는 계기가 되었다. 이는 일반학급 속해서 이루어진 지도와는 다른 섬세하고 생활 밀착형의 지도가 이루어진 덕분이었다.

이듬해에는 학교 자모 회장의 딸을 담임하게 되었다. 자모 회장은 지역의 학부모 대표 자격으로 학부모들의 뜻을 모아 교사들의 사기를 북돋아 주는 일을 하거나 학교와 지역사회 간 불미한 일이 발생했을 경우 중재자 역할을 하고 있었다.

자모 회장은 말괄량이 딸 아이의 학습 태도나 생활 태도가 크게 달라진 것은 오로지 담임 선생님의 지도 덕분이라고 생각을 했던 것 같다. 어머니는 딸의 천방지축에 손을 들고 있었던 모양이다. 물론 담임은 특정 아동에 대해 더 큰 관심을 갖고 지도하지는 않지만 아동과 담임 사이에 교감이 잘 형성되는 경우가 있다.

저학년에서는 담임의 지도에 잘 따라 주어 생활 태도나 학습 태도가 크게 바뀌는 경우가 흔히 나타나게 된다. 이는 학생이 그렇게 느끼고 따라주어 학습이 잘 이루어지는 경우인 것이다. 마치 마음에 드는 사람에게는 더 끌리고 순종적이 되는 것처럼…

이런 학교에서의 열성을 가상히 여긴 자모회장의 노력으로 5월 15일 스승의 날을 맞이해 감사패를 받게 되었다. 많은 학부모의 협조를 얻어 이일을 추진하였겠지만 동료 교사들에게는 미안한 생각을 떨쳐버릴 수 없었다. 이런 선례가 없었기 때문이다.

感 謝 牌

大馬國民學校

教師 朴 來 燮

   貴下께서는 第二世 敎育을 爲하여 本校에 在職하시면서 透徹한 使命感과 矜持를 가지고 本校 發展과 地域社會 發展에 龜鑑이 되셨으며 特히 남다른 關心과 熱意를 가지고 불우한 어린이들에게 바른 뜻을 심어주시고 보살펴 주셨기에 스승의 날을 맞아 本校 學父母들의 뜻을 모아 이 牌를 드립니다.

1992年 5月 15日

大馬國民等學校 姉母會. 師親會員 一同

   학부모의 감사패를 받아 보기는 20여 년의 교직 생활에서 처음 있는 일이었다. 나의 노력과 열정을 인정해주는 뜻이 담겨있어 가장 값진 스승의 날 선물이 되었다. 집에서 승용차 통근이 가능했기에 5년 6개월 근무를 마치고 이 학교를 떠나게 되었다.

메타세쿼이아

특수학급 담임 교사에게는 일반학급 담임에 비해 특별한 혜택이 주어지고 있었다. 승진 가산점과 함께 특별 수당이 지급되었다. 특수학급 아동들은 생활 능력이 떨어지므로 일거수일투족이 선생님 보호 아래서 이루어져야 하니 특수학급 담임은 일반학급 담임에 비해 많은 어려움을 겪게 된다. 아동의 등교에서 부터 하교 후 가정에 도착할 때까지 마음을 놓을 수 없는 경우가 있으니 일반학급 교사와는 학교생활이 다르게 펼쳐진다.

나는 처음 받은 특수학급 담임 수당을 의미 깊게 사용하고 싶어 여러 가지 방안을 궁리하던 중 학교 북쪽 울타리에 메타세쿼이아 묘목을 심을 계획을 하게 되었다. 북쪽 울타리는 관목이 널브러져 있어 시골집 울타리를 보는 듯 허술하기 짝이 없었다. 이런 뒤쪽의 구석진 운동장 울타리에 관심을 갖는 사람은 아무도 없었다.

이 울타리는 전라북도 고창군 대산면과 경계를 이루어 한 발 북쪽으로 옮기면 전라북도 고창군 대산면이요, 한 발 남쪽으로 내려서면 전라남도 영광군 대마면인 곳이었다. 우스갯소리로 '신을 벗고 방으로 들어가면 전라북도요 방에서 나와 신을 신으면 전라남도'라는 말이 있을 정도로 전라북도와 전라남도의 근접한 경계를 이루는 곳이었다. 겨울에는 북쪽에서 불어오는 바람이 거세게 휘몰아치는 언덕바지였다. 추운 겨울 바람막이가 되기를 바라는 마음에서 100여 주의 메타세쿼이아를 심게 되었다. 이 나무는 높이가 30여 미터, 지름이 2미터가 넘는 성목으로 자라기 때문에 학교를 안온하게 감싸 주위의 풍광을 아름답게 꾸밀 수 있으리라는 기대감이 마음 한쪽에 자리하고 있었다. 교직원 누구도 이런 노력을 곱게 보아주지 않았다.

그러나 메타세쿼이아는 이 학교를 떠나도 언제나 나의 가슴 속에 살아있을 커다란 꿈나무로 자랄 것이라는 나의 기대를 저버리지 않고 있었다.

학교를 정년하고 나서 20여 년이 지난 후 심었던 메타세쿼이아 안부가 몹시 궁금하여 친구 몇 사람과 함께 학교를 방문하게 되었다. 근무했던 전임지 학교를 다시 찾아가 보기는 이 학교가 처음이었다. 전신주가 늘어선 듯 아름드리 크기로 자란 메타세쿼이아는 북풍을 막아 주고 학교를 안온하게 감싸주는 울타리가 되어 옛 주인의 방문을 반겨주는 듯하였다. 일행은 시원한 그늘 밑에서 기념사진을 남기고 교장실에 안내되어 차 한잔을 마시고 나오려니 젊은 교사 시절의 애환이 주마등처럼 지나가고 있었다. 감사패를 받던 스승의 날이며 학생들을 지도하여 영어 학력경시대회에서 우수상을 받았던 일이며 교통사고로 큰일을 당할 뻔했던 아슬아슬한 순간이며 배구 경기를 통하여 스트레스를 풀고 장성읍 술집에서 한잔을 걸치고 노래방에서 구성진 목소리를 뽐냈던 일이며 …

허허벌판 같았던 운동장 한쪽에는 아담한 체육관이 들어서 있었으며 요정이 사는 듯한 유치원 건물과 꽃밭으로 둘러싸인 학교의 모습은 그림 속의 한 장면을 보는 듯했다. 옛날에는 운동장이 넓고 허술해 아침이면 학생들을 동원하여 제초 작업을 하느라고 고생을 했던 기억이 어제 일 같았다. 학교의 외모가 잘 가꾸어져 도시의 어느 학교에 뒤지지 않을 시설을 갖추고 있었지만 학생 수가 줄어들어 50여 명의 작은 학교가 되었고, 다문화 학생들이 반을 넘어섰다고 한다. 아름다운 추억은 인생의 허무함을 느끼기 시작할 무렵 가장 소중한 재산으로 남는 듯하였다.

아버지께서 돌아가시다

학교에서는 매주 한 차례씩 친목 행사가 열린다. 아버지께서 돌아가셨다는 비보를 듣던 날도 운동장에서 직원들 간에 친목 배구를 하던 중이었다. 바삐 서둘러 집으로 와 보니 아버지께서는 벌써 의식이 없으셨다.

얼마 전 운암동에 있는 홍 내과에서 진찰을 받으실 때 목 주위의 단단해진 환부를 만져보고 홍 원장은 어렵다는 이야기를 한 적이 있었다. 그러나 아버지께서는 일상생활을 어렵지 않게 하시고 계셨기에 마음을 놓고 출근을 했다. 특별한 통증은 없었으나 변을 가리지 못하는 현상이 자주 일어나기 시작했다. 아침 출근길에는 주무시고 계셨기에 인사를 드리지 못하고 집을 나왔었다.
또한 아버지께서는 항상 살아 계시리라는 든든함이 머리 속에 있었기 때문에 이렇게 빨리 돌아가시리라고는 미처 생각을 하지 못하고 있었다.
학교에 출근한 나는 아버지 병세에 대한 하루하루 사정을 자세히 알지 못하고 있었다. 아버지께서는 당신 스스로 몸매 관리를 잘하시어 항상 단정하고 정갈스러운 모습으로 노인당 출입을 하고 계셨다.

어느 날 저녁 북한 김일성이 사망했다는 뉴스를 들으시고는 '김일성이도 죽는구나'라고 말씀을 하신 적이 있었다. 아마 '죽음은 아무도 피할 수 없다'라는 말씀을 은연중 하시는 것 같았다. 그런 말씀을 하신지 3개월 후 돌아가시게 된 것이다. 어머니 돌아가신 지 10년이 지난 1994년 가을, 89세로 유명을 달리하신 것이다.

운암동 이사 후에는 주공 3단지 노인당을 다니시며 소일하고 계셨다. 노인당 회원들의 따뜻한 환대에 마음이 편하셨던지 매일 한나절씩 지내다 오시곤 했다. 운암동에는 장성 사람이 많이 살고 있어 오가는 정이 더 깊으셨던 것 같았다.

바쁘다는 이유로 변변한 효도 한번 하지 못하고 돌아가시다니 억장이 무너지는 일이었다. 제정신을 차리지도 못하고 고향 마을인 금호리 20번지 양지바른 곳으로 모시게 되었다. 평소 응달진 마을에 사시면서 "죽으면 따뜻한 곳에 묻어 달라"던 말씀이 유언처럼 머릿속에서 맴돌았다.

장례를 마치고 며칠 후 아내와 함께 평소 다니시던 운암동 주공 3단지 노인당 어르신들을 찾아 음식을 대접해 드리고 나오려니 아버지를 마지막 뵙고 나오는 것 같아 마음이 허전하기 이를 데 없었다.

부모님

저녁 노을 내려앉은 아스라한 고향마을
논두렁 밭두렁 천방지축 놀이터 되고
앞마당 빠알간 앵두 뒤란 국화 향기
한가위 달무리 기억 속에 솟아오른다

눈길 젖은 양말 정지 불에 말리며
언 손 녹여가며 새벽밥 지으시고
한 겨울 장독대에 정화수 떠 놓고
이십 리 학교길 치성으로 수를 놓으시던

첫닭 울음 소리에 물꼬 보러 나가시며
물 한 방울 쌀 한 톨이라던 천수답 모내기
밀가루 반죽처럼 논두렁 부치시며
막걸리 한잔 술로 땡볕 거두시고

소 여물 끓여가며 어린아이 키우듯
땀방울 비 오듯 꼴 베어 한 짐씩
쟁기질 써레질 눈코 뜰새 없이
산비탈 양지쪽 이랑에 가을을 심으시고

오뉴월 살구 열매 주렁주렁 익어가면
엄마 치마폭엔 무지개 빛 한가득
비녀 머리 곱게 빗고 석작에 고이 담아
배고픔 다리 놓아 외갓집 먼 길을

黃龍 오일장 이십 리 길을
검정 고무신 총총걸음으로
눈 풍년 입 흉년 오가시던 고 먼길
물 말아 풋고추로 배부르다 하시던

아랫목 장판 밑 고추 팔아 모으신 돈
당신 위해 일평생 써 본적 없으시니
뼈 빠지게 숨 고르며 살아오신 그날 들
새벽녘 아침 햇살에 부활하여 오신다.

아버지의 라디오

요사이는 저녁 일찍 소등하고 잠자리에 든다. 빨리 잠이 오지 않으면 잠들기 전까지는 라디오를 듣는다. 이제 라디오는 자장가를 불러주는 친구가 되었다. 라디오를 듣는 또 다른 이유는 좋아하는 단골 프로그램이 있기 때문이다. 이 프로그램을 듣기 위해 외출 시에도 시간에 늦지 않게 귀가를 하도록 노력을 하고 있다.

지난 장마로 습한 날씨가 계속 이어지자 듣던 라디오가 고장이 났다. 불우 아동들을 지도하면서 자비로 사서 사용하던 것을 일이 끝나자 집으로 가져와 사용하고 있었다.

어느 날 새벽녘 방안에 불빛이 번쩍하며 풍선이 터지는 소리가 방안을 엄습했다. 깜짝 놀라 일어나 보니 타는 냄새가 나는 것이었다. 사건의 원인을 찾기 위해 불을 켜고 한참 동안 이곳저곳을 살피게 되었다. 한참 후에야 라디오가 범인이라는 사실을 알게 되었다. 라디오 안의 부속이 타버린 것이다.

며칠 동안 애청하는 프로그램을 들을 수 없으니 잠도 쉽게 오질 않는 것이다. 날씨는 무덥고 밤시간이 지루하기도 하니 어떤 단안을 내려야 할 때가 된 것 같았다. 새것으로 바꾸든지 헌것을 고쳐 쓰든지 해야 할 일이었다.

집에는 귀한 라디오 한 대가 있다. 60여 년 전 아버지 회갑기념으로 매형께서 사주신 라디오가 있다. LG 전신인 금성 제품으로 소리가 맑고 깨끗하여 애지중지하던 라디오였다. 아버지께서는 돌아가시기 직전까지 라디오를 애청하셨다. 가장 다정한 친구 노릇을 한 문명의 이기였다. 세상 돌아가는 이야기를 라디오를 통해 듣고 판단을 하고 계셨다. 아버지가 돌아 가신지 30년이 가까워 지지만 라디오를 반닫이 안에 보관하고 있었다. 이 라디오를 고칠 수만 있다면 고쳐 사용해 보고 싶은 생각이 떠올랐다. 라디오 외형은 플라스틱 재질이어서 깨지고 낡은 부분이 있지만 소리만 잘 난다면 버릴 이유가 없겠다 싶었다. 또 고풍스러운 맛이 있어 옛 추억을 되살리기에도 좋은 물건이라고 생각이 되었다. 고치기만 한다면 옛 라디오에서 흘러나오는 노래를 들으면서 어린 시절로 돌아가는 기분을 만끽하게 될 것 같았다. 그러니 일석이조가 아닌가?

집사람도 나의 의견에 동조를 해주니 더욱 힘이 생겨 금호월드 매장으로 출발하였다. 부품이 타버린 라디오와 함께 양손에 들고 길을 나섰다.

내가 고등학교 졸업 무렵 라디오 드라마에 심취되어 지낸 적이 있었다. 겨울방학을 이용하여 시골집에 내려오면 적적하기 그지 없었다. 당시엔 우리 집에는 라디오가 없었다. 점심을 먹고 나면 이웃사촌 형 집으로 가 라디오를 듣기 시작했다. 바로 '섬마을 선생님'이라는 KBS 드라마였다. 처음 들어보는 주인공의 말씨, 스토리에 심취되어 드라마의 분위기에 흠뻑 젖어 긴 겨울을 쉽게 보낸 적이 있었다. 이 무렵에는 라디오가 귀해 스피커만 집집마다 매달아 공동으로 라디오를 듣기도 했었다. 가장 먼저 가지고 싶은 재산목록 중 하나가 라디오였다.

이런 라디오의 필요성이 나이를 들면서 다시 절실하게 되었다. 시력이 나빠지기 시작하면서 부터이다.

눈이 불편하게 되니 TV를 보면서 얻는 즐거움보다 짜증스러움이 앞서게 되었다. 스포츠 경기를 잠깐 보는 시간 외에는 TV를 멀리하게 되었다. 저녁 9시 뉴스 또한 KBS 라디오를 듣는다. 뉴스가 끝나면 '강원국의 이때 이 사람' 프로그램이 이어진다. 나는 이 시간의 애청자가 되었다. 마치 드라마 '섬마을 선생님의' 애청자가 되었듯이… 출연하는 분들의 다양한 배경이나 들려주는 이야기가 진솔하고 생각하지 못했던 경험담이 들어있기 때문이다. 특히 역경을 이겨낸 성공담 등이 매력적이다. 이런 성공담을 듣고 있노라면 나 또한 주인공이 된 듯 힘과 용기가 솟아나기도 한다.

금호월드에 도착한 나는 라디오를 고치는 가게를 찾기 위해 첫 대면 상인에게 수리 가게를 묻게 되었다.

"라디오를 수리하는 곳이 있을까요?"

"105번 가게에 가서 물어보세요. 혹시 수리를 할 수 있을지 모르니까요."

 이곳저곳을 두리번거린 끝에 105번 가게를 찾았으나 주인장은 라디오를 수리하지는 않는다고 한다. 값싼 라디오가 많이 나오는 세상에 옛날 라디오를 고치는 사람은 사라졌다는 것이다. 지하 한곳을 일러주면서 혹시 모르니 찾아가 상담을 해보라며 자기 집에 찾아온 손님에 대한 인사치레를 하고 만다.

 실낱같은 희망을 안고 주인이 일러준 지하 1층으로 내려갔다. 그러나 문이 잠겨있고 전화번호만이 손님을 기다리고 있었다. 전화를 하자 주인장의 목소리에 반가운 기색은 전혀 보이지 않았다. 라디오 수리를 하는 곳이 아니라며 퉁명스럽다. 나는 잘못을 저지른 양 의기소침 해지고 말았다. 혹시라도 늦잠이라도 깨우지 않았나 하는 노파심이 생겼기 때문이다.

 고치겠다는 생각을 단념하고 처음 들렸던 105번 가게 앞으로 지나가려니 주인장이 기다렸다는 듯이 나타난다. 광주에서는 고치는 곳이 없을 것 같으니 서울에서 이런 일을 잘하는 곳을 알고 있다며 그곳으로 연락을 취하여 수리 여부를 알아보라는 것이다. 아버지의 유품이 아니면 이런 발품을 팔 필요가 없는데 구식 라디오를 고치겠다고 찾아온 내가 부끄럽기도 하였다.

 주인장은 언제 손님이 방문할지 모르는 상황에서 나에게 최대한 편의를 제공하려는 노력을 하고 있었다. 나는 이 집에서 그냥 나가기는 쉽지 않겠다는 부담감이 오기 시작했다. 가게에 앉아 있는 동안 두 사람 손님이 방문하였을 뿐이다. 이 짧은 시간을 제

외하고는 내가 주인장의 시간을 다 빼앗고 있었으니 이에 대한 보상을 해주어야 한다는 의무감이 모락모락 솟아오르는 것이다.

　이제 물건을 어떻게 고치느냐의 문제보다 어떤 제품을 골라 사 가지고 갈까를 고민하게 되어버렸다. 매장에 진열된 라디오를 이것저것 살피게 되었다. 라디오와 함께 디스크, 테이프, USB를 함께 사용할 수 있는 제품이 있다는 것을 알게 되었다. 임수정의 잔잔한 사랑 노래를 듣고 싶어 '연인들의 이야기'를 USB에 복사하고 새 라디오를 손에 들고 가게 문을 나서게 되었다.

　아버지께서 사용하시던 라디오는 30년 만의 외출을 끝내고 무사히 집으로 돌아왔다. 언젠가 다시 수리하여 사용하고 싶다는 생각이 남아있다. 아버지의 체취가 남아있는 소중한 라디오이기 때문이다.

　별수 없이 신형 라디오를 사 들고 가게 문을 나왔지만 아버지께서 애지중지 하셨던 라디오를 수리하지 못함이 몹시 서운했다. 아버지께서 라디오를 벗 삼아 노년을 보내시던 심정을 이제 알만한 나이가 된 것 같다.

- 2023년《동산문학》수필부문 신인상 수상작 -

은사님 정년 퇴임

류기준 선생님은 1959년 광주 수창초등학교 6학년 은사님이셨다. 도시 생활을 시작하면서 처음 맞이하는 담임 선생님이셨다. 처음으로 교실에서 공부다운 공부를 하게 하시고, 어둠 속에서 빛을 발하는 전깃불을 켜주시며 새로운 길을 열어 주신 은사님이시다.

선생님 고향은 불갑사 절이 위치한 영광군 불갑면이다.
공직자는 고향을 찾아 근무하면서 정년을 준비하는 경향이 많다. 객지에서 근무가 많았기에 따뜻한 고향의 품속에서 직을 내려놓기를 은근히 바라고 있다. 고향에 대한 정뿐 아니라 고향을 위해 마지막 열정을 다하고 가겠다는 의무감이 작용하기도 한다. 내가 영광 중앙초등학교 근무 시에는 영광초등학교 교장으로 계셨기에 학교 간의 친목회 등을 통하여 선생님의 근황을 살필 기회가 있었다.
그러나 2년 전 보성군으로 전입을 하였기에 은사님의 근황을 잊고 있었다. 다행히 선배의 연락이 있어 그동안 마음 한구석에 남아있던 마음의 빚을 갚을 기회가 왔다고 생각을 하였다. 선생님의 열의에 힘입어 중학교 합격을 한 기쁨이 있었기에 은사님의 노고에 대한 고마움이 머리 속에서 항상 떠나지 않고 맴돌고 있었다. 또한 은사님의 뒤를 이어 교사로서 성직을 수행하고 있었기에 다른 동기에 비해 더욱 선생님에 대한 애정을 가슴에 새기며 살아가고 있었던 같다.

한 반이었던 6학년 3반 졸업생 친구들에게 연락을 취하기 위해 수창초등학교 행정실을 방문하였다. 반 졸업생이 80명이나 되었으나 졸업 후 38년이 되어가니 학교에 보관된 생활기록부 주소로는 현재의 연락처를 쉽게 파악할 수가 없었다. 주소는 군 단위 명칭만 기록되어 있을 뿐 상세 주소 기록이 없었으며 심지어 휴전선 이북의 함경도 평안도 주소로도 표기되어 있었다. 다행히 전남대학교 공대 교수로 재직하고 있던 최○○ 친구와 공동명의 안내장을 중·고등학교 동문 친구들을 중심으로 발송하게 되었다.

소식을 전해 들은 동창들 10여 명이 옛정을 잊지 않고 보내준 성금으로 '행운의 열쇠'를 준비할 수 있었다. 영광초등학교 강당에서 있었던 퇴임식에 참석하여 감사의 정을 뒤늦게나마 표할 수 있어 마음속 짐을 벗는 계기가 되었다. 축하금을 보내준 친구들에게는 은사님의 정년 기념 타올 한 장씩을 보내주며 맺어진 우정을 이어나가는 계기가 되었다.

정년 후에는 어등산을 자주 다니시며 건강관리를 하고 계셨기에 가끔 호남대학교 구내식당에서 차를 대접하는 기회가 있었다.

은사님과의 인연이 밑거름이 되어 사회적으로 명망 높은 친구들과 사회관계망이 형성되었으니 살아가는데 큰 축복이 아닐 수 없었다.

가장행렬

 영광군 9년 근속 만기가 되자 광주에서 비교적 가까운 보성군을 희망하였다. 보성은 친하게 지냈던 대학 동기의 고향이어서 친근감이 있는 곳이기도 했지만 기차 통근도 가능했기에 광주에서 통근을 염두에 두고 보성군을 희망한 것이다.
 그러나 뜻하지 않게 벌교 근처에 있는 부용초등학교 발령을 받게 되었다. 이곳은 생면부지의 고장이어서 처음 학교를 찾아가기도 쉽지 않았다. 벌교행 버스를 타고 '고읍'이란 곳에서 내려 걸어가니, 날아가는 새가 잠시 멈춘 듯 널따란 들판에 외롭게 자리한 학교의 모습이 눈에 들어왔다. 왁자지껄하던 읍내 학교를 뒤로하고 외딴 학교를 찾아가는 내 마음은 마치 꽃샘추위를 만나는 듯 외롭고 쓸쓸함을 지을 수 없었다.

 이 지역은 보성군에 속하지만 보성읍과는 지리적으로 멀리 떨어져 있어 벌교읍 생활권에 속한 곳이었다. 조정래의 소설『태백산맥』의 무대가 된 곳이기도 하다. 또한 벌교 꼬막으로 유명하고 근처에 낙안읍성이 있어 많은 관광객이 오가는 길목이기도 하다.
 옛 낙안군에 속한 읍邑이었으나 1908년 일제의 주도로 행정구

▲ 가장행렬

역 개편이 이루어지면서 벌교읍에 편입되었고, 낙안군의 옛 읍터였으므로 지금은 고읍古邑이라 불리운다고 했다. 행정구역 개편을 통해 지역을 분리시킴으로서 항일의식을 잠재우려 했던 역사적 아픔이 남아있는 고장이었다.

부임 첫해 담임을 했던 6학년 학생 수는 10여 명에 지나지 않아 큰 마을의 또래 꼬맹이들을 모아 놓은 듯했다.

적은 수의 학생들이지만 운동회 날이면 학생들의 진면목을 볼 수 있는 날이기도 했다. 학생들 스스로 꾸민 가장행렬 복장이나 분장 모습은 독창적이고 창의적이었다. 아시아 아프리카 등 6대륙 사람들 특징을 살려 복장을 만들어 입고, 얼굴 분장을 하고 나서면 마치 세계 인종 박람회장을 보고 있는 듯한 착각에 빠지기도 했다. 이런 가장행렬을 보면서 학생들의 창의성과 발랄함에 놀라지 않을 수 없기도 했다.

　이곳 벌교 학생들은 다른 곳의 학생들과 기질이 달라 보였다. 자기 의견이 뚜렷하고 서로 간 단결력이 강했다. 학급 담임을 하면서 이런 학급 분위기를 경험해보기는 처음이었다. 보통의 경우 학생들은 선생님의 지시와 지도에 순종하며 잘 따라 주었다. 그러나 담임 선생님과 의견이 다르면 학생들은 반 친구들을 감싸고 돌아 학생들을 설득하여 가르치기도 어렵다는 것을 깨닫게 되었다. 마치 선생님의 권위에 도전하려는 듯한 태도를 보이곤 했다. 이러한 발랄하고 도전적인 정신이 창의성과 단결력으로 표출되는 것 같았다.

　저녁이면 관사 좁은 방안에서 보내는 시간이 외롭고 쓸쓸했다. 칠흑같은 어둠이 깔리면 밤하늘의 별빛만이 유난히 밝았으며 풀벌레 소리가 적적함을 잊게 하였다. 멀리서 다가서는 벌교 시내의 반짝이는 불빛은 광주에서 살고 있는 가족을 더욱 생각나게 하고 있었다.
　객지에서의 생활은 집안일을 책임지는 아내와의 생활 감정이 다르게 형성 되기 쉽다. 아내와의 대화 시간이 적기 때문에 오해의 소지도 늘어나기 마련이다. 이런 분란을 사전에 감지하고 해결하는 일이 가장으로서의 책무이기도 하다. 조용하고 적막한 시간은 삶을 뒤돌아보는 회개의 시간이 되기도 해 아내에게 처음으로 화해의 편지를 쓰는 시간으로 이어지기도 하였다.

전임지 교감 선생님과의 인연

 당시 학교장은 타자기를 즐겨 사용하는 분이었다. 교장실에서는 항상 타자기 소리가 끊이지 않았다. 군대에서 익힌 솜씨를 발휘하여 공문서를 작성하거나 학교 신문을 발행하는 데 유용하게 활용하고 계셨다. 계절에 따라 한 차례씩 발행하는 신문은 과학교육 분야의 기사를 주로 다루어 홍보 차원에서 학부형 및 지역 유지에게 발송을 하고 있었다.
 내가 쓴 원고가 학교 신문에 실리게 된 적이 있다. 이 기사를 보고 장성 신흥리 초등학교에서 교감으로 계셨던 김기표 선생님께서 전화 연락을 하셨다. 십오 년 전 교감 선생님의 차분하면서도 예리한 선비 같은 모습이 떠올랐다. 너무 뜻밖의 일이었다. 나의 근무 태도를 곱게 봐주시고 늘 격려를 하시던 분이다. 당신 아들이 내 고등학교 후배이기도 하고 교직에서 근무하고 있기 때문이기도 했다. 《전남교육》이란 잡지에 실린 내 글을 읽고 여러 직원 앞에서 칭찬을 해주시며 격려를 해주시던 기억이 잊혀지지 않기도 했다.

 솜씨가 좋아 복도 환경을 손수 깔끔하게 정리하실 뿐 아니라 공터인 운동장 구석에 암석원을 설치하는 등 과학 교육에 남다른 열성을 가지고 계셨다. 일본어에 조예가 있어 일본에서 발행된 과학 잡지를 자주 보고 계셨고 여기서 얻은 아이디어에 힘입어도 과학전람회에서도 좋은 성적을 거두며 내가 과학 주임 임무를 성공적으로 수행할 수 있도록 뒷받침을 해주신 분이었다. 넓은 이마에 반짝이는 눈매에 깔끔한 성품을 가지신 분으로 기억이 떠올랐다.

학교 신문을 통해 소식을 알게 된 교감 선생님은 내가 이런 오지에서 근무하리라고는 상상도 못하신 듯했다. 지금쯤이면 승진을 하여 환경이 좋은 도시 학교에서 근무하고 있을 거라고 기대하고 계신 모양이었다. 나의 변변치 못한 위치가 부끄럽기도 했다.

선생님은 이미 정년을 하시고 고향인 벌교에서 생활을 하시고 계시던 처지였다. 바쁘다는 핑계로 직접 찾아뵙지 못하고 전화상으로만 상면을 하고 말았다. 선생님께서도 건강이 좋지 않아 외출을 자제하고 계시기에 더욱 만남이 어려웠고 이듬해 학교를 옮기게 되니 교감 선생님과의 연락이 영영 끊어지고 말았다. 지금 생각하면 바쁘다는 핑계로 상면하지 못하고 떠나게 되었음이 후회스럽고 안타까운 일이 되었다. '철이 들었다'라는 경구는 인연의 소중함을 알아차리는 때를 지칭하는 것 같았다.

섬으로 가지 못한 아쉬움

학교 통폐합으로 인하여 일 년 만에 학교를 다시 옮겨야 했다. 섬으로 들어갈 용기를 내지 못하고 벌교읍을 지나 대포항 바닷가 근처 영등초등학교를 희망하게 되었다. 내 성격은 과단성이 부족하고 세심하며 감성적인 면이 강해 세상을 사는 데는 남보다 뒤지는 경향이 나타나기 시작했다. 작심삼일이라는 말이 있듯이 독하게 마음을 먹었다가도 이삼일이 지나면 금방 잊어버리고 지내기 때문이다. 섬에 가는 일도 그렇다. 동기들은 승진을 하여 앞서 가고 있지만 나는 무슨 배짱이 있었든지 승진에 대해서는 느긋하고 절실한 필요성을 느끼지 않고 지내고 있었기에 그나마 승진 가산점을 찔끔 얹어주는 육지 벽지학교를 선택하고 말았다. 외종형께서는 섬으로 가서 승진을 하라는 말씀을 자주 하셨지만 이를 귀담아 듣지 않기도 했다. 마치 '말을 강가로 끌고 갈 수는 있지만 물을 먹일 수는 없다'는 경구는 나를 두고 하는 말인 것 같았다. 이 시기를 놓치므로 해서 승진의 기회를 잡기 위해 뒷날 힘든 노력을 해야만 하기도 했다. 교실에서 아동들과 하루하루 지내는 생활이 행복했고 마음의 평화를 가져다주었기 때문이었다.

본교는 광주에서 출퇴근을 하는 여선생님을 비롯하여 순천이나 벌교읍에서 생활하는 직원, 학교 관사에서 생활하는 직원 등 생활환경이 가지각색이었다. 가정이 있는 젊은 교사들은 생활환경이 좋은 광주나 순천에서 통근을 고집할 수밖에 없는 환경이었다.

광주에서 출퇴근하는 여교사들은 벌교읍 터미널까지는 버스를 이용하고, 벌교읍에서 생활하는 교감 선생님이 승용차로 학교 출근을 돕는 방식이었다. 원거리의 출퇴근은 사람의 진을 빼는 일이었다. 하루 사용할 에너지의 절반은 출퇴근 준비에 투자를 해야 하기 때문이다. 또 걸리는 시간은 어떤가? 집에서 광주 터미널, 광주에서 벌교읍 터미널, 대기하고 기다리는 교감 선생님 승용차에 편승하는 일 등 2시간 이상을 길거리에서 소비하게 되니 말이다.

나는 날마다 이런 생활을 할 수 없어 숙직실을 선배와 같이 사용하며 생활하기로 했다. 선배는 생활이 규칙적이고 말수가 적어 불편함이 없게 해주었다. 고창이 생활 근거지였는데 이 먼 곳까지 오게 된 연유가 궁금하기도 했다.

출퇴근의 부담이 없으니 심신이 무척 편했다. 바닷가의 갯벌 내음은 난생 처음으로 맛보는 매력이 있었다. 아침 일찍 바닷가 근처까지 조깅을 할 수 있어 건강에 많은 도움이 되기도 했다. 한 학급의 학생 수 또한 20명이 넘지 않아 생활지도가 어렵지 않았으며 조용한 학교 위치는 심신의 피로를 해소해 주는 데 더없이 좋은 곳이었다.

이 학교에 근무 하면서 처음으로 승용차를 구입하였다. 운전에는 자신감이 없었으나 승용차가 없으면 광주를 다니기가 불편하기 짝이 없었다. 이런 괴로움을 탈피하고자 도로 연수를 마치고 운전을 시작하게 되었다. 대중교통을 이용하거나 편승하여 다니다가 내 차를 가지게 되니 마음 설레임은 이루 말할 수 없었다. 토요일 아침이면 벌교읍 새벽 시장으로 나가 주변 마을에서 갓 잡아온 생선이며 꼬막들을 사두었다가 오후 퇴근길에 광주로 가지고 올라오는 색다른 재미가 생기게 되었다. 토요일 퇴근 후에는 학교장과 함께 주암호의 아름다운 풍광을 즐기면서 맛집을 찾아 점심을 먹고 다니는 여유를 갖게 되기도 했다.

6학급의 소규모 학교였으나 학교 주변 마을에 사는 기능직직원이 있어 적적한 학교생활에 활력을 불어넣어 주기도 했었다. 수요일 친목회 날이면 생선회 솜씨가 좋아 항상 입을 즐겁게 해줄 뿐만 아니라 흥을 돋우는 노래가 구성져 객지에서의 설움을 잠시 잊게 해주기도 했었다.

"차표 한 장 손에 들고 떠나야 하네. 예정된 시간표대로 떠나야 하네. 너는 상행선 나는 하행선 열차에 몸을 실었다. 사랑했지만…."

사랑했지만 3년 근무를 마치고 학교를 보성읍으로 옮기게 되었다.

교단만평

요사이 청소년 비행문제가 큰 사회적 관심거리로 대두되었다. 신문 지상에 자주 오르내리는 잡다한 사건뿐 아니라, 학교 내에서 일어나는 학생폭력은 보통 사람의 상상을 초월한 지 오래다. 이러한 현상 뒷면에는 반드시 그럴만한 이유가 있다. 여러 가지 사회 병리 현상과 더불어 비행에 관련된 개개인 청소년의 가정환경에서 그 원인을 찾을 수 있다.

이러한 연유로 요사이는 아동의 인성 교육을 중요시하고 있다. 공부도 잘하고 인성도 좋으면 더없이 좋으련만, 그렇지 않은 게 인간 세상사이고, 공부에 진력하다 보니 친구도 없고, 친척도 멀어지고 경쟁에서 오직 이기는 것만이 인생의 승리자가 될 수 있는 것으로 알고 살아왔다.

며칠 전 서울시 교육청에서 초등학교에서의 획기적인 교육개혁 조치를 발표했다. 기말고사를 없애고, 생활기록부에 수 우 미 양 가 평점을 지양하고 개개 아동의 특성을 문장으로 기술하며, 1년 범위 안에서 다른 학교에 전학 절차 없이 가서 공부하고 학년 말에 본래 학교에 올 수 있도록 한다는 것이다.

도시의 아파트와 아스팔트, 콘크리트 숲에서 자란 어린이들이 시골의 친척 집에 가서 그곳의 자연환경을 벗 삼아 새로운 친구와 사귀며 공부한다는 것은 얼마나 유익한 일이 될는지 상상하기 쉽지 않다.

나 자신 교직에 발을 들여놓은 지 어언 30여 년 가까운 세월이 흐르고 있다. 도시에 있어도 보았고, 바다가 보이는 시골 학교에서도 근무하였으며, 매일 우체부의 소식이 그리워 어쩔 줄 모르고 지내던 오지 학교에서의 경험도 있다. 모두가 잘 자라 사회 각 분야에서 제 할 일을 맡아 하고 있지만, 올해는 유독 별난 아이의 담임을 하고 있다.

해마다 3월 초면 새 학급을 맡아 가정방문을 하고 어린이의 개성을 파악하기 위해 분주하게 지낸다. 올해는 속을 태우고, 말썽을 부릴 애는 없을까? 건강이 나빠 조심해야 할 어린이는 없을까? 그런데 새 학급을 맡고 며칠이 지난 후 작년 담임 선생님의 이야기를 들어보니 서○○ 어린이 때문에 보통 애를 먹은 게 아니라는 사실 알게 되었다.

추운 겨울 어느 날, 이 어린이는 집에 있었던 소주를 먹은 것이 지나치게 많이 먹게 되었고, 바깥으로 나와 걸어 다니다가 실족하여 시궁창에 빠지게 되었다고 한다. 이로 인해 오물이 기도로 들어가고 의식을 잃고 말았으며 가까운 순천 병원으로 옮겼지만 치료가 어려워 광주로 옮겨 목숨을 건지게 되었다는 것이다.

나는 가정방문 첫날 서모 어린이의 가정 형편을 알아보기 위해 반장 어린이와 함께 출발하였다.
　집에는 할아버지와 허리를 못쓰는 할머니, 술주정뱅이 아버지 그리고 2살 어래인 남동생 등 다섯 식구가 살고 있었다. 아이 어머니는 고부간의 갈등으로 집을 나간 지 오래되었고, 아내가 없는 남편은 술로 세월을 보내는 중이었으니 실로 딱한 처지였다. 아버지가 화풀이 할 곳은 어린 두 아들이었고, 그로 인해 두 아이는 가출이 심하여 학교에 오지 않는 날이 오는 날보다 많다는 것이다. 이웃집 어른의 이야기를 들어보니 아이들을 차라리 고아원에 보내는 것이 낫겠다는 것이었다.

　3월이 거의 다 가고 날씨가 따뜻해지자 개 버릇 남 못 주듯 학교에 나오지 않기 시작하는 것이다. 수소문을 해 보니 중학교에 다니는 행실이 나쁜 선배와 읍내에 나가 전전한다는 것이다. 나는 이 사실을 학교장에게 보고하고 찾아 나서기로 하였다. 주로 오락실에서 잘 논다고 하여 이곳저곳을 찾아보았으나 찾을 길이 없었다.
　며칠이 지났을까, 이웃 면사무소에서 전화가 왔다. 그곳에 서모 어린이가 있으니 데려가라는 것이다. 혼자 보내면 어디로 튈지 모르니 확실하게 인계를 하고 싶다는 것이다. 부랴부랴 찾아가 보니 물에 빠진 장닭처럼 몰골이 초췌하고 세수를 며칠이나 안 했는지 얼굴을 마주할 수가 없었다. 집을 나와 돌아다니던 중 마을 근처에서 배회하고 있는 것이 면사무소 직원에게 발견되어 학교에 연락이 온 것이다. 그분이 아니었으면 가출 기간이 더 길어졌을지 모를 일이다.

집에 데리고 가 아버지에게 자초지종을 이야기하고, 절대 때리지 말고 내일 학교에 데리고 오도록 하였다. 학교에는 나왔으나 몰골은 어제와 조금도 다름이 없었다. 나는 바로 읍으로 데리고 가 이발, 목욕을 시켜 집으로 돌려보냈다.

매일 서모 어린이의 얼굴을 보는 것이 가장 중요하다고 생각되어 모든 관심과 애정을 쏟기 시작했다. 공부하는 학생이 아니라, 또 내가 선생님이 아니라 다정한 친구로서 그 아이의 놀이 친구가 되기로 한 것이다.

집을 나가면 못 먹고 잠을 잘 데도 마땅치 않은데 또 같이 놀 사람도 별반 없는데, 학교에 오면 우유, 과자 등의 간식에 점심은 학교 급식을 먹을 수 있으며, 무섭게 느껴졌던 선생님이 다정한 놀이 친구가 되어가니 학교가 놀기 위해서도 가볼만한 곳이라고 생각하기에 이르렀다. 이렇게 되자 결석하는 날수도 줄어들게 되고, 아이의 눈동자도 별처럼 생기가 돌기 시작했다. 퍽 다행으로 생각하며 여름방학이 시작되었다.

방학 동안이 안심이 안 되어 자주 연락을 하곤 했는데, 이번에는 6학년 학생과 어울려 이웃 청송초등학교에서 자전거를 훔치는 일이 벌어지고 말았다. 알고 보니 올해 들어 이번이 세 번째였고 파출소에 신고가 들어가자 경찰이 진상 조사차 학교를 방문하게 되었다.

담임으로서 지도 소홀로 사과를 하고 선처를 부탁하였다. 잃어버린 자전거도 찾았으니 없었던 일로 치부하여 무사히 넘기게 되었다.
 그런 후 개학을 하였고 학교에 잘 나오게 되었으나 가정에서의 무관심으로 머리 한 번을 제대로 깎지 않았다. 부모님께 편지를 써서 보내고 말을 해보아도 소용없는 일이었다. 서모 어린이의 모습이 한 아이를 책임지는 담임으로서 부끄럽기도 했다.
 그러던 어느 월요일 오후에 벌교읍으로 데리고 가 이발소에 들린 후 제과점에서 빵을 사주면서 할아버지 할머니 먼저 드리고, 다음에 아버지께 드리고 나머지는 동생과 사이좋게 나누어 먹도록 다독이며 동네 어귀까지 데려다주었다.

 다음 날 아침 출근하여 교실에 들어서니 웬 쌀자루가 놓여 있다. 반 학생의 이야기를 들으니 서모 어린이 아버지가 갖다 놓으신 건데 가을에 추수를 하여 찧은 햅쌀이니 보냈다는 것이다. 크지도 않고 많지도 않은 쌀자루였지만 먼거리를 어깨에 짊어지고 학교에 왔을 서모 어린이 아버지 심정을 헤아려보니 마음이 먹먹해짐을 어찌할 수 없었다. 이것이 자식을 키우는 부모의 마음이구나 생각되어 고마움의 표시로 알고 받아두기로 하였다.
 이제까지의 교직 생활 중 쌀자루를 보낸 분은 이분이 처음이다. 학교 선생님들께도 서모 어린이 아버지의 뜻을 이야기하고 비닐봉지에 조금씩 나누어 드렸다. 어쩌면 초가을의 햅쌀밥 같은 아버지의 자식에 대한 끈끈한 정의 표시가 아니겠는가.
 이제 학년 말이 다가오면서 서모 어린이는 글씨도 제법 쓰고,

구구단도 외우기 시작하고 학업에 조금씩 관심을 보이기 시작함으로써 제 모습을 찾아가는 것을 보니 올 1년도 헛되이 보내지 않았음을 느끼게 된다.

내년에는 더욱 더 바르고 정직하게 자라야 될텐데…

-이 글은 1996년 고등학교 졸업 30주년 기념으로 발간한 동창회 문집에 실렸다. -

제자의 육군사관학교 입학

1999년 3월 1일 자 보성읍에 있는 보성초등학교 발령을 받았다. 근무했던 학교 중 세 번째로 학생 수가 많은 학교였다. 학교가 기차역과 가까운 거리에 있어 기차 통근을 하기에 좋은 곳이었다. 기차는 겨울에는 따뜻하고 여름에는 시원할 뿐 아니라 의자가 넓고 안락해 편안한 마음으로 출퇴근을 할 수 있었다. 승객이 적으니 교실에서 시달렸던 몸과 마음을 편히 쉴 수 있어 조용한 찻집에 앉아 쉬어가는 기분이 드는 통근이었다. 효천역에서 기차가 출발하니 기차 출발 시각보다 한 시간쯤 일찍 서둘러 집을 나서야 했다. 집을 떠난 지 6년 만에 광주에서 출퇴근을 하는 기쁨을 갖게 된 것이다.

이 무렵 광주교육대학교 대학원에 적을 두고 과학 교육 논문 준비를 하고 있었던 나는 부임하면서부터 과학 주임 사무를 맡게 되었다. 제일 먼저 할 일이 과학실을 재정비하는 일이었다. 물리 화학 생물 실험이 과학실에서 이루어져야 하기 때문이다. 과학실은 실험기구가 비교적 잘 정비 되어있었고 학생들의 실험복까지 갖추어져 있어 근무했던 학교 중 과학실 정리가 가장 잘 되었다고 판단이 되었다. 과학보조교사도 근무하고 있어 과학실 관리나 실험재료 준비를 하는 노력을 덜 수 있게 되었다.

　한편 과학 주임으로서 학생을 지도하여 참가해야 할 세 차례의 도 대회가 기다리고 있었다. 작은 학교에서는 크게 신경을 쓰지 않게 되지만 중심지 학교의 과학주임으로서는 학교의 명예를 위해서도 꼭 참가를 하지 않을 수 없는 대회였다. 우선 발등에 떨어진 불이 5월에 있을 도 과학경진대회 출전준비 계획을 세우는 일이었다. 지도 분야가 많기 때문에 미리서 계획을 세워 일감을 분담하도록 조직을 짜야 했다.

　세부 종목별로 교사들을 배치하고 나는 버려지는 페트병을 재활용하여 발사하는 물로켓을 지도하기로 계획을 세웠다. 짧은 시간에 좋은 성적을 내려면 다른 학교에서 미처 준비하지 못한 경진대회 종목을 선택하여 지도하는 것이 효과적이라고 생각되었기 때문이다. 재료 구입이 수월치 않고 기술과 경험이 필요했기에 소규모 학교에서는 출전을 기피하는 종목이었다.

　푸른 하늘을 치솟아 날아가는 로켓 포물선은 학생들의 호기심을 자극하기에 충분했다. 미래의 우주 과학자를 길러내는 첫 단추가 되리라는 희망과 기대를 가지고 대회에 참가하게 되었다. 군 대회에서 우승하여 도 대회에 출전하였고, 도 대회 동상을 수상하였다. 본교에서는 처음 도 대회에 출전을 하여 얻은 성과였기에 더욱 의미가 있었다. 이어서 학생 과학 발명품 도 대회에서 동상, 식물관찰대회에 출전하여 도 대회 금상 등 본교에서 처음 있는 수상 소식이었기에 학교의 위상을 높이는 계기가 되었다.

 정년를 한 뒤 반가운 소식을 듣게 되었다. 교사는 학생의 바람직한 성장에서 가장 큰 희열을 느끼게 된다. 물로켓부에서 지도를 받았던 학생이 육군사관학교에 진학을 했다는 소식을 학생 어머니를 통해 듣게 된 것이다.

 광주 학생 교육문화회관 영어도서관에서 자원봉사를 하고 있던 때였다. 영어도서관이 광주에서 처음으로 개관을 하자 학생들의 눈높이에 맞춘 프로그램을 계발하여 서비스를 제공하고 있었다. 나는 어린 학생들이 영어 공부에 취미를 갖도록 하는 놀이 중심 프로그램에 자원 봉사자로 참여하고 있었다. 항상 약속된 시간보다 일찍 도착하여 '무각사' 주변 산책로에서 걷기 운동을 한 다음 약속된 시간에 맞추어 도서관에 들어가곤 했다.
 산책로를 걷던 도중 맞은 편에서 오던 아주머니 한 분이 가까이 다가와 인사를 건네는 것이다. 다름 아닌 물로켓 지도를 받았던 학생의 어머니이셨다. 물론 나는 십수 년 전의 일이니 어머니의 얼굴을 기억할 수 없었다. 어머니는 많이 변했을 내 얼굴을 오랫동안 기억하고 계셨던 모양이다. 아들이 육군사관학교에 진학하여 열심히 공부를 하고 있다는 소식을 전해 주는 것이다. 아마 보성의 자랑이며 가문의 영광이라고 주위의 칭찬이 많았으리라 짐작이 되었다. 학생은 육학년으로 체격이 크면서 성실한 성격을 가지고 있어 많은 학생 중 선발을 하여 지도를 했던 기억이 떠올랐다. 내 아들 일인 양 마음이 한동안 기쁘기 한량없었다. 내가 첫 발령지에서 선배 교사로부터 '사관학교에 진학을 했으면 좋았을 거'라는 덕담을 들은 적이 있었기에 남다른 희망의 메시지를 전해 주는 학교 이름이었다. 또 한 나의 노력에도 불구하고 조카(둘째 누님 아들)가 사관학교 진학에 실패했던 아픔을 보상해 주는 청량제 같은 소식이었다.

 보성읍 공설 운동장 넓은 잔디밭에서 쏘아 올린 물로켓이 하늘 높이 나르는 모습을 보면서 학생과 함께 가슴을 조이던 시간이 아름다운 추억이 되어가고 있었다.

≪동화≫

꿈을 실은 페트병

페트병 형제가 쓰레기통 안에서 눈을 감고 앞으로 다가올 자신들의 운명에 대해 불안에 떨고 있었다.
"이제 우리는 아무도 반기는 사람 없는 고아가 되었어. 우리 신세가 하루아침에 이렇게 될 줄이야 누가 알았겠어."
동생 페트병은 답답한 쓰레기통 안에서 형을 몹시 원망하며 괴롭히고 있었다.
"조금 기다려 보자. 운명은 재천이라 했으니 내일 일을 누가 알겠니?"
"형은 세상 물정을 잘 알면서도 언제나 고릿적 양반같은 소리만 하고 있으니 우리 꼴이 이 모양이 되고 말았지 않아?"
동생의 다부진 항의에 형은 의기소침한 얼굴이 되어버리고 만다.

다음 날 아침 햇살이 운동장을 가득 채우기 시작했다. 학생들이 등교하면서 학교 안은 지지배배 참새들이 하나 둘 모여들듯

소란스러움으로 가득 채워지고 있었다. 운동장 뒤쪽에 놓인 쓰레기통에도 새로운 친구들이 하나둘 씩 모여드니 몸 둘 바를 모르게 통 안은 답답해지고 말았다. 지구상의 마지막 은신처가 될지 모르니 모두 허탈하고 의기소침한 얼굴로 울상이 되어가는 모습이다. 페트병 형제의 운명도 바람 앞의 등불처럼 지나온 삶의 흔적이 허무하기만 했다. 이승에서 살아온 지난날들이 주마등처럼 기억의 창고에 불을 밝히기 시작한다.

"형 나는 배고픈 사람을 딱 한 번 도와준 적이 있어. 물이 먹고 싶다는 열사병 환자에게 목을 적셔주었고 그늘 밑에서 휴식을 취하도록 도와주었지. 그는 일어나 가던 길을 가게 되었어."

"그랬구나. 형은 달리다 지친 선수에게 힘을 주고 사기를 북돋아 주는 일을 했었지. 큰 일은 아니었지만 그 선수는 시원스레 목을 축이며 얼마나 기뻐하고 용기를 내게 되었는지 몰라. 우리가 했던 착한 일들은 하느님이 기록해 두셨는지 누가 알겠니?"

"그렇지만 우린 이런 초라한 통 안에서 여름 무더위에 시달리면서 불안에 떨고 있지 않아?"

"피조물은 이웃에게 나눔과 사랑의 온기를 베풀지 못하게 되면 버림을 받게 되는 신세가 된단다. 이제 우리도 온기가 사라진 물건이 된 사실을 명심해야 한단다."

"난 이제 더 이상 살아갈 희망을 잃었어. 흑흑…."

점심시간이 지나자 따가운 햇볕은 통 안의 형제들을 찜통 같은 더위로 내몰고 있었다. 바로 그때였다. 꼭 닫혀있던 문이 열리는

가 싶더니 시원한 바람 한 줄기가 통 안의 열기를 잠재우기 시작했다. 어린 학생의 해맑은 목소리가 귀가를 스치고 지나갔다.

"우리가 여기를 잘 찾아왔지? 좋은 페트병이 있을지 몰라. 찾아보자."

다행스럽게도 귀에 익은 청소부 아저씨의 부드러운 목소리가 아니었다. 우리는 무슨 일이 벌어질지 궁금하였지만 잠자코 숨을 죽이며 동태를 지켜볼 따름이었다.

"와! 깨끗한 페트병이다. 이것으로 물로켓을 만들어 대회에 나가자. 틀림없이 좋은 로켓 몸통이 될 거야. 착한 학생이 사용했던 것이 분명해."

이 말을 듣는 순간 꿈인지 생시인지 내 귀를 의심하지 않을 수 없었다.

"형 우리를 물로켓 몸통으로 이용하여 날리기 대회에 나갈 참인가 봐."

"그렇게만 된다면 얼마나 좋겠니."

죽음의 두려움에서 벗어나 물로켓 몸통이 되어 하늘을 나는 꿈을 꾸게 되는 순간이었다.

넓은 잔디밭 운동장으로 나온 우리는 학생들의 별빛처럼 반짝이는 눈망울을 뒤로하고 푸른 하늘로 치솟아 오르기 시작했다. 푸른 하늘에 그려지는 포물선은 학생들의 꿈을 하늘에 매달아 놓은 듯 선명했다. 처음에는 무섭기도 하고 설레이기도 하였으나 경험이 쌓이게 되자 하늘을 나는 새처럼 유유자적 신나는 비행을 하기 시작했다.

"형 우리는 사는 동안 좋은 일을 많이 한 모양이지. 하늘이 무너져도 살아날 구멍이 있다더니 우릴 두고 했던 말인가 봐."

"그래 맞는 말이야. 누가 이런 날이 올 줄 알았겠니? 내일은 더 높이 더 멀리 하늘을 날아 학생의 꿈을 쑥쑥 키워주시라고 빌어보자."

"그래 형, 삶은 전화위복이고 새옹지마라는 말이 맞는 거지?"

"우리의 멋진 비행이 학생들의 장래 희망을 열어 제치는 꿈의 비행이 되기를 빌어보자. 오늘 밤엔 찾아오는 별님에게 학생이 누릴 꿈 이야기를 전하자. 우리를 위해 아낌없는 응원을 보낼거야."

"형, 요사이 성당에 다니는 영희 엄마는 예수님 부활 이야길 하는데 우리도 부활을 한 건가?"

"우리는 믿고 따르는 하느님이 없으니 부활이라는 말은 어울리지 않겠지. 사람들이 흔히 두고 쓰는 '재활용'이라고 해야 옳을 거야. '하늘은 스스로 돕는 자를 돕는다'고 했으니 내일을 위해 간절한 기도를 해보자."

나는 영희 엄마 흉내를 내며 성호경을 그으며 학생들의 큰 꿈을 빌고 있었다.

서울대 합격

　어느 날 오후 수업 시간에 나는 학원 열풍이 교실 수업을 위협하고 교사의 권위가 도전을 받기 시작한다는 사실에 충격을 받게 되었다. 이제 학원 강사에게 스승의 자리를 내주게 되었다는 불안감 또한 떨쳐버릴 수가 없었다.
　특히 장사 일을 하는 학부모가 많아 가정학습지도가 어려워지자 열성적으로 학원을 보내는 경향이 두드러지게 나타나기 시작했다. 학원 숙제 때문에 학교에서 내주는 숙제는 뒷전으로 밀리고 있었다. 이제 하교 시간을 학생들의 학원 시간에 맞추지 않을 수 없게 되어가고 있었다.
　본교가 도 연구학교 지정을 받아 연구 수행을 하고 있었기에 학교 행사가 있어 수업 진도에 차질이 오는 경우가 발생했다. 오후 시간을 이용해 보충 수업을 하게 되면 학원 강의시간에 늦지 않게 하교를 해 달라는 학생들과 실랑이를 벌이는 경우도 발생하게 되었다. 수업이 끝나지 않았지만 학원 수강을 위해 교실 문을 박차고 나가는 학생도 생기게 되었다. 담임으로서는 이런 학생을 통제하기가 가장 어려운 순간이었다. 이런 실랑이를 학생들은 빤히 보고 있으니 교사의 권위는 땅에 떨어지고 있었다.

이런 와중에도 실력이 돋보이는 학생이 있어 위안을 삼게 되었다. 정○○라는 남학생이었다. 어린 나이인데도 담임의 질문에 핵심을 잘 파악하여 대답을 조리 있게 했다. 학생의 재능을 발견한 나는 기특하기도 하여 농담 섞인 칭찬으로 '서울대학생'이라고 칭찬을 해주곤 했다. 학생은 이 말뜻을 모르리라고 생각을 하면서도 학생의 재능을 높이 평가하여 덕담으로 가끔 해주던 칭찬이었다.

이 학교를 떠나 십여 년이 흐른 뒤였다. 어느 날 걸려온 전화를 받아 보니 1999년 보성초등학교 재직 시 담임을 했던 정○○ 학생 어머니의 뜻밖의 흥분된 목소리였다. 학생의 아버지는 금융계통에 근무하셨던 것으로 기억이 되었다.

▲ 보성초등학교 4학년

아들이 이번 서울대학 수시에 합격했다는 낭보朗報였다. 정○○ 어머니도 아들로부터 담임의 덕담 내용을 들어 고마움을 잊지 않고 계셨던 모양이다. 내 귀를 의심하지 않을 수 없었다. 학생의 학업 수준이나 자질을 높이 평가했던 나의 안목이 틀리지 않았음을 증명해주는 일이었다. 직접 가르쳤던 제자 중 서울대에 합격을 한 학생들이 있었으나 초등학교 시절에는 성적이 출중하게 뛰어나지 않았었다. 그러나 정○○ 학생은 달랐다. 보통의 경우 학생들은 교사의 기대와 격려에 부응하려고 노력을 한다. 이런 나의 칭찬이 서울대학 합격에 한 몫을 했으리라는 교사로서의 자부심을 은연중 갖게 하는 경사였다.

이런 덕담은 정○○ 학생 외에는 교직 생활 중 어느 누구에게도 해 본 적이 없었다. 다른 학생들에게 열등감이나 소외감을 줄 수 있을지 모르기 때문이기도 했다. 이런 칭찬을 자주 했던 교사로서의 태도가 경솔했을 가능성도 있다. 그러나 학원 수강에 열의를 보였던 학생들 틈에서 위안이 되어 주었던 학생이었기에 오랫동안 잊히지 않는 제자가 되었다.

처음인 섬 생활

　교직에 입문하여 30년의 세월이 흐르니 학생들과 하루하루 씨름해 낸다는 일이 육체적으로 점점 힘들어진다는 것을 느끼기 시작했다.
　50여 교직원들 인적구성을 살펴보니 내 나이가 손가락 안에 드는 고령자에 속하고 있었다.
　어느 날 학생들의 숙제 검사를 하던 도중 숙제장의 글씨가 잘 보이지 않는 일이 발생했다. 깜짝 놀라지 않을 수 없었다. 이런 연유로 안경을 끼지 않을 수 없었고, 승진의 필요성을 절감하는 생각의 큰 전환점을 가져다준 계기가 되었다. 외종형(권혁창, 장성여중 교장 정년)께서는 승진을 빨리하라고 성화 수준이셨다. 그러나 교실 속 동심의 세계에서 학생들과 생활하는 것이 내 적성에 맞는 것 같아 승진에는 별 뜻을 두고 있지 않았다. 이제야 비로소 승진의 절박성을 깨닫게 하는 건강상의 문제가 불거진 것이다.

　교감 자격연수를 받아 발령을 받으려면 섬 벽지 점수가 필요했고 3년 동안의 근무평점이 필요했다. 이런 이유로 섬이 많은 신안군이나 완도군 중 근평 경합자가 없는 학교를 찾아가야 했다.

가장 위기의 시간이면서 또한 절호의 기회가 온 셈이다.

완도에 학교장으로 계시던 고등학교 선배의 인도로 2002년 3월 1일 자 완도군 약산면 소재 해동초등학교 발령을 받게 되었다.

강진 마량에서 승용차를 배에 싣고 십여 분을 가면 고금도 선착장에 도착한다. 다행히 고금도와 약산도는 다리로 연결돼 있어 바로 약산으로 달려갈 수 있었다. 약산면 소재지를 경유하여 2킬로쯤 더 구불구불한 비포장 길을 달리면 마을 숲에 가린 해동초등학교 2층 건물이 수줍은 듯 얼굴을 내민다.

학교를 찾아가는 도중 넘실대는 파도가 군데군데 눈에 들어오니 섬에 왔음을 실감할 수 있게 되었다.

학교는 마을 한복판에 자리 잡고 있어 마을의 터줏대감이라도 된 듯한 모습을 하고 있었다. 운동장 위쪽의 올망졸망한 관사들이 새로운 손님을 기다리는 듯 줄지어 서 있었다.

육지 시골 마을 고샅길에서 고추나 콩 등 밭곡식을 널어 말리듯, 학교 담벼락 밑 좁은 골목길에는 바다 해조류를 말리는 풍경이 이색적으로 눈에 들어왔다.

다행히 선배 학교장의 세심한 배려로 잘 정리된 관사가 기다리고 있어 어려움 없이 짐을 풀어놓을 수 있었다.

연탄을 이용하여 난방을 하고 있으니 하루에 한두 번은 연탄을 갈아야 했다. 중·고 시절 자취를 하면서 연탄을 사용했던 기억이 있는데 그로부터 40여 년이 지난 지금도 연탄으로 난방을 하고 있으니 시간이 제자리에 멈춘 듯하였다.

　제일 불편한 점은 태풍이 불면 섬 밖으로 나가지 못하게 되는 점이었다. 매일 매일의 일기예보에 관심을 갖게 되었는데, 특히 토요일의 일기예보에 민감해지게 되었다. 토요일에는 모든 직원이 육지로 나갈 시간을 기다리고 있는데 갑자기 일기 상황이 나빠 나오지 못하는 경우도 생길 수 있기 때문이다.
　반찬을 1주일 단위로 준비해 가지고 가니 섬을 나오지 못하면 반찬 문제를 해결하기가 어려워진다.
　또한 섬 생활에서 오는 답답한 마음을 해소할 수 없기에 사소한 일에도 짜증이 쉽게 나게 된다. 섬에 갇혀 있는 동안 마땅한 휴식 공간이 없으니 다음 일주일의 생활 리듬이 깨져 버리는 것이다. 동료 직원들 사이에서는 외딴 섬까지 밀려와 고생을 한다는 생각을 하는 교사도 있어 작은 일에도 불화가 생기기 쉬워 바늘방석에 앉아 사는 기분이었다.

　당뇨에는 오줌이 효험이 있다는 경험자의 경험담을 듣고 아침에 일어나면 처음 나오는 오줌을 받아 마셔가며 섬 생활을 하기 시작했다. 의학적인 확신은 없었으나 지푸라기라도 잡고 싶은 심정이었기 때문이다. 아침이면 줄넘기 1,000회와 근처 해수욕장까지 달리는 운동을 하면서 혈당을 조절해 나갔다. 교사들이 즐기는 술을 멀리하고 생선회 또한 달가워하지 않는 섬의 수도자로 지내게 되었다.

더불어 학부모들과 좋은 유대관계를 맺는 것도 중요한 일이었다. 육지에서 온 교사들은 곧 육지로 떠날 사람들이라고 생각하여 교사들에게 비협조적인 경향이 있었다. 퇴근 후에는 학부모댁을 방문하여 섬 생활의 실태를 파악하고 학생들 지도에 유연하게 대처해야 했다.

 오월에는 부근에 멸치 어장이 형성되므로 학부모들의 멸치 잡는 이야기며, 전복 양식장을 견학하면서 어민들의 어려움을 공감하게 되었다.

 그러나 경제적으로 능력이 있는 학부모는 자녀들을 도회지 학교로 이미 유학을 보내고 있었기에 낙도 오지의 학교는 언제 학부모의 외면을 받게 될지 모르는 형편이었다. 섬과 육지의 교통편이 좋아지면서 이런 현상은 가속화 되고 있었다.

학교 통폐합

 한 학기 섬 생활을 무사히 마치고 여름 방학식을 하는 날이었다. 학생들은 모두 운동장 나무 그늘 밑에 모여 학교장의 방학 생활 안전에 대한 주의를 단단히 듣고 집으로 돌아갔다.
 학교장은 해수욕장이 가까이 있어 학생들이 물놀이를 자주 간다는 사정을 알기에 물놀이 안전에 대한 경각심을 높이고자 간곡한 당부와 함께 하교 지도를 하게 되었다.
 하교가 이루어진 지 얼마 지나지 않아 여자아이가 근처 해수욕장에서 익사를 했다는 비보가 날아들었다. 12시가 조금 넘은 시간이었다.
 동작이 빠른 교사들은 벌써 광주로 출발을 한 후였다. 나는 뒷정리를 하느라고 학교 관사에서 짐을 꾸리고 있었다.
 학교에서 1킬로쯤 떨어진 곳에 '가사리 해수욕장'이 있다. 학생들은 해수욕장을 학교 운동장을 이용하듯 자주 달려가 물놀이를 하는 장소이다. 동네 사람뿐 아니라 타지에서 낚시를 할 겸 휴양차 찾아오는 조용하고 한적한 해수욕장이다. 이 해수욕장에서 물놀이를 하던 여학생이 익사 사고를 당한 것이다.
 학교에서는 학생들 하교 시간이 빨라 익사 사고를 자초하지 않았나 해서 노심초사하고 있었다. 익사 시간이 문제가 될지 모르기 때문이다.

관계기관의 조사 끝에 학생의 수영 미숙으로 인한 익사 사고로 판명이 되었으며 학교에는 아무런 피해가 없이 마무리되었다.

직접 담임을 한 제자는 아니었지만 여학생 부모님의 마음의 상처를 헤아리지 않을 수 없었다. 내 어머니께서도 6·25 전쟁 중 돌아가신 형님 전사 통지서를 받아 보고 애통해 하시던 기억이 뇌리에 생생했기 때문이다. 이런 불행한 일은 교직 생활에서 처음 당해 보는 마음 아픈 사고였다.

이후 학교에 대한 학부모들의 신망은 떨어지고 고학년 학생 일부가 약산면 소재지에 위치한 약산초등학교로 전학을 하게 되자 학생 수가 점점 줄어들게 되는 위기를 맞게 되었다.

교사들 또한 통폐합이 이루어지면 육지 상륙이 바로 가능했기 때문에 통폐합을 원하고 있었다. 학부형 총회 결의에 따라 폐교 수순을 밟게 되니 혼잡스런 장터에서 어머니 손목을 놓쳐 버린 아이처럼 내 마음은 산란스럽기 그지없었다. 일 년 만에 정이 들어가던 섬 생활을 정리하고 다른 학교 전근을 서두르지 않을 수 없게 되었다.

항상 어머니의 가슴처럼 따뜻했던 학교 교문은 이제 학생들의 발길을 허용하지 않는 철책선이 가로막고 말았다. 주민들의 애정 어린 마음도 돌아서 버렸고 꿈이 자라던 운동장에는 잡초만이 무성하여 잊혀져 갈 것이다. 아담한 2층 학교 건물은 떠나버린 어린 학생들의 발걸음 소리를 화석처럼 간직하고 세월을 이겨낼 것이다.

 이 학교를 떠나면서 마음속에 오랫동안 잊혀지지 않는 학생 하나가 있었다. 운동회 날 달리기 경주가 시작되면 운동장 반 바퀴는 다른 학생 보다 앞서는 주력을 가진 어린이였다.
 까무잡잡한 얼굴에 튀어나온 이마가 남다른 인상을 주기도 했다. 사진에서 본 손기정 선수의 얼굴 모습을 보는 듯하였다. 비록 지금은 작은 섬마을 운동장을 달리지만 장래에 태극마크를 가슴에 단 한국을 대표하는 선수가 되리라는 기대를 갖게 하는 어린 남학생이었다. 이 학생의 뛰어난 운동 기능을 보면서 올림픽 경기장의 휘날리는 태극기를 연상하곤 했다.

 정년을 한 뒤 가장 소식이 궁금한 학생이 바로 이 섬마을 소년이었다. 아내가 건강이 좋지 않던 터라 머리도 식힐 겸 완도군 약산면 가사리 해수욕장 언덕배기 학생의 집을 다시 찾아보게 되었다. 학생의 집은 2층으로 아래층에서는 민박을 운영하고 2층은 살림집으로 사용하고 있었다. 해풍에 그을린 담벼락에는 학생의 장난기가 서려 있는 듯 흐트러진 나무그림자가 그림을 그리고 있었다. 바닷가 바람 소리가 침묵을 깨는 어촌의 한나절은 번잡스런 도시에 익숙한 사람의 눈에는 시간이 멈춘 듯 적막했다. 그러나 여긴들 왜 사람 사는 애환이 없었겠는가?

학생은 고등학교를 졸업하고 부모 곁을 이미 떠난 후였다. 바다처럼 넓고 큰 희망을 가슴속에 지닌 발랄하고 젊음이 넘치는 학생을 바닷가 한적한 마을이 품기는 버거운 일이었을 것이다.

　학생의 부모는 학생의 출생 비밀을 털어놓기 시작했다. 이런 사실은 처음 듣는 일이었기에 놀라지 않을 수 없었다. 부부 사이에서는 자식이 없자 갓난아이를 입양해서 키우게 되었다는 출생 비밀이었다. 학교 행사 때에는 부모님이 자주 오시어 학생의 보호자 노릇을 잘하고 계셨기에 일말의 의심이 없이 지냈던 것이다. 아마 더 학부모 노릇을 잘하려고 했던지도 모를 일이었다.

　친생부모는 고등학교 시절 같은 종목의 운동선수로 인연이 되어 아기를 낳았다고 한다. 이런 연유로 연줄이 닿아 입양하여 기르게 되었고, 아이가 커가면서 양부모임을 알게 되리라 생각하여 친생부모와의 면담도 몇 차례 주선을 해주었다고 한다.

　나는 이 소년이 체육중학교나 육상종목을 기르는 학교에 진학하여 자질을 살렸더라면 제2의 장재근이 되었으리라는 기대를 떨칠 수 없었다. 섬마을에서 이런 자질을 알아 인도해 줄 사람이 없었기에 바닷속의 진주를 알아보지 못한 안타까움이 머리를 떠나지 않았다.
　고등학교 졸업 후에는 양부모 곁을 떠나게 되었고 경기도 안산에 있는 양모의 동생인 이모 댁 사촌 형과 함께 자동차 정비 일을 하고 있다고 했다. 키가 180cm를 넘어 건장한 체격이며 튼튼한 청년이 되었다고 한다.

지금은 군 입대를 앞두고 있는데 무사히 군 복무를 마치고 나와 평탄한 삶을 살아가기를 바라고 있었다.

바닷가 외로운 마을에서 아이를 키우는 재미를 유일한 낙으로 삼고 살아왔던 노부부의 모습이 너무 안쓰럽기만 해 보였다. '낳은 정보다 기른 정'이 더 크다고 했는데 아들이 떠난 빈자리는 노부부의 가슴에 마을 앞바다보다 더 넓은 아쉬움을 남기고 만 것 같았다. 저녁노을 산그림자 속에 묻혀가는 바닷가 마을을 뒤로하고 나오려니 가슴이 애련哀憐해 옮은 인지상정이 아니었을른지. 시간이 허락하면 다시 한번 노부부를 찾아뵙고 기쁜 소식을 듣고 왔으면 하는 바람이 간절하다. 오늘 저녁 이 청년의 꿈은 어디를 향하고 있을까? 눈시울이 뜨거워진다.

지정 수업반

'하늘은 스스로 돕는 자를 돕는다'는 격언이 있다. 마침 완도읍에 있는 완도초등학교에서 희소식이 날아왔다. 완도초등학교는 전라남도 지정 연구학교로 유능한 교사 충원이 필요했다.

섬 교사들은 사실 안이하게 시간을 보내려는 경향이 있다. 근무여건이 열악하기 때문이다. 그러나 나는 근무평정이 필요한 사람이기에 누구보다 더 열성적으로 근무를 해야 할 형편이었다. 학교장의 전입 내신에 힘입어 발령을 받게 되어 2년 차 섬 생활이 시작되었다.

도 지정 연구학교 발표가 다가오자 지정 수업반을 희망하여 수업 공개를 하게 되었다. 내가 담임을 맡은 3학년은 발달 단계로 보아 교사의 말을 잘 알아들으며 자기 의견을 또렷이 발표하는 지적 능력을 가지고 있을 나이다. 그래서 학생들과의 소통이 잘 이루어지고 수업 계획을 세우기가 편리했다. 학급의 학생 수 또한 30명이 넘으니 발표력이 좋은 학생도 많아 발문 응답이 잘 이루어져 수업 진행이 수월한 학급 규모였다.

전남 각지 학교에서 오신 선생님과 장학사의 참관으로 교실이

발 디딜 틈이 없게 되었다. 이런 경우 학생들이 심리적인 안정감을 가지게 하여 평상시의 수업이 되도록 이끌어야 한다. 적당한 교사의 자세와 언어 사용으로 긴장감을 풀어주고 학생들과의 호흡이 잘 맞아야 수업 진행이 순조롭게 이루어진다.

특히 수업 중 아동들의 수행평가를 어떤 방법으로 하는지를 선보이고 싶은 욕심이 있었다. 전임지 육지 학교에서 수업 참관을 하며 수업 반성회에 많은 참석을 하였기에 연구수업에는 노하우를 가지고 있기도 했다.

이런 공개 수업을 하게 되면 의례 커피 한 잔을 마시고 수업에 임하는 버릇이 있다. 웬일인지 활기가 넘치게 되고 자신감이 솟구쳐 긴장감이 해소되는 마력이 있기 때문이다.

수업은 학생들의 활발한 참여로 원만하게 진행이 되어 순조롭게 마칠 수 있었다. 수업이 끝난 후 열린 연구 성과 발표회에서 내 반 수업을 한 시간 동안 참관하셨던 이웃 학교 학교장은 처음 보는 훌륭한 수업이라고 극찬을 해주는 바람에 하늘을 나는 듯 기쁘지 않을 수 없었다. 교사로서의 유종의 미를 거두는 마지막 연구수업이 되었다.

'교사는 수업이 생명'이라는 선배 교사들의 말을 떠 올리며 어깨가 펴지는 자신감을 얻게 되었고, 전입 내신을 해주신 학교장에게도 누를 끼치지 않았다는 마음에 이듬해 승진 발령을 기다리는 여유를 갖게 되었다.

승진 발령

여름 방학을 이용하여 자격연수가 시작되었다. 연수 대상자들은 연수 말미에 있을 지필고사 때문에 모두 열성을 다하여 공부를 해야만 했다. 상대평가로 성적이 산출되며 승진 서열에 반영되기 때문이다. 논문 작성 시험에는 대학원에서 석사 학위 논문으로 준비를 했던 '구성주의 학습이론Constructivism'에 대해 논하라는 제목으로 출제가 되어 큰 어려움 없이 답안을 작성하여 제출하게 되는 행운을 얻게 되었다.

이제 본교에서 12월 말 근무평정을 잘 받아 다음 해 3월 1일 자 발령을 기다리면 되었다. 세 학교에서(보성읍 보성초, 완도 약산면 해동초, 완도읍 완도초) 근무평정을 잘 받아야 했으니 고생이라면 큰 고생이 아닐 수 없었다. 진인사대천명盡人事待天命이란 이런 힘든 시기에 나를 인도했던 성구成句였다.

이듬해 3월 1일 자 발령을 받지 못하면 학급 담임을 하면서 승진 발령을 기다려야 한다. 학기 도중 발령을 받게 되면 아동들에게 미치는 영향도 적잖을 것이며, 관사에서 불편한 생활을 계속

해야 해야 하는 부담도 크다.

지난 일 년 동안의 생활이 주마등처럼 뇌리를 스쳐 간다. 사택이 비좁고 부엌 또한 협소하니 아침 세수하기도 힘들 정도이다. 화장실이 사택에 없으니 학교 화장실을 이용해야 한다. 저녁엔 화장실을 가지 못하는 경우가 생기기도 한다. 이렇게 불편한 생활을 하다가 토요일 오후 광주에 올라온다. 월요일 아침 새벽 5시에 광주를 출발하여 나주, 영암, 강진, 해남을 거쳐 두 시간쯤 후에 학교에 도착하면, 가지고 온 짐을 풀어 아침 식사를 서둘러 해결하고 교실로 들어간다. 일 년 동안 교실과 급식실, 체육관 외에는 다녀 본 곳이 없을 만큼 바쁘게 살았다.

이런 생활을 일 년 동안 했는데 앞으로 얼마 동안 더 해야 할지 모르기 때문에 발령을 학수고대하며 기다리게 되었다.

3월 1일 자 발령을 기다리던 중 다행스럽게 보성군 문덕면 소재 문덕초등학교 교감으로 승진 발령을 받게 되었다.

정이 들었던 동료 교사들과는 따뜻한 작별 인사를 주고받을 겨를도 없이 1년 동안 정들었던 학교를 떠나게 되었다.

완도 생활 2년 만에 목표를 이루어 상륙하게 된 것이다. 비록 짧은 기간이었지만 귀로만 들었던 섬 생활을 체험하게 되었고, 바다 위로 솟아오르는 아침 해를 매일 바라볼 수 있어 행복하기도 했다.

선배 한 분이 청산도 근무를 하신다는 이야기를 듣고 어떤 섬일까? 궁금했는데 동료 직원댁 조문을 하느라고 청산도를 다녀오면서 아름다운 섬의 정취에 흠뻑 젖어 보기도 했다.

　젊은 나이에 섬으로 갔더라면 이런 섬의 아름다움 속에서 지낼 수도 있었을 텐데 하는 아쉬움 또한 남는다. 짧은 2년의 완도 섬 생활이었지만 좋은 추억의 기쁨도 있었지만 그 동안 가정 교육을 가까이서 챙기지 못한 그림자도 있었으니 삶은 새옹지마가 아니던가?

육지로 상륙하다

보성을 떠난 지 2년 만에 보성군 관내 학교로 승진 발령을 받았다. 또다시 섬으로 발령을 받지나 않을까 노심초사했지만 낯설지 않은 보성군 관내 발령을 받게 되어 안도의 숨을 쉬게 되었다. 보성군에서 7년 동안의 근무를 마치고 완도로 떠났지만 문덕초등학교는 금시초문의 학교나 다름이 없었다. 보성 관내에 두 곳 빈자리가 있었으나 광주에서 교통이 비교적 좋은 文德을 희망하게 되었다. 학교의 이름이 풍겨주는 '文德'이라는 매력도 무시할 수 없기도 했다. 文德의 사전적인 정의는 '文人이 갖춘 위엄과 덕망, 또는 학문의 덕'을 뜻한다. 학문을 중시하여 많은 인재가 태어난 고장이라는 생각이 들어 기쁜 마음으로 임지로 향할 수 있었다.

보성군은 2읍 10면으로 이루어져 크게 보면 보성읍 권역과 벌교읍 권역으로 나뉘지만 산골이 많고 바닷가를 접하고 있어 생활권이 제각각이다. 기후 또한 확연히 달라 겨울 눈은 보성역을 거쳐 조성역에 이르면 볼 수가 없게 된다.

이곳 주민들은 화순 사평을 지나 화순읍을 이용해 광주를 오가고, 시장 또한 화순읍으로 나와 물건을 사고파는 화순읍 생활권이었다.

본교 직원들 또한 광주에서 화순 사평을 지나 벌교 방면으로 빠지는 주암호 수변 길을 이용하여 출퇴근을 하고 있었다.

주암호 변의 서재필 박사 기념관에서 우측 방향으로 산속의 비탈길을 따라가면 문덕면 소재지가 나오고, 왼쪽으로 난 포장길을 따라 들어가다 보면 주암호 상류 양지 바른 곳에 위치한 학교가 수줍은 듯 얼굴을 내민다.

마을 입구에는 수호신처럼 커다란 느티나무가 마을의 오랜 역사를 말하고 있었으며, 교문 입구에는 무궁화 울타리가 가로수를 이루어 귀한 손님을 기다리는 듯 단정한 자태로 도열하고 있었다.

주암호가 들어서면서 마을 주민들 대부분이 타지로 떠나고 소수의 지역민이 남아 군데군데 작은 마을을 이루고 있는 곳이었다. 마을 곳곳에는 실향의 기억을 잊지 않으려는 듯 마을의 유래를 기록하거나 문중의 뿌리를 전승하려는 비석들이 여기저기 들어서 있기도 했다.

학생 수 또한 적어 근근이 학교의 모습을 유지해 나가고 있었다. 이미 문덕중학교는 폐교가 되었고, 학생수는 유치원 원아를 비롯하여 전교생 60여 명에 지나지 않는 소규모 학교였다. 원거리 마을 학생들은 통학버스를 이용하여 등하교를 하고 있어 교사 한 사람씩 탑승하여 안전지도를 하고 있었다.

학구인 대원사는 관광철인 봄에는 절 입구가 벚꽃으로 장관을 이루어 많은 관광객의 발걸음이 끊이지 않는 관광지였으며, 서재필 박사가 본교 학구인 용암리 성주 李氏 외가댁에서 태어나 어린 시절을 잠시 보내게 되었기에 외가 마을 근처인 이곳에 서재필 박사 기념관이 세워져 일제 강점기 독립운동의 아픈 역사를 말해 주고 있었다. 장마철에는 주암호 물이 역류하면서 메기 붕어 등 민물고기들이 많이 잡혀 음식점이 호황을 누리는 고장이었다.

농촌 지역의 학생 수는 어느 지역을 막론하고 점점 줄어가는 추세가 이어지고 있었다. 문덕초등학교 사정도 예외가 아니었다. 저학년 무렵에는 부모가 뒷바라지를 해주지만 고학년이 되어 자기 생활을 스스로 할 수 있게 되면 도시 유학을 보내 넓은 곳에서 자녀를 키우려는 부모들이 늘어나고 있었다. 내 자식에게는 시골에서 사는 생활을 물려주지 않겠다는 의미이기도 하다. 고학년이 되면 화순읍으로 전학을 가려는 학생이 늘어나고 입학생은 줄어드니 정상적인 교육 활동이 점차 위협을 받게 되었다.

이런 어려움을 해결하기 위해 이웃 학교 간 합동으로 운동회를 열고 학생 수련회도 가게 되었다. 문덕초등학교는 인접 학교인 율어초등학교와 전교생을 합해도 150명이 넘지 않았다. 양 학교 간 교류가 늘어나자 학부모들의 유대도 강화되고 학생들도 새로운 친구를 사귀게 되어 긍정적인 교육 효과가 나타나기 시작했다. 제일 먼저 이루어진 학교 행사가 합동 운동회였다. 일 년에

한 차례씩 교대 방문하여 합동으로 학생들을 조직 편성하여 운동회를 한다. 각 학교엔 통학버스가 있으니 아동들의 이동은 비교적 손쉬운 일이었다. 왕래가 뜸했던 학생들의 교류가 이루어지니 지역사회 발전을 위해서도 권장할 만한 시책이었다.

운동회가 끝나면 직원들 간에도 친목 배구 경기가 열리고 막걸리 한 잔으로 피로감이나 생활의 적적함을 잊게 되었다. 떠들썩한 시골 오일장에 다녀온 듯한 기분에 교사들 또한 활기를 되찾는 계기가 되었다.

동학년 협동 수업은 한두 차례 시도한 적이 있었지만 수업 진도가 각 학교 마다 다르고 학생들 또한 교실 환경에 빨리 적응하지 못하고 있었다. 수업이 교사 주도로 흐를 가능성 또한 배제하기 어려웠기에 계속하기가 어려웠다.

고학년 합동 수련회는 통학버스를 이용하여 바닷가 학생 수련장을 이용하였다. 학생들 간의 협동심과 경쟁심을 기르기 위한 프로그램을 운영하여 소규모학교에서는 권장할만한 좋은 시책으로 여겨졌다.

귀근을 서두르며

고향으로 학교를 옮겨 마지막 열성을 다하고자 9월 1일 자 인사 발령을 기대하며 내신서를 제출했다. 어느새 정년이 먼 훗날의 일이 아니었다. 낙엽이 귀근을 서두르듯 나 또한 내 뿌리가 있는 고향을 생각하지 않을 수 없었다.

희망했던 고향 장성 전입으로 25년 전 교사로 근무했던 북일초등학교 발령을 받았다. 옛날엔 교명이 신흥리국민학교였다. 면사무소(행정복지센터)가 있는 소재지가 '신흥리'였기에 신흥리 사람들의 위세로 교명校名을 신흥리국민학교라고 했던 것으로 추측이 되었다. 학교는 신흥리新興里가 아닌 오산리鰲山里에 위치하고 있었기에 이런 추측이 가능했다. 이제 북일면北-面에 유일하게 남아있는 초등학교였기에 북일北-초등학교로 개명을 한 것으로 보였다. 옛날 교명이 주었던 촌스러움을 이제야 벗어났다는 느낌이 들기도 했다.

1978년 근무 당시 800여 명에 가까웠던 학생 수는 이제 100명에도 미치지 못하였다. 이웃 광암초등학교는 이미 통폐합이 되어 버렸으니 농촌의 학생 수가 얼마나 빠르게 줄어가는가를 반증하고 남음이 있었다.

　일제 강점기에 지어졌던 본관 목조 건물은 2층 시멘트 건물로 탈바꿈을 하였고, 북쪽 목조 건물 일부만 리모델링을 하여 급식실로 사용하고 있어 옛 모습이 남아 있었다.

　본관 교실 정면의 교문은 동쪽으로 자리를 옮겨 본관 건물 현관과 마주치지 않게 자리를 잡고 있었다. 학생들 등하교 시 안전을 위해 이런 결정을 한 것으로 보였다. 암석원 자리에는 주차장이 들어섰고 운동장 조회 시 애를 먹였던 확성기는 없어진 지 오래되었다. 학생 수 감소로 이런 시설이 필요가 없게 되었기 때문이다.

　운동장 동편에는 체육관이 들어서 전천후 학습활동이 가능하도록 시설이 갖추어져 있었고 이웃에 신흥중학교가 있어 급식실을 공동으로 사용하는 처지였다.

　지리적으로는 편백숲으로 이름난 축령산이 가까이 있으며, '태백산맥' '내마음의 풍금' 등 영화촬영지로 소문이 난 금곡마을과 고려 시대 문신인 서능徐稜 선생의 효심을 기리기 위해 세운 정려비旌閭碑가 있는 박산 마을이 또한 가까운 거리에 있었다.

　고창읍으로 가는 길목에 학교가 위치해 교통이 편리하며 주민들은 지리적으로 가까운 고창읍과 왕래가 많았던 곳이였다.

　신흥역은 호남선 복선화로 인하여 폐역이 되었고, 급수탑給水塔(증기기관차 운행에 필요한 물을 저장했다가 물을 공급하는 시설)만은 옛 모습을 유지하고 있었다.

광주에서 30여km의 거리여서 통근을 하기도 알맞은 거리였다. 승용차를 운전하여 집에서 매일 출퇴근 해보는 기쁨은 교직 생활 중 처음 있는 일이었다. 정년을 앞두고 그간의 고생을 뒤늦게나마 보상받는 기쁨이었다.

통학차량 화재

　본교에서 2년 반 근무를 마치면 교직의 문을 나서야 한다. 열과 성을 다하고 싶었고 그렇게 하려고 노력을 했다. 그러나 나에게는 넘을 수 없는 산이 있기도 했다. 예견하지 못한 일들이 도사리고 있었지만 인지할 수 없었고, 알아 차릴만한 지혜의 눈도 없었기 때문이다.
　직원들의 노력으로 새로운 도서관이 들어섰고 학생들이 출전하는 각종 경연대회에서는 좋은 성적을 거두기도 했다. 도 교육청에 근무하던 조카의 도움으로 체육관 난방시설을 새로 설치하여 연구학교 행사를 무사히 치를 수 있는 여건을 마련하기도 했다. 매년 서울에서 열리는 북일면 향우회에 참석하여 학교의 어려운 실정을 알리고 동문들의 협조를 얻기 위해 노력을 하여 많은 도서를 기증받기도 했다.
　장마로 홍수 피해가 큰 학부형 댁을 찾아 위로를 하고 재기의 용기를 불어 넣어 주기도 했다. 학생들의 힘든 사정은 누구보다 먼저 찾아내어 도와주려고 노력도 했다. 출장으로 인하여 학교를 장기간 비운 적도 없었다.
　이러한 노력에도 불구하고 부족한 학교 경영능력이 드러났다.

자리가 달라지면 역할이 달라져야 한다는 이치는 알고 있었지만 타성에 젖어 쉽게 실행으로 옮기지 못하는 것이 사람의 생리이다. 마치 계절이 바뀌면 새로운 옷으로 갈아 입어야 하듯 생활 태도와 근무 방식이 바뀌어야 했다. 술자리도 자주 만들고 친목 행사도 만들어 교직원의 애로를 들어주며 달래고 채찍질도 해야 하는데 이러한 능력이 부족했던 것 같았다.

대다수 직원이 광주에서 출퇴근을 하고 있어 단합의 시간을 자주 갖기도 어렵기도 했다. 그렇다고 직원 간에 불화가 터졌거나 불미스러운 일이 생긴 것은 아니었다.

학생 수가 적은 교실에서 생길 수 있는 교사들의 권태감이나 나태함을 해소해 주고 활력을 불어넣어 주는 일을 경영자가 해야 하는데 그런 활동을 적절하게 하지 못한 점이 아쉬움으로 남았다.

어느 날 퇴근 후 저녁 무렵 통학버스 차고에서 화재가 발생했다. 운행을 마치고 차고에 주차해 두었던 차량에서 난데없이 불이 난 것이다. 평소 운전기사와 사이가 좋지 않던 학생이 용의자로 지목되기도 했다. 통학버스 운전기사는 지방 사람으로 성격이 괄괄해 차내에서 있을지도 모를 안전사고에 대비하여 학생들을 엄하게 지도하고 있었다. 평소 품행이 좋지 못한 학생과의 마찰이 이런 연유로 불가피했었다.

처음 겪는 화재 사건인지라 어안이 벙벙하여 갈피를 잡을 수 없었다. 신문 기사로 보도가 된다면 어떤 황당한 일이 벌어질지 모르는 상황이었다. 그러나 장성 교육청 관리과장으로 근무하던 조카가 있어 일 수습이 원만하게 이루어지고 화재 감식 기관의 감식 결과 전기 누전으로 판명이 되면서 학교장은 무사히 정년 퇴임을 준비하게 되었다. 교직 생활 중 처음으로 경험한 화재 사건이었으며 가장 힘든 시간이었다.

교무부장 이 선생님

 2007학년도에는 승진을 원하는 선생님들에게 좋은 기회를 만들어 주기 위해 도 연구학교 지정을 받아 연구학교를 운영하게 되었다.
 또한 도서관 후원 단체의 후원으로 교실 두 칸을 리모델링하여 현대식 도서관 시설을 갖추게 되었으며, 도서 또한 무상으로 기증받아 마을 주민들까지 이용할 수 있는 문화공간이 탄생하였다.

 이런 훌륭한 도서관 시설을 갖추고 연구학교 운영을 하는데 중추적인 역할을 한 교사가 있었으니 교무부장校務部長인 이○○ 선생님이었다. 목포 교육대학을 졸업하고 타군에서 장성으로 전입한 지 얼마 되지 않은 선생님이었다.
 지난해 교무부장을 하던 젊은 교사가 타교로 전출을 하자 이 교사가 후임자가 되었다. 일반적으로 승진을 위해 근무평정이 필요한 교사가 교무부장 업무를 희망한다. 학교의 전반적인 교무를 기획하고 추진하는 업무를 책임지고 해야 하기에 일거리가 많고 교사들과 학교 경영자와의 다리 역할을 해야 한다.
 이 교사는 승진이 조금 늦은 편이어서 근무평정을 잘 받아 승진 서류를 제출해야 했다. 이런 연유로 다른 사람의 경합을 물리치고 교무 부장을 맡게 되었고 연구학교 운영을 통하여 필요한 승진 가산 점수를 확보하게 되었다. 사람됨이 성실하고 하는 일이 빈틈 없었다. 부인 또한 불교 미술에 조예가 있어 탱화를 그리는 일을 하고 있었다.

　당시에는 도서관 시설이 빈약하여 이용하는 학생이 적었다. 출향인 한 분이 서울시 교육청에 근무를 하고 있어 후배들을 위해 많은 도서를 기증하기도 하였다. 그러나 오래된 책도 많았기에 큰 도움이 되지 못하여 구석 창고에 쌓아두고 있던 실정이었다.
　시골 학교의 낙후된 도서관 시설을 후원하는 단체를 알게 된 이 교무부장은 이일을 추진하게 되었다. 끈질긴 노력 끝에 후원이 성사되어 교실 두 칸을 리모델링 하게 되었고, 새로운 도서가 들어와 도서관을 채우니 어느 도시 학교의 시설에 뒤지지 않은 현대식 도서관 시설을 갖추게 되었다. 주민들도 이용할 수 있는 도서가 마련되니 주민들 또한 만족하게 되어 지역사회 문화 센터가 첫 선을 보인 셈이었다.
　개관식은 마을 주민을 비롯하여 동창회 임원, 교육청 담당자, 후원단체 임원이 참석한 가운데 성대하게 이루어졌으니 이 교사의 숨은 노력에 박수를 보내지 않을 수 없었다.

　이 선생님은 어느 날 집에서 복도에 게시할 작품 하나를 만들어 왔다. 적어도 한 달 이상은 걸려야 하는 수작업이 필요한 게시물이었다. 연구학교 임무를 수행하고 있었기에 복도 게시물에 마음을 써 이런 작품을 만들어 온 것이다. 작품을 만들기 위한 노력을 높이 평가하지 않을 수 없었다. 작품이 이 교사의 근면 성실함을 대변하고 있는 것 같기도 했다. 탱화를 그리던 사모님의 솜씨가 살아있어 아름답기도 했었다.

이듬해 내가 정년을 맞이하여 학교를 떠나게 되었을 때 뜻있는 환송의 자리를 주선하여 만들어 준 사람도 이 선생님이었다.

이 교사는 2년 후 화순초등학교 교감 발령을 받아 화순군으로 전출하였다. 그런데 뜻하지 않은 소식을 듣게 되었다. 백혈병으로 투병을 하고 있다는 것이다. 나와 함께 근무 당시에는 건강 이야기는 깊이 하지 않아 몸 상태가 그렇게까지 어려운 지경인지는 모르고 지냈다. 평소 학교생활이 활기차고 열성적이었기에 건강 이상을 전혀 눈치채지 못한 것도 당연한 일이었다.

병가를 얻어 학교 출근을 하지 못한다는 이야기를 듣고 얼마 지나지 않아 비보를 듣게 되었다. 너무 황망스러운 소식을 접한 나는 귀를 의심하지 않을 수 없었다.

'좋은 사람은 하느님이 필요하게 쓸려고 빨리 데려간다'는 속설을 믿지 않을 수 없었다.

고창 석정 샘물이 식용수로 좋다고 하여 함께 물을 받으러 다니면서 사용했던 플라스틱 큰 물통을 볼 때마다 가슴이 아려온다.

나는 자신에게 이렇게 묻고 싶었다.
'누구를 위해 한 번이라도 연탄이 되어 본 적이 있느냐고.'

정년 퇴임을 맞아

　정년이 가까워질 무렵 고등학교 41회 동창회장 책임을 맡게 되었다. 총무 일 년, 회장 일 년을 하고 물러나는 자리다. 각 계각 층의 여러 사회 분야에서 중추적 역할을 담당하는 동창들이었기에 우리의 호기는 걷잡을 수 없던 때였다.

　지방에서는 ○ ○○해남지역 국회의원 후보와 광주에서는 ○○○ 서구 청장 후보가 선거를 앞두고 있었다. 동창회 실무를 맡은 사람으로서 보고만 있을 수 없었다. 해남에 있는 ○○○ 후보의 사무실이며 광주에 있는 ○○○ 후보의 선거사무실을 찾아다니며 응원을 했던 일이며 관광버스를 대절하여 처음으로 섬 생활을 시작했던 완도 약산도 일주와 학교 인근 축령산 편백숲을 탐방하고 홍길동 생가 부근에서 꿩 요리 점심으로 회포를 풀었던 아름다운 시간이 추억이 되어가고 있었다. 우리는 젊음이 전부였으며 만남이 재산이기도 했다.

　광주 수창초등학교 36회 6학년 3반 동창이었던 나용호 친구의 원광대학교 총장 취임을 축하하는 자리에 한○ ○(중학교 교장 퇴임), 조○ ○(관세사) 친구와 동행하여 그간의 회포를 풀 수 있기도 했다.

가난하고 병약했던 친구가 대학 총장이 되었다는 사실이 믿기지 않는 일이었지만 우리는 이렇게 확연히 모태에서 멀어지고 있다는 사실을 확인하는 자리였다. 젊음은 흐르는 물과 같아 붙잡을 수 없었고 선배들의 이야기로 흘려들었던 정년의 시간이 한 치 오차도 허락하지 않으며 다가오고 있었다.

39년간의 교직 생활 동안 이끌어 주셨던 선배님들, 같이 근무를 했던 동료 교사, 연수를 받으면서 맺어진 인연들, 고향인 장성을 비롯하여 영광, 보성, 완도에서 만났던 제자들, 그리고 응원을 해주신 학부모, 가정을 지켜온 아내가 있었기에 무사히 정년퇴임을 맞이하게 되었다.

그해 졸업식에서 6학년 졸업생 개개인에게 소액의 장학금을 전달하고 나도 졸업생이 된 기분으로 교문을 나서게 되었.

퇴임의 자리는 그동안 함께 했던 교직원과 처남, 조카가 참석하여 정년을 축하하는 조촐한 자리를 마련해 주었다.

39년간의 봉직으로 '홍조 근정훈장'과 '연금 증서'를 받고 제2의 인생을 새롭게 출발하게 되었다. 광주광역시 북구 주민의 한 사람으로 귀환을 하게 된 것이다. 외항 선원이 온갖 비바람과 폭풍우를 이겨내고 모항으로 돌아오는 귀항의 기쁨을 맛보듯이 나 또한 비로소 평범한 일상을 살아가야 하는 시민의 한 사람으로 귀환 한 것이다.

교직에 입문하여 처음에는 방황하는 시간이 잠시 있었지만, 어려서부터 아이들을 좋아하고 책을 가까이하는 차분한 성품이 있어 교직이 적성에 맞았던 것이리라. 교직 생활 중 가정을 떠나 객지 생활을 해야 했던 시간이 삼 분의 일이 되었으며, 초임 영광군남초등학교를 시작으로 16개 학교에서 무리 없이 근무를 했으니 얼마나 다행스러운 일이었던가! 그동안 같이 근무했던 교직원들이나 학생들과의 인연을 바쁘다는 구실로 귀하게 여기지 못하고 지내온 게 사실이다. 이제 생각하니 모두 소중한 존재들이었고 아름다운 인연이었음을 깨닫게 된다.

나는 사회의 새로운 신입생이 된 것이다. 집안 살림에 대해서는 또 돈을 다루는 일에는 아는 것이 없다. 집으로 돌아오니 코흘리개 가정 입학생이 된 듯 아내의 훈계(?)를 들어야 하니 또 다른 상관이 아닐 수 없다. 이제 어쩌랴! 내 십자가는 내가 짊어져야 하지 않는가?

≪시≫

자화상

山寺 계곡물 흐르듯 세월 앞세워 달려온 오늘
스쳐간 아픔 시렁 위에 가지런히 얹어 놓고 홀연히 살련다

샘물이 다투어 가며 시냇물 이루듯
살을 劙는 광야에서 꿈을 가꾸며 살아왔다

때론 아름다운 원앙새 되어 맑은 물가에 숲속 둥지 틀었고
때론 여름의 천둥 비바람에 넋을 잃었다

청순한 젊음 고이 접어 흰 구름에 맡기고
맨살의 영혼으로 바람 앞에 서 있다

가슴속 접어둔 꿈 잿더미에서 일구어
풀무질 불꽃으로 다시 조각하고 싶다

저녁 노을 한 줄기 광풍에 방패연 띄우듯

백조의 곱디고운 날갯짓으로 비상하고 싶다

내 몸 불태우는 고결한 사랑으로 응결하여
청순한 젊음의 화석으로 남고 싶다.

길어온 길 걸어갈 길

PART + 04

가화만사성

비익조의 인연

아내와 난 병술생丙戌生으로 동갑내기입니다. 전형적인 중매로 맞선을 보고 가정을 이루어 오늘까지 50년(2022년 1월 7일)을 살고 있습니다.

스물여섯 살 되던 해 가을, 시골집에 다니러 온 아들에게 어머니께서 선을 보고 오라고 하셨습니다. 규수에 대해 자세한 말씀을 하지 않으셨기에 더욱 당황하지 않을 수 없었습니다. 당시에는 전화기가 없었으니 자주 소식을 전할 방법이 없어 어머니의 뜻을 잘 읽을 수가 없었지요. 당신이 며느리로 정하셨으니 형식만 갖추라는 말씀인지 정말로 네가 알아서 선택을 하라는 말씀인지 종잡을 수가 없었습니다. 선을 보라는 어머니의 말씀은 처음 있는 일이었습니다. 결혼에 대해 서두르는 마음이 없었기에 조금은 뜻밖이라고 생각을 했으며 지금까지 결혼을 전제로 상대방을 만난 적이 없었습니다. 마음속으로는 설렘과 기쁨과 두려움이 함께 몰려왔습니다.

지인의 소개로 자의 반 타의 반 선을 보는 자리가 있기도 했습니다. 상대방과 잠깐 동안의 지나가는 만남으로 끝나게 되니 마음의 부담이 없는 자리였습니다. 주위의 호의를 무시할 수도 없을 뿐 아니라 선보는 자리는 중(스님)이 아니면 괜찮다는 어머니의 말씀이 떠올랐기 때문에 자리에 나간 적도 있었습니다.

그러나 처음으로 어머니께서 하신 말씀은 무언가 심상치 않다는 느낌이 와닿았습니다. 나의 선택이 성공하려면 어머니의 승낙이 있어야 했으니 어머니의 눈에 드는 규수를 내가 선택하는 일은 쉬운 일이 아니었습니다. 어머니의 말씀이 실천강령과도 같았기 때문입니다.

▲ 장성읍 성당 성모상 앞

아버지께서는 혼사를 서두르고 계셨습니다. 형님은 양자를 가셨기에 내가 독신이나 다름이 없어 그런 생각을 하고 계신 듯했습니다. 자손이 많아야 세상 어려움을 쉽게 헤쳐나갈 수 있다는 믿음을 경험을 통해 알고 계셨기에 이런 말씀을 가끔 하신 것입니다. 아버지께서는 어머니의 간택을 전적으로 신뢰하고 계시기에 아무런 말씀이 없으셨습니다.

　나는 이웃 마을 중매쟁이를 통해 알려온 약속 장소로 시간이 늦지 않게 도착하였습니다. 기차역 앞의 2층 찻집이었습니다. 이런 찻집에 익숙하지 못했던 나는 분위기가 낯설기 그지없었습니다. 규수의 오빠와 형부가 먼저 나와 기다리고 있었습니다. 두 분이 먼저 신랑감을 보고 눈에 들면 규수 댁으로 안내하여 맞선을 보게 하려는 뜻이었습니다. 잠깐 동안의 만남을 끝내고 찻집을 나서게 되었습니다. 두 분 모두 교직에 계셨기에 나를 보고 쉽게 인정을 하시게 된 것 같았습니다. 다행히 이런 오디션에 합격하여 규수 댁의 안방에서 맞선을 보게 되었습니다.

　학창시절에 결혼에 대한 가르침을 쓴 책을 읽었던 기회가 있었기에, 배우자를 선택할 때 고려할 점을 나름대로 마음속에 담아 두고 있었습니다. 자기의 부족한 점을 채워주는 상대방이면 된다는 생각을 하고 있었습니다.

　조물주가 사람을 만들 때 처음에는 남자와 여자를 한 몸으로 만들었다고 합니다. 생활을 하다 보니 보고 생각하는 점이 서로 달라 싸움이 잦고 신神의 영역을 넘보게 되어 둘을 갈라놓게 되었다고 합니다. 결혼은 이 나뉘어진 두 쪽이 자기 짝을 찾아 하나의 결합체를 이루는 과정이라는 신화적인 가르침을 금과옥조로 생각하고 있었습니다. 결혼은 나의 결점을 메워주는 반쪽을 찾아가는 과정이라는 생각을 굳히고 있었습니다.

이 무렵 학교 근처 농촌 마을 가정집에서 하숙을 하고 있었습니다. 하숙집 주인장은 性이 다른 이란성 쌍둥이였습니다. 여자 쌍둥이는 출가를 해 타지에서 살고 있었으며, 남자 쌍둥이 하숙집 주인장은 고향 마을에서 가정을 이루고 살고 있었습니다. 주인장은 한쪽 귀가 어두워 말을 크게 하지 않으면 의사소통이 되지 않았습니다. 그렇지만 쌍둥이 자매는 청력에 아무 이상이 없다는 것이었습니다. 감각기관의 경우 한쪽이 다른 쌍둥이에 비해 우세한 기능과 약한 기능을 서로 나누어 갖게 된다는 것입니다. 그렇다면 나의 약점을 보완해주는 사람이 진짜 나의 짝이 아닌가? 라는 결혼관이 있었습니다. 이 주인장은 나의 결혼관을 확인이라도 해주는 경우인 것 같았습니다.

결혼 전 맞선을 보면서 상대방의 귀 모양을 보고 배우자를 선택하려고 노력을 했습니다. 눈, 코가 예쁜 사람이 아니라 귀가 두텁고 모양이 좋은 사람이 나의 신체적인 결점을 보완해 줄 수 있는 사람이라고 생각을 하고 있었습니다. 지난번 중매가 들어와 맞선을 보던 자리에서 아가씨의 귀를 보자고 했다가 틀어지게 된 일이 있기도 했습니다. 긴 머리 때문에 귀 모습을 볼 수 없었기에 이런 무례한 실수를 하게 된 것이지요.

규수 집에 안내되어 대문을 들어서려고 하니 中·高 학창 시절 무거운 짐과 책가방을 양손에 들고 왕래하던 길가 대문이었습니다. 버스 터미널이 기차역 앞에 있었기에 광주에 가려면 이 규수

집 앞을 지나다니곤 했었습니다.

  이십 리 길을 걸어오면서 피곤하고 지치기라도 하는 날이면 '이 근처에 우리 집이 있었으면 얼마나 좋을까?' 하는 생각을 잠시나마 하면서 지나다니던 길이었습니다. 내 이런 소망이 이렇게 이루어질지를 누가 알았겠습니까?

  안방으로 안내된 나는 규수와 잠깐의 만남 동안 이야기를 나누게 되었습니다. 아가씨댁 안방까지 오게 되었으니 무언가 어깨가 짓눌리는 감정을 피할 수 없었습니다. 이런 소문은 동네에 쉽게 알려질 터인데 성혼이 되지 않으면 허튼 소문이 날까 봐 두렵기도 했습니다. 첫 대면이니 대화보다는 상대방이 주는 무언의 인상만이 서로를 알게 하는 만남이었습니다. 우선 규수의 머리가 짧고 단정하게 내려와 있어 귀 모양을 쉽게 쳐다볼 수 있어 안심이 되었습니다. 그렇지 않았다면 좀 더 긴 시간 동안 앉아 있어야 했을 것입니다. 아침에 성당을 다녀왔는데 수녀님께서 오늘 좋은 일이 있을 것 같다는 덕담을 들어서인지 얼굴 모습도 환해 보였습니다.

  어머니의 간택을 물리칠 수 없다는 생각에 집으로 돌아와 결혼 준비를 하게 되었습니다. 단 한 차례의 만남으로 우리는 백년가약 인생 대사를 결정하게 된 것입니다. 어머니의 삶의 지혜가 맺어주신 비익조比翼鳥 연분이었습니다.

아버지의 성화로 맞선을 본 지 석 달만인 1972년 1월 7일 초등학교 은사이신 장말암 장성 교육장님을 주례로 모시고 결혼식을 올리고 새로운 인생의 출발을 선언하게 되었습니다.

우리는 결혼 전의 아기자기한 사랑 이야기는 없습니다. 서로가 혼기가 되어 양가 부모님의 허락으로 식을 올리게 되었으니 결혼 전 만남의 시간이 없기도 했습니다.

모든 아름다움에는 때가 있어 그때를 놓치면 다시 돌아오지 않는 것이 삶의 시간인가 봅니다. 이제 나이가 들어가면서 옛날의 흉내를 내고자 한들 몸과 마음이 따라주지 않으니 필요 없는 일이 되었습니다. 그러나 살아가면서 상대방의 면목을 알게 되었으니 오늘의 우리 부부의 삶이 바로 그 증거라고 생각합니다. 아내 자랑을 하면 팔불출이라고 한다지만 자녀들의 교육을 위해 몇 가지를 기록해 두고 싶습니다.

첫째, 근면 성실합니다.

어느 사람인들 삶의 무게에 눌려 게으른 사람이 있으리오만 항상 일찍 일어나 가정 살림을 꾸려나가는 모습이 그렇습니다. 아버지를 10년간 모시면서 혼자서 뒷바라지를 해야 했습니다. 나는 통근 거리가 멀어 관사에서 지내는 경우가 많아서였습니다. 아버지께서는 항상 한복을 입고 출입하시었습니다. 한복은 보기는 좋지만 빨고 다리미질하여 관리하기가 손이 많이 가는 옷입니다. 아버지께서는 항상 깨끗하고 정갈한 옷차림으로 생활을 하시며 이웃 나들이를 하셨습니다. 아버지의 이런 일상이 주위 사람들의 평판을 얻어 구청장 효부 표창을 받게 되는 영광을 갖게 되었습니다. 또 한 넉넉하지 못한 형편에 큰아들을 서울로 대학을 보내다 보니 하루하루가 힘들기 마련이었습니다. 그러나 근검절약의 생활로 살림을 잘 이끌어 나갔습니다. 이삿짐 안에는 짚으로 꼰 새끼줄이 실려 있었습니다.

둘째, 옳다고 믿은 일이면 주장을 굽히지 않습니다.
조금 투사적이고 당돌한 면이 있습니다. 옛날 사람이었으면 버릇이 없다는 말을 들었을지 모릅니다. 그러나 의지가 강하지 않으면 부화뇌동하고 지내기 쉽기도 합니다. 이 때문에 나와 의견 충돌이 생기기도 했지만 이웃 간에 사리를 잘 판단하여 일을 하니, 가정 일을 맡기고 교직에 전념할 수 있었습니다. 독신인 나에게는 가장 큰 버팀목이 되어 주었습니다.

셋째, 취미활동을 좋아합니다.
동호회에 참석하여 북, 장구, 판소리 등을 공부하여 분위기에 맞게 제법 흥을 가지고 살려고 합니다. 무덤덤한 나와는 다르기에 때로는 삶의 활력소로 작용하여 신선함을 안겨 주고 있습니다.

넷째, 봉사활동에 앞장을 섰습니다
봉사단을 조직하여 적십자 단체에서 오랫동안 봉사활동을 하며 이웃의 어려움을 도와주는 데 앞장을 서기도 했습니다. 이런 봉사활동 실적으로 광주광역시 자원봉사센터에서 주는 자원봉사 영예인증서 금장을 받기도 했으며. 김영삼, 김대중 정부 시절 평통자문위원으로 3기에 걸쳐 6년을 활동하게 되니 사회생활에서 얻은 경험이 가정생활을 하는 데 일조가 되었고, 일의 두서를 알아 처리하는 능력이 가정주부답지 않기도 했습니다.

여수 국제 엑스포에서는 자원봉사자로 나와 함께 활동한 내용이 지방 언론사에 알려져 기사화가 되었고 우수 봉사자로 선정되어 표창장을 받기도 했습니다. 이러한 활동으로 잠시 북구 적십자사 회장직을 맡아 봉사활동에 전념하기도 했습니다.

몇 가지 생각나는 대로 적었으나 아내라고 하여 과장하거나 자랑삼아 기록한 것은 아닙니다. 책상머리에서 선비인 척하는 나보다 현실 감각이 뛰어나고 세상 살아가는 이치를 알고 있어 퍽 다행이었습니다. 결국 남자는 어떤 여자를 만나느냐에 따라 일생이 달라지니 아내의 자리를 나이가 더해 갈수록 소중하게 깨닫게 되었습니다.

≪편지글≫

50주년 결혼 기념일에

　우리는 스물일곱 동갑내기로 처음 만나 50성상을 지내왔지만 이제까지 당신에게 고맙다는 말 한마디 살갑게 하지 못하고 살아왔소.
　이제 철이 들었는지 지난 세월을 되돌아보니 당신의 모습이 더 크고 미쁘게 보이는구려.
　어려운 살림에도 부모님을 잘 모시고 살면서 슬하에 아들 둘 딸 하나를 두었으니 부모님께서도 이를 자랑스럽게 생각하셨소.
　나는 학교 근무로 인하여 일주일에 한 번씩 광주에 올라오는 생활을 하는 동안 당신은 집안일을 다 챙기고 아이들 뒷바라지를 해야 하였소. 남자라도 해내기 어려운 일을 대차게 한 당신이 장하기도 하오.
　이제 당신 머리 백발이 되었고 붉은 티가 베인 가발이 당신 위신을 세워주게 되었으니 무심한 세월이 원망스럽기도 하오. 노환에 겹쳐 경추 수술까지 받고 보니 안 아픈 곳이 없다는 당신의 얼굴을 대할 때마다 내 마음은 미어지는 듯 저려오기도 하오.

광주에 있는 종합 병원에서 퇴원 후 상태가 호전되지 않아 나는 결단을 내려야 했던 힘든 시기가 있었소. 결국 서울 성모병원 수속을 밟아 수술을 받게 되었고 진료를 받기 위해 고속버스를 타고 오가던 서울 길이 둘만의 오붓한 시간이기도 하였소. 이제 나이도 있으니 옛날 같은 젊음이야 오지 않겠지만 힘을 내 봅시다. 마라톤 선수가 마지막 스퍼트를 하듯 우리 두 사람도 이런 자세로 살아간다면 아름다운 여정이 우리를 비켜 갈 일이 없을 것이오.

젊어서는 당신의 부지런함을 당할 사람이 없었소. 특히 어려운 이웃을 위한 사회 봉사활동이라면 남에게 뒤지지 않았소. 적십자 봉사활동이며 평통자문위원 활동이며 경로효친 사상이 뚜렷하다는 구청장 표창장이며 지금은 사회의 발전에 적응하여 살아가려면 배워야 할 때라며 아침 일찍 가방을 챙겨 집을 나서는 일이며 열심히 살아온 세월이 결코 당신을 외면하지 않을 것이오.

어려서 팔 남매 넷째로 자란 당신은 힘든 어린 시절을 보냈지만 살림 솜씨나 마음 씀은 단단하고 빈틈이 없었소. 이삿짐 속에는 새끼 줄 한 오라기까지 담겨 있었으니 알뜰하고 빈틈없는 당신의 살림 솜씨를 누가 범접하겠소.

어느 해 정월 초하루를 맞아 우리 가족 다섯이 일출을 보기 위해 새벽에 집을 출발하여 무등산 중봉을 오른 적이 있었소. 막내

아들이 초등학생이었으니 벌써 옛날이야기가 되었구려. 타오르는 모닥불 앞에서 추위를 녹여가며 일출을 감상하고 내려온 적이 있었소. 이때 찍은 가족사진이 우리의 가장 젊은 날의 다섯 식구 모습이었소.

큰아들 대학 졸업을 축하하러 온 가족이 언니 형부와 함께 상경을 했던 일이며 내 뒤를 잇겠다는 딸이 대학을 졸업하고 발령을 받아 첫 출근을 했던 일이며 막내가 결혼을 하여 마음을 잡게 된 일이며 내가 무사히 정년을 하고 안착을 하게 된 일이며 우리 가족은 당신의 복으로 이만큼 이루고 살아온 것 같소.

고향을 떠나 영광으로 보성으로 완도 등 16개 학교를 돌아다녔으니 나는 날아다니는 새처럼 정처가 없었소, 다행히 당신이 자리를 잡아 지키고 있었기에 우리 가족이 광주에 정착할 수 있었고 자녀들 또한 바른 성장을 한 것 같으오.

이제 우리 집에는 당신과 나 달랑 둘이서 사는 적적한 공간이 되었소. 현관 앞에 세워진 지팡이는 세월이 두고 간 선물인듯하오. 외로움을 달래주는 아들 딸이 전화를 하고 명절이면 찾아오지만 이제 손님이 되어가는구려.

자연의 섭리는 이렇게 매섭고 누구에게나 공평하다는 진리를 다시 한번 깨닫게 되오.

이제 마음의 짐을 내려놓고 노인의 품위를 지키며 우리가 받은 은혜에 감사드리며 너그러운 마음가짐으로 남은 여생 두 몸뚱이 한 몸 이루어 다정하게 살다 갑시다.

항상 고맙고 감사합니다.

- 2022. 1. 7. 50주년 결혼 기념일을 맞아 -

《시》

고맙소

외출하는 아내 얼굴 표정이 유난히 밝다
남편 생일이라 예쁜 표정을 보이고 싶은가 보다
경추 수술 후에는 안 아픈 곳이 없다는 하소연
오늘 하루라도 밝은 얼굴로 대해주는 것이
아내의 도리라 생각했을까?

가정을 이루어 어언 50성상
사랑은 처음과 끝이 있을지 모르지만
사람의 情은 시작은 있어도 끝이 없는 걸까
사람은 항상 정에 속아 사는 것일까
집사람의 환한 얼굴 햇빛 보다 더 밝다

"나이가 사람을 가르친다"는
옛 어른 말씀이 떠오른다.
이제 철이 드나 보다

입술로 내려오는데 50년의 세월이 흘렀다
"고맙소 고맙소".

50년 만의 반지

며칠 전 질녀 가족과 함께 점심을 하였다. 만난 지가 오래되어 사는 것이 궁금하기도 해 점심이나 하자고 한 약속이 성사되었다. 요사이 날씨가 연일 폭염이 기세등등하고, 몸 상태가 날씨처럼 변덕스러우니 시간을 내어 만나자고 하기가 쉽지 않았다. 아내의 노력으로 날짜를 약속하고 식당에서 기다리고 있었다.

질녀는 도착하자마자 어제 만들었다며 수제 콩물을 식탁 위에 내놓았다. 나는 더운 날씨 탓에 시원한 물 한 모금을 마시고 싶던 참이기도 했다. 걸쭉한 콩물 한 컵을 들이키니 느껴지는 담백하면서도 고소한 맛은 다른 어떤 음료수도 이 맛을 당할 수 없을 것 같았다.
"이런 맛은 처음이야. 고소하기가 참기름 풀어놓은 듯해."
질녀의 솜씨가 수준급이라는 사실을 새삼 알게 되는 순간이었다. 이런 내 모습을 지켜보던 아내도 맛을 보더니 콩물을 만들어 먹고 싶다는 생각을 한 모양이었다. 식사를 마치고 집에 오더니 만 노란 메주콩을 찾아 콩물 만들 준비를 해나가는 모습이 보였다.

다음 날 아침 싱크대에 나온 아내는 어제저녁부터 불리기 시작한 콩을 냄비에 넣고 끓이고 있었다. 콩이 보글보글 끓어 콩물이 넘칠만 하자, 불을 끄고 찬물에 담가 식힌 후 콩 표피 살을 벗기라고 일러 주었다.

싱크대 앞에서 두 손으로 콩을 비벼가며 벗겨내기 시작했다. 손가락이나 손등에 달라붙는 콩 껍질이 여간 귀찮게 구는 것이 아니었다. 많지 않은 콩이었으나 껍질이 물 위에 둥둥 떠다니니 하나하나 건져내는 일도 만만치 않았다. 뒤에서 이를 지켜보던 아내는 내가 하는 일이 서투르고 달팽이 기어가듯 하세월이니 눈에 차지 않는 모양이었다. 나를 밀치며 앞으로 나서는 것이었다. 마치 시범이라도 보일 것처럼. 이미 손에 묻은 물이니 뒤로 물러서지 않고 아내와 같이 껍질을 벗겨내기 시작했다. 이렇게 잔손이 많이 들어가는 음식인 줄이야 미처 몰랐다.

가까이서 일을 거들다 보니 아내의 손이 유난히 작고 연약해 보였다. 마음 속에 실핏줄 같은 연민의 정이 찾아들기 시작했다. 싸구려 반지 하나 천신하지 못한 화초 줄기 같은 가느다란 손가락은 더욱 애처롭기까지 해 보였다.

집사람은 반지를 끼지 않고 지내온 지가 수십 년이 되었다. 결혼반지는 잃어버렸고, 그 후 끼게 된 반지도 찾지 못하자 아예 반지는 쳐다보지 않고 살아왔다.

올해 결혼 50년째를 맞아 벌거벗은 손가락을 감싸줄 반지 선물을 하려고 열성을 보였으나 극구 사양을 하는 바람에 슬그머니 넘어가고 말았다. 백수인 남편 주머니를 생각한 고육지책이었는지는 알 수 없는 일이었다. 이제 나이가 들어가니 손가락이나 손목에 반짝반짝하는 금붙이 하나쯤은 있어 광을 내면 보기도 좋겠다는 생각을 하지만 내 생각일 뿐이었다.

  오늘 아침 아내의 손놀림을 가까이 하면서 전에 없던 감회가 밀려왔다. 이제까지 이런 나약한 손으로 가족의 건강을 책임지는 음식을 마련했고, 대소 집안일을 했으리라는 데 생각이 미치자 '무심한 남편'이었다 라는 회한의 감정이 복받치는 것이었다. 나는 아내의 마음을 헤아리며 영원히 잃어버리지 않을 마음의 반지를 끼워 주었다. 결혼 50주년이 되어서야…….

≪편지글≫

사랑하는 아들 재훈이에게

그동안이라도 잘 지내고 있겠지?

이곳 가족들도 잘 있으니 염려 없기 바란다.

아빠가 그동안 너에게 무엇을 어떻게 해주어야 좋은 건지 많이 생각을 해왔다. 이번 서울에 가서 보니 듣던 서울과는 현실은 많이 어렵고 고단하기도 하다는 것을 느낄 수 있었다. 그러니 나의 생각만을 고집하고 산다는 것도 어렵고 힘들다는 것도 알 것 같았다. 특히 요즘처럼 전문성을 요구하는 사회에서는 직장일에 메달려야지 또 너처럼 이제 혼기에 달하면 자기와 일생을 같이할 배우자를 선택하는 일이 직장 못지않게 중요한 일이 아니겠니? 이제 직장에서 열심히 일하는 너의 모습을 가끔 아빠는 상상을 해본다. 아빠도 직장에서 30여 년을 넘게 일하고 살아왔기 때문에 어떻게 해야 살아갈 수 있는지 어렴풋이 깨달아가고 있다. 직장 일로 해서 우리 가족들이 생활을 할 수 있으니 남자들은 직장에 대한 관심과 애정이 남달라야 한다는 것을 너도 알 수 있겠지. 직장 동료와 그리고 윗사람과 항상 원만한 인간관계를 맺고 산다는 것이 가장 중요하고 나 자신의 발전을 위해서도 필요하단다. 인간 사회에서는 자기의 일만 잘하는 사람보다는 직장에서의 인간관계가 더욱 중요하고 자기의 발전에 더 큰 영향을 미친다는 것을 명심하기 바란다.

아빠는 26살에 결혼을 했다. 결혼이 무엇일까를 가지고 고민을 하곤 했지. 깨달은 결론이 인간은 모두가 완전한 사람이 없으니 나의 결점을 보충해주는 사람을 만나면 되는 것이라고 생각을 했어. 그때는 중매결혼이니 엄마를 전혀 모르고 중매장이의 말만 믿고 결혼을 했지. 결혼하기 전에 얼굴을 두 세 차례 보고 했을 거라고 생각해. 요사이는 그런 사람은 없겠지.

아빠는 네가 커서 사귀는 여자 친구가 있다는 말을 듣고 대견스럽고 자랑스럽게 생각했다. 네가 선택한 사람이라면 아빠도 너를 믿고 싶다. 네 마음에 결혼할 사람이라고 정해졌으면 자신감을 가지고 확실하게 사귀고 너의 반려자로 믿고 도와주기 바란다. 서로 다른 두 사람이 한 가정을 이루고 살아간다는 것이 그렇게 쉬운 일만은 아니다. 서로 다르고 어려운 점을 조화가 되도록 서로가 노력을 하고 협력을 하지 않으면 안 되는 거야. 한 그루의 나무가 잘 자라려면 농부의 끊임없는 애정과 보살핌이 없이는 어려운 것처럼 말이다. 여자에게는 항상 남자의 따뜻한 애정과 관심이 필요한 사람이라는 것을 명심하기 바란다. 중매가 아니고 연애결혼은 자기가 가지는 부담이 더 크게 느껴질 수도 있어. 주위 사람들이 너에게 거는 기대가 그만큼 크기 때문이야. 서두르지 말고 차분하게 너의 인생을 설계하고 삶을 개척해 가기 바란다. 엄마도 너를 이해하고 믿고 있으니 네가 하는 일에 자신감을 가지고 여자 친구를 사귀고 어려운 일은 바로 엄마와 상의를 하기 바란다.

한 지붕 밑에 여러 사람이 살고 있으니 도둑도 조심하고 이웃과도 잘 지내기 바란다. 계약서는 잘 보관하고 엄마가 가지고 간 음식들은 잊지 말고 잘 챙겨 먹기 바란다. 그리고 시간이 있으면 여름에 같이 왔다 가렴. 더운 여름철에 음식에 조심하고 적당한 운동을 잊지 말아라.

2001. 7. 18 새벽
재훈이를 사랑하는 아버지가

사랑하는 딸에게

네가 교직에 입문한 지 20여 년이 지났구나. 이제 새로운 눈으로 세상을 살아가는 지혜를 갖기 바란다. 교사는 어린 학생들과 생활 하다 보니 일반사회 물정을 잘 모르고 지낸다. 그게 당연한 일이다. 학교에서 여러 직원들과 부대끼면서 지내다 보면 맞지 않는 사람과 만나게 되는 경우도 있고, 친하게 지내고 싶은 사람도 생기기 마련이다. 항상 자기 마음을 다스리는 법을 배워 인간관계를 잘 풀어가야 한다. 물론 쉽지 않는 일이다. 이것은 終身之憂이기도 하다. 예수님은 다른 사람을 7번이 아닌 77번을 용서하라고 하셨다.

학생들에게는 너그럽게 직원들은 겸손한 태도로 대하면 큰 어려움이 없이 지내리라고 생각한다.

무슨 일이나 일등하려고 하지 말고 마음의 여유를 가지고 살기 바란다. 아무리 하려고 해도 하느님의 뜻이 아니면 이루어지지 않는다. 조급해하지 말고 여유를 가지고 기다리고 인내하는 마음이 필요하다.

항상 직장 생활만 하는 것이 아니니 퇴직 후의 내 삶을 보람있게 가꾸어 나갈 취미도 하나는 있어야 한다. 알맞은 취미생활은 삶에 활력을 주기 때문이다.

 항상 가정은 여자가 지켜야 한다. 남자는 본성이 밖으로 나갈려고 한다. 그러니 가정을 지키는 것은 여자의 몫이 될 수밖에 없다.

 돈을 쓰는 것, 생필품을 구입하여 활용하는 것 하나하나가 자녀들에게는 무언의 교육이 된다. 이제 준우, 주원이가 커 가니 너무 간섭을 하려고 하지 말고 스스로 해결하는 노력을 하도록 용기를 주어라.

 학교에서는 항상 겸손한 태도로 상대방을 대하고, 일을 처리하고 나서는 감사의 기도로 내 마음을 다독이는 틈을 찾아라.

 물론 네가 잘하고 있으니 걱정은 하지 않는다. 그동안 하고 싶었던 이야기를 몇 자 적어 당부를 하였다.

2022년 한가위에.
운암동 아버지, 어머니.

사랑하는 둘째 아들

　너희 두 사람 결혼을 진심으로 축하하며 부모로서 몇 마디 당부의 말을 하고자 한다. 부모는 인생의 선배이자 보호자로서, 이 글은 너희에게 주는 충고 겸 인생의 지혜이니 마음에 담아 잊지 말거라. 결혼식 때는 번잡하여 아무리 좋은 말이라도 새겨듣기 어려워 당부하고 싶은 이야기를 몇 자 적어 보낸다. 결혼식은 본인만의 결혼이 아니라 양가 부모님의 축복을 받는 예식이다. 결혼식 비용도 적지 않을 테니 항상 너희들 분수에 맞는 준비를 하기 바란다. 결혼식이 화려하고 성대하다고 앞으로 잘살게 된다면 열 번이라도 그렇게 하겠지만, 최소 비용으로 알차게 하여라. 이런 결혼식이 요사이 결혼식 추세이기도 하다. 결혼 준비는 두 사람이 서로 의논하면서 준비하고, 필요한 살림 도구는 살아가면서 갖추게 되면 재미가 더하다는 것도 알았으면 한다. 한꺼번에 모든 것을 준비하면 몇 년 지나지 않아 다시 유행에 맞춰 바꾸어야 할 필요가 생긴다.

　결혼이란 자기에게 부족한 한 짝을 찾는 과정이다. 사람은 그래서 불완전하게 태어났는지 모른다. 나를 위한 결혼이 아니라 상대방을 위해서 내가 무엇을 해줄 수 있을까를 먼저 생각하는 지혜를 가졌으면 한다. 이제 결혼을 하게 되면 새로운 가정을 이루고 사회적인 책임과 의무가 많아지게 된다. 그러한 일들을 빨리 터득하고 배우면서 사는 것이 사람이 살아가는 도리이다. 다른 사람의 생활 모습을 쳐다보지 말고 나의 인생을 살아가는 지혜가 필요하다. 조물주이신 하느님께서 나에게 모든 행복을 다 주시지는 않았다는 것을 명심하자. 나에게 부족한 것을 다른 사람은 풍족히 가지고 살지만, 내가 풍족하게 가지고 있는 것을 다른 사람은 가지고 있지 못하는 경우도 많다. 이렇게 하느님께서는 공평하게 복을 내려주셨는지 모른다. 내가 가지고 있는 것이 적다고 서러워하지 말고 나에게 주신 복을 찾아 기쁜 마음으로 살아가거라. 신혼 여행시에는 주위의 아름다움에 정신을 너무 빼앗기지 말고, 안전에 유의하고 차분한 마음으로 시간을 보내고 돌아오기 바란다.

  부모에게 효도하는 길은 너희 두 사람이 건강하고 행복한 가정을 이루어 오순도순 살아가는 모습을 보여주는 것이다. 너희들 뒤에는 너희들을 지켜보는 양가의 부모님들이 계신다는 것을 항상 염두에 두고 지혜롭게 결혼식을 준비하기 바라며 이만 줄인다.

2017년 6월
운암동 아버지, 어머니

장한 매씨께 드리는 상

1934년 음 7월 21일생

朴 良 南

　누님께서 금년 九旬이 되셨습니다. 지금은 건강이 옛날과 같지 않으시니 염려가 되기도 했습니다. 그러나 그 연세에 지금의 건강을 유지하시는 것도 큰 다행이고 행복이십니다. 그동안 살아오시면서 겪으신 고생을 어떻게 말로 다 표현할 수 있겠습니까마는 누님 곁에서 오랫동안 살아온 동생으로서 감회가 새롭습니다.

　제가 어머니 곁을 13살에 떠나 시골 촌놈이 감히 광주에 유학을 할 수 있었던 것은 누님댁이 있었기 때문이었고, 형제간의 우애를 배우며 삶의 지혜를 깨닫게 된 것도 누님의 가르침이 있었기 때문입니다. 그동안 살아오신 고생을 다 말로 표현할 수는 없지만 노후에 살아가시는 모습을 돌아가신 어머니께서 보신다면 크게 기뻐하시며 편히 영면하실 것입니다.

　누님께서는 박경석, 권아순 여사의 2남 3녀 중 셋째로 태어나셨습니다. 6·25 동란의 와중에 全義 李씨 집안으로 출가를 하시었습니다만 매형께서 젊은 나이에 작고하셨기에 50여 성상을 온갖 풍상을 겪으시며 자녀들을 기르고 집안일을 해내셨습니다. 매형과 저는 사이가 별로 좋지는 않았습니다. 누님과 싸우시는 모습을 자주 보이셨기에 저 역시 그랬나 봅니다.

그러던 어느 날 제가 중학교 입학시험을 치른 후 합격자 발표를 매형과 함께 확인하러 가게 되었습니다. 광주 西中 학교 운동장에 도착했을 때에는 벌써 많은 인파가 몰려들어 자기 아들 이름을 찾아 나서고 있었습니다. 다행히 합격자 명단 게시판에 제 이름이 붙어있자 매형께서는 너무 좋아라고 하시면서 중국집으로 데리고 가 자장면을 사주셨습니다. 처음 먹는 자장면은 너무 큰 대접이어서 그때의 기억이 새롭습니다. 처음으로 매형의 정을 느껴본 순간이었습니다. 잔정이 많으시고 사람들을 좋아하신 분이었지만 제가 살아오는 동안 아무것도 속 시원하게 해드린 일이 없어 죄스러울 뿐이었습니다.

  매형이 돌아가신 후 누님께서는 하루하루 힘든 일을 하시면서도 3남 2녀를 자랑스럽게 잘 키워 내셨으니 세상인심이 아무리 각박하다 하더라도 '장한 누님'이라고 동생이 칭송을 한들 웃음거리가 되지는 않겠지요?

  농촌에 사시면서도 변변한 농기구 하나 없이 맨손으로 농사일을 하셨으니 무쇤들 성할 리 있었겠으며, 몸에 배인 근간함이 없었더라면 어떻게 감당하셨겠습니까? 이제 100세를 사신다고 하더라도 살아오신 세월보다 남은 시간은 얼마 되지 않습니다. 일할 욕심 버리시고 자식 걱정 그만하시고 누님의 건강을 잘 챙기시며 모든 것을 감사하는 마음으로 안고 사시기 바랍니다. 누님의 생신을 맞아 축하의 말씀을 올리면서 몇 마디 첨언 하였습니다.

2023년 음 7월 21일

동생 來燮 올림

한영이 조카 정년퇴임을 축하하며

 정년을 축하하네. 그동안 기울인 정성과 혼신의 노력으로 영예로운 정년을 맞이하였으니 이는 오로지 조카만의 영광이 아니오 온 가족의 영광이 아니겠는가?

 외삼촌이 미처 알지 못해 뒤늦게나마 찬사 겸 위로의 뜻을 전하고 싶네. 조카의 마음은 누가 알 수 없을 정도로 침착하고 예의 발라, 항상 정중동의 마음으로 교직에서의 성스런 소명을 다했다고 생각하네.

 이제 새로운 세상에서 또 다른 여생을 살아가야 하는 기대 반 설렘 반의 시간이 기다리고 있네. 새로운 세상의 신입생이 된 것이네. 요사이 인간의 수명이 길어지고 있으니 남은 시간을 잘 관리하며 참 행복을 살아가는 지혜를 찾기 바라네.

 직장을 떠난 남자는 날개를 잃은 새처럼 살게 되네. 가정에서도 내가 설 자리가 마땅하지 않고 사회에서도 나서서 할 수 있는 일이 없으니 새로운 소일거리 또는 취미를 찾아 새로운 삶을 살아가려는 준비 과정이 필요하다고 생각하네.

 외삼촌이 정년을 하고 살아보니 지난 일은 꿈속에서 꾼 꿈과 같았네. 부디 건강 조심하고 가정에서 가족 간의 화기和氣로 참행복을 누리고 살아가기 바라네. 지나간 젊음의 시간은 다시 돌아오지 않으니 마음을 내려놓고 자연의 순리를 알고 신앙에 귀의하는 삶도 소중하다는 생각이 드네.

  어머니께서는 너무 어려운 삶을 살아오셨기에 당신 사고방식을 버리지 못하시네. 그러니 어머니 살아가시는 방식에 맞추어 대접해 드리고 보살펴 드리는 것이 효도가 아닐까 생각하네. 마음 편하게 지내시게 해드리는 것이 진정한 효도의 길이라고 생각하네. 항상 자네 삼 형제들의 효심을 외삼촌도 자랑하고 싶으니 평소 하던 대로 가까이서 모시기 바라네.
  작년 어머니 생신에 어머니 삶을 찬양하는 패를 만들어 드리려다가 글자 수가 너무 많다기에 만들지 못하고 말았네. 글자 수를 줄이면 의미가 퇴색하겠고 해서 그만두었는데 좋은 방안이 있으면 알려주게.

  영예로운 정년을 맞이한 조카에게 찬사와 위로의 뜻을 전하면서 심신의 건강을 위해 도움이 될성싶어 책을 보내니 틈틈이 읽어보았으면 하며 이만 줄이네.

2022년 3월, 외삼촌

스승처럼 나의 길을 밝혀 주신 외삼촌

조카 이한근
(전 목포도서관장, 순천청암고등학교장)

외가는 마음의 고향입니다. 어린 시절 방학하면 가장 먼저 가는 곳이 외가였고 외할머니와 외삼촌께서 저에게 설렘과 꿈을 주셨던 곳입니다.

저는 외삼촌이 계셔서 지금도 항상 푸근하고 행복하답니다.

외가에 대한 어린 시절의 기억은 희미하지만 제가 초등학교 5학년 때 장성으로 이사를 오면서부터 외가를 자주 다녔고, 우리 집은 그때부터 외가의 돌봄을 많이 받았습니다.

또한 저는 어려운 가정형편 때문에 광주에서 중학교를 다닌다는 것이 꿈같은 일이었지만 외삼촌께서 많은 도움을 주셨습니다. 어렵게나마, 형은 고등학교 저는 중학교를 광주로 진학할 수 있었습니다.

제가 고등학교 2학년 때 아버지께서 돌아가시고 난 후 집안 형편이 매우 어려워 외가의 도움을 받으며 성장할 수밖에 없는 상황이었습니다. 이때 외삼촌은 우리 가정의 울타리가 되어 주셨습니다.

　고등학교를 졸업한 뒤 공무원 시험에 합격했습니다. 그 뒤에 군에 입대하게 되었는데, 얼마 지나지 않아 공무원 발령이 나는 바람에 어찌할 줄 모르는 어머니 대신 이곳저곳을 다니시며 군입대 관련 서류를 준비하셨고 이를 총무처로 제출하여 공무원 발령이 연기될 수 있도록 조치를 취해 주셔서 35년의 공직생활을 행복하게 마칠 수 있었습니다. 지금도 어머니는 그때 이야기를 하실 때마다 외삼촌이 아니었으면 어찌 되었을까 하시면서 가슴을 쓸어내리십니다.

　고등학교 시절 가정형편 때문에 대학진학은 어렵다고 생각되어 저는 육군사관학교를 목표로 공부를 했고, 다행히 1차 필기시험과 2차 체력장 테스트에 합격하였습니다. 그러나 소문에 면접에서 중요한 것 중 하나가 "재산도 많고 유력 인사의 보증이 든든하게 있어야 한다."는 말이 있어서 어머니와 저는 걱정만 할 뿐이었습니다.
　그때 외삼촌은 저의 사정을 알고 망설임 없이 논밭을 우리에게 등기 해주시고 지역 유력 인사의 보증서를 받는 등 많은 노력을 해 주셨습니다.

　외할아버지 외할머니께서는 한국전쟁에 나가서 생사를 알 수 없는 큰아들 몫까지 정성을 다해 외삼촌께 사랑을 베푸셨고, 외삼촌도 이에 보답하여 명문 서중, 일고와 교육대학을 졸업하고 초등학교 교사가 되었으니 이보다 큰 효도가 있겠습니까?

　외할머니 돌아가시고 홀로 계시는 외할아버지를 모시기 위해 승진도 뒤로 미룬 채 광주에서 먼 거리를 통근하셨습니다. 날마다 조석으로 문안 인사드리며 정성껏 모시는 등 대단한 효심을 보여주셨습니다.

　외조부모님 기일이면 어머니와 함께 외삼촌 댁에 갔는데 제사 모시는 격식을 현대에 맞게 갖추면서도 한 치 소홀함 없이 모셔 귀감을 보였습니다.

　구순을 앞에 두신 어머니께서 힘든 병마를 잘 극복하시고 오늘 날까지 건강하게 지내시는 것도 자주 찾아와 남매간의 정을 보여 주신 외삼촌의 역할이 컸기 때문이라고 생각합니다.

　제가 학교 다닐 때도 직장생활을 할 때에도 기둥이 되어 주셨고, 승진하고 영전할 때마다 격려해 주시고 응원해 주신 덕에 공직생활도 잘 마칠 수 있었습니다.

　특히 부이사관 3급 승진 시에는 정말 큰 항아리 도자기에 "그 옛날 정승 반열에 올랐다."고 기뻐하시면서 저에게 정말 벅찬 축하의 글귀를 새겨 주셨습니다. 이 감격의 축하 도자기를 항상 가까이 두고 저의 삶의 지표로 삼고 있습니다.

　고맙습니다.

이제 칠순에 들어서서 지나온 삶을 정리하고 앞으로의 삶을 계획하고 계시는 외삼촌을 보면서, 지금까지 오롯이 지켜 온 효와 정, 배려의 선한 삶이 영원히 쭉 이어져서 후대에도 본보기가 되리라 믿습니다.

길어온 길 걸어갈 길

PART + 05

삶의 뒷갈이

금호평생교육관

　교직 생활은 여러 사회관계망에서 일부분을 담당하는 전문직이었다. 그러니 자연히 나에 관계된 사회 일부분만 보고 살아왔다. 우물 안의 개구리가 되어 큰 바다를 바라보기에는 부족함이 너무 많았다. 정년은 나에게 새로운 변화와 구태에서 벗어난 새로운 사회적응을 요구했다. 그것이 무엇일지 나에게 어떤 도전이 될지는 잘 알 수 없는 일이었다.
　출근하던 습성이 그대로 남아있어 집안에서 시간을 보내는 일도 지루하고 짜증스러운 일이었다. 나는 새로운 소일거리를 찾아 마음을 열고 변신을 해야만 했다.
　일이란 젊어서는 생계의 수단이었으나 이제는 여생을 어떻게 값있게 살아갈지에 대한 희망이 되는 길이기도 했다. 일을 통해서 이웃이 생기게 되고 사회관계망이 되살아나게 되며 새로운 삶의 길이 보이기 때문이다.

　남구에 있는 금호평생교육관에서 가정 결손 아동들을 대상으로 하는 학습지도 자원봉사자를 모집하고 있었다. 많은 교직 선배들이 참여하고 있어 선배들의 경험담을 들어가며 봉사활동에 참여하는 일은 즐겁고 보람 있는 시간이 되어 갔다. 더불어 규칙적인 생활을 하게 되니 출근을 하며 몸에 배었던 생체 리듬이 유지가 되어 활기 넘치는 생활을 이어 갈 수 있어 퍽 다행스런 일이었다. 해가 바뀌는지 모르게 6년간 봉사활동을 하게 되었고, 광주광역시 자원봉사센터에서 주는 자원봉사 영예인증서를 받기도 했다.

아무리 어두운 곳에서도 피어나는 희망은 있다. 불가마 속에서 금·은 보석이 제련되듯이 어려운 환경 속에서 자라는 어린이들의 꿈은 더 숭고하고 아름다웠다.

아름다운 꿈이 피어나는 곳

"선생님 퀴즈 문제 낼께요."
"그래 오늘은 무슨 문제지?"
"아마도 어려울걸요."
"그래 말 해봐요."
"식당에서 키우는 개는 무슨 '개'?"
"어디 보자 어려운데, 힌트는?"
"힌트는 '이빨'이에요."
"알았다. 이쑤시'개'."
"맞았다. 선생님 대단하시네요."
 2학년 원호와 나와의 수업 전 만남의 시작이다.
"오늘은 선생님이 이야기 하나 할까? 러브스토리다."
"와! 와! 좋아요. 우리 선생님 최고야."
 러브스토리라 하면 2학년 원호 부터 5학년 상민이 까지 모두 좋아한다.
 "어느 마을에 부두에서 거룻배 일을 하는 곽씨 성을 가진 청년이 아랫마을 이씨 여인을 사랑하게 되었는데 둘이는 서로 떨어져 못 살 정도로 서로를 사랑하게 되었어…."

이곳은 내가 6년째 찾아와 인성지도와 영어 학습 도우미를 하는 학습관이다. 여기 오는 학생들은 가정적으로 결손 아동들이 많다. 정규 수업이 끝나면 학원에 갈 여유가 없어 대부분 곧바로 찾아와 학습 도우미의 도움으로 학습을 이어 가는 곳이다. 방학 동안에는 점심 및 저녁밥을 해결할 수 있고 등교 일에는 학교가 끝나고 학습관에 와 공부를 하다가 저녁밥을 먹고 귀가를 하기도 하며 중학교에 다니는 학생들은 저녁 늦게까지 남아서 공부를 하기도 한다.

이곳과 인연을 맺은 지 벌써 6년이 되었으니 꽤 많은 시간을 같이한 셈이다. 내가 도와주는 학생들은 초등학교와 중학생들이다. 개개인의 학습 수준에 맞추어 학습 문제를 재구성하여 제시해야만 지루하지 않고 나름대로 성취감을 맛볼 수 있으니 한 시간의 수업을 위해 2시간 동안 교재를 연구하지 않으면 안 되는 곳이다. 이렇게 준비한 학습프로그램도 가끔은 학원 때문에 또는 운동장에서 시간 가는 줄 모르고 놀다가 학습관에 나타나지 않는 경우가 있어 체계적으로 학습지도를 하는 데는 어려움이 많은 곳이다. 학생들의 출석을 특별히 독려할 만한 강제성이 없기 때문이다. 수준이 다른 여러 학생을 단일 교재로 획일적으로 지도하기가 어렵기에 내가 학생들의 요구수준에 적응하느라고 애를 쓰지 않으면 아니 된다. 학생들이 나를 믿고 찾아와 방과 후 시간을 보냄으로써 학생들의 일탈을 막을 수 있겠다는 데서 보람을 느끼게 되었다.

1학년 학생들은 할아버지라고 부르기도 하며 도통 말을 들으려 하지 않는 경우도 있다. 이럴 때면 재미있는 전래동화를 들여주거나 스무고개, 수수께끼 등을 통하여 손자 손녀 돌보미로 변신을 하고 만다.

　6학년 '상미'라는 여학생은 의젓하고 영리하여 공부뿐만 아니라 행동도 모범적이다. 그래서 고등학교에 진학하면 골든 벨에 도전하자는 약속을 했다. 조금은 먼 훗날의 약속이지만 그 학생이 고 2,3학년이 되면 나는 70대 후반이 될 것이니 나는 그 학생이 골든 벨을 울릴 거라는 기대감 속에서 지내는 동안 빨리 늙지 않을 것이며 그 학생 또한 선생님과의 약속 때문에 자기 생활을 게을리하지 않을 것이니 서로 아름다운 약속이 될 것이라고 굳게 믿고 지내고 있다.

　금년에 두 학생이 중학교 진학을 했다. 입학을 축하해 주기 위해 조촐한 자리를 분식집에서 갖게 되었다. 중학교에 가니 시간이 없다고 했지만 어렵게 자리를 만들어 내가 중학교 입학하면서 (54년 전 일이지만) 이웃에게서 받았던 정을 베풀어 보고 싶었다. "먹고 싶은 것을 골라봐요" 평소 학생들이 드나드는 매점이어서 학생의 마음을 편안하게 하고 싶었다. 매점에는 빵, 아이스크림, 과자류, 튀김 등이 어린 학생들을 유혹하듯 진열되어 있었다. 한창 나이가 되어 가니 먹기도 잘 먹어주니 귀엽기도 하고 고맙기도 했다. 나도 언제 이런 손자를 볼 수 있겠나 하면서 말이다.

이제 학생들과 새로운 만남을 통해 가장 행복하고 보람 있는 시간을 만들어 가고 있다. 영어 학습지도뿐만 아니라 사회의 위해한 환경으로부터 결손 아동들을 보호하고 바른 인성을 갖도록 지도한다는 일에 큰 보람을 느끼고 있다. 나와의 인연이 조금이나마 보탬이 되었으면 하는 마음으로 오늘도 발걸음 가볍게 학습관으로 향한다.

봉사활동의 매력

 2012년 여수세계박람회 자원봉사자로 선발되어 봉사활동을 하는 기회를 얻게 되었다. 광주에서 박람회장까지 무료 버스를 이용하며 안내와 함께 주말 봉사를 하게 되었다. 많은 인파 속에서 봉사활동을 하는 것이 처음에는 낯설고 어색하기도 했지만 박람회장 시설이 모두 새롭고 신비감을 주었기에 유람선을 타고 미지의 세계를 여행하는 기분이었다. 야경에 펼쳐지는 바다 분수 쇼는 발 디딜 틈 없는 관중들의 환호 소리와 더불어 다른 세상에라도 온 듯 황홀감을 주기에 충분했다.
 특히 오동도 앞바다 위로 솟아오르는 아침 해를 바라보는 것은 또 다른 흥분이었다. 육지에서 보았던 일출과는 다른 풍광을 선사하는 매력이 있어 희망의 불꽃이 솟아오르는 쾌감을 맛보게 되었다.

 서울을 비롯하여 강원도 등 전국각지에서 봉사자들이 구름처럼 몰려들었다. 남녀노소가 다 참여하는 국가적인 축제 무드였다. 가끔은 외국인 봉사자도 눈에 띄어 국제적 행사라는 이미지에 손색이 없었다.

우리 부부는 주말 봉사를 원해 금요일 오후에 여수에 내려가 토요일과 일요일 봉사를 하고 오후 늦게 광주에 올라올 수 있었다.

나는 입장객 출입구에 배치되어 외국인 입출입시 영어를 사용하여 편의를 제공해주는 역할을 하게 되었다. 봉사자의 복장이 산뜻하고 밝은 기운을 주어 여수 앞바다의 바닷바람을 품에 안은 듯 상쾌하기 그지없었다. 방학을 이용하여 젊은 학생들 봉사자가 많아 총기 어린 혼불이 박람회장을 더욱 달아오르게 하고 있었다.

우리 부부가 같이 봉사활동을 한다는 사실이 외부로 알려지자 지방 방송국 기자의 취재로 기사화되기에 이르렀다. 부끄러운 일이었지만 이런 연유로 여수 박람회가 끝날 무렵 우수 봉사자에게 주는 표창장을 받는 기쁨을 맛보게 되었다. 이는 봉사활동의 재미를 붙여주는 촉매제가 되었다.

2년 주기로 열리는 광주비엔날레, 2015년 광주 하계 유니버시아드 대회에서 자원봉사를 하는 등 봉사자를 찾는 곳은 빠지지 않았다.

봉사활동을 하면서 좋은 인연이 맺어지기도 했으니 40여 년 만에 만난 고등학교 동창과 함께 봉사활동을 하기도 했으며, 나이가 연상이었지만 솔선수범 봉사활동을 했던 대학교수 출신의 봉사자를 만나 진정한 봉사자의 자세를 배우기도 했다. 영어 소통이 원활하고 노익장을 과시하던 분이었기에 봉사활동의 멘토가 되어 주었다. '우물 안의 개구리'란 나를 두고 하는 말이었음을 깨닫게 해준 봉사활동 시간이었다.

김대중 센터에서 있었던 모기업 연수회에서 뜻하지 않게 선물로 받았던 손가방은 그분과의 마음 따뜻한 봉사활동을 아름다운 추억으로 만들어 주고 있다. 봉사활동은 새로운 인연으로 이어졌으며 경험하지 못했던 다른 세상을 알아가는 새로운 창문이 되어 주었다.

여절 시제를 모시고

　금호리 여절 마을 대문중 선산에 계시는 선조님 열 한 분의 시제를 합동으로 모시는 날이다. 가을에 지내던 시제를 4월 두 번째 토요일로 시제 날짜를 옮겨 모시고 있다. 대문중 시제가 4월 첫 번째 토요일이니 중복을 피하고자 두 번째 토요일을 택한 것이다. 작년 가을 3대조(증조부모님), 2대조(조부모님), 백부모님(큰아버지) 산소를 초지草枝마을 뒤 선산에서 5대조, 4대조가 계시는 여절 대문중 선산으로 이장 합사하여 묘원을 새롭게 단장하고 처음 맞이하는 시제이다.

　초지마을(프까실) 후록後麓에 계시던 봉분은 응달쪽으로 산짐승과 잡초들이 침노하여 관리가 어려워져 이장하여 양지쪽 대문중 선산으로 모시게 되었다. 젊은 세대는 사는데 바쁘다는 구실로 숭조상문崇祖尙門 정신이 날로 퇴조하고 있으니 몇 년 후면 시제 풍속을 온전히 보전하게 될는지 모르겠다는 안타까운 마음이 드는 때가 되었다.

　오늘 유사는 서울 래영來潁이 동생이다. 바쁜 일상 속에서도 제수씨와 아들을 데리고 아침 일찍 서울에서 달려왔다. 9시 반경 도착했으니 서울에서는 5시에는 출발한 것으로 보인다. 來자 항렬은 연령 순서에 따라 2년 단위로 유사를 이어가고 있으니 내년에는 래황來璜 동생이 차례가 된다(2024-2025). 고향을 떠나 먼 객지에서 살고들 있으니 조상의 산소를 찾아뵙기가 그리 쉽지 만은 않는 일이 되었다.

어제까지 비가 오고 바람이 불던 날씨가 맑고 구름 한 점 없는 화창한 날씨로 변했다. 산소 벌안에서 모시는 시제이니 날씨 변화에 민감할 수밖에 없다. 비가 온다면 제물을 진설할 수 없어 난감해지기 때문이다. 제물은 가까운 장성읍 제수를 전문적으로 취급하는 곳에서 주문하여 배달해왔으니 유사는 제수 음식 만드는 수고는 하지 않아도 된다. 문중 기금으로 제수 비용을 지불하고 있기 때문이다. 4월 초순의 날씨인지라 싸늘한 바람이 제법 불어제치니 제수를 진설하기가 쉽지 않았으나 참례자가 합심하여 진설을 도와 무사히 시제를 모시게 되었다.

93세이신 양동 당숙 내외께서 참석하시니 더욱 반가운 일이 아닐 수 없었다. 작년에는 내 차를 이용하셨으나 불편을 주는 것을 미안하게 생각하셨는지 서울에 사는 큰아들 병훈柄勳이가 내려와 모시고 달려온 것이다. 우리 집안에서는 현재 가장 장수를 하시고 계신다. 지병인 당뇨를 잘 관리하시며 건강하게 지내시는 모습이 타의 귀감이 되기에 충분하다. 당숙께서 초헌관 역할이 금년 마지막이 되실 줄도 모른다는 생각이 덜컥 들기도 했다.

당숙께서 시제를 모시는 자리에 참례하시는 것만으로도 힘이 되고 마음이 든든해진다. 항상 겸손함과 온유한 성품으로 대소사를 이끌어주셨으니 감사할 따름이다. 시제가 끝나고 참례자 열세 사람은 당숙 내외분을 모시고 기념사진을 촬영하였다. 내년이면 이 자리에 참석이 어려우실지도 모르니 추억에 남는 사진이 될지 모른다는 생각에서다. 성열成烈이 조카가 참석하여 재주를 발휘해주니 얼마나 고마운지 모를 일이다.

음복이 끝나고 남은 음식은 작은 종이 가방을 준비하여 참석자에게 들려주니 서울 제수씨 마음이 고마울 뿐이다.

점심 식사를 위해 축령산 입구의 '백련동 식당'으로 출발하였다. 축령산은 편백 숲으로 전국적인 명산이 되어 많은 관광객이 찾는 곳이다. 입구에는 계곡 물줄기를 따라 음식점들이 줄지어 늘어서 있다. 이런 외진 곳을 서울에서 자란 동생이 알 리 없겠지만 인터넷을 이용하여 예약을 하고 준비를 했으니 세상의 변화를 실감하게 된다.

오랜만에 한자리에 모여 점심을 먹게 되니 음식 맛이 색다르지 않을 수 없다. 가까운 거리에서 살고 있지만 축령산 계곡 음식 맛을 본 지가 얼마 만이던가! 계곡을 흐르는 물소리가 조용한 식당 안을 가득 채우니 고향을 찾은 행복은 이런 것이 아니겠는가? 이런 기회로 말미암아 친족간의 우애가 깊어지고 그간의 소식도 알게 되어 위로의 말을 주고받을 수 있으니 얼마나 다행인가!

작년 사초 일에 대해 대문중에서 이러쿵저러쿵 말들을 하는 데 다소 시끄러울지도 모르겠다는 생각을 하게 된다. 대문중 소유의 선산이기 때문이다.

휘열輝烈 종손은 이미 문중에 신경을 쓸 건강이 되지 못하는 것 같다. 경추 수술을 받고 그 후유증으로 활동을 못하고 있으니 안타까운 일이다. 종손의 빈자리가 얼마나 큰지 새삼스레 느끼게 된다. 마치 비빌 언덕을 잃은 송아지 같은 허전함이 휘감는다.

그동안 노심초사했던 문중 일을 나 또한 젊은 동생들에게 맡길 나이가 되어간다는 생각이 든다. 마음은 있어도 몸이 따라주지 않기 때문이다.

來자 항렬 유사가 2039년까지 이어진다. 다음 세대가 대를 이어 문중의 발전을 위해 헌신해 줄 것으로 믿으며 간소한 제수로 조상님을 뵙고 나오니 무언가 서운하고 부족한 느낌을 지울 수 없다. 영면 하시옵소서.

2023년 4월 8일

2023년 현재 시제로 모시는 선조님, 11위

5대조 鴻震, 배위 錦城鄭氏

4대조 東淵, 배위 陽城李氏

3대조(증조부모) 汝容, 배위 黃州邊氏, 光山金氏

2대조 (조부모님) 均度, 배위 蔚山金氏

백부모님 春求, 배위 錦城(나주)鳴氏

來자 항열 유사 순서
(2015년 가을시제 결의 사항임, 족보기준)

순번	성 명	생년월일	유사연도	순번	성 명	생년월일	유사연도
1	래 적	53.08.14	2016-2017	7	병 훈	67.05.09	2028-2029
2	래 정	54.08.24	2018-2019	8	래 상	68.04.04	2030-2031
3	래 준	59.02.18	2020-2021	9	래 종	69.11.01	2032-2033
4	래 영	61.11.19	2022-2023	10	래 한	71.02.03	2034-2035
5	래 황	64.09.04	2024-2025	11	병 철	71.09.17	2036-2037
6	래 일	65.03.26	2026-2027	12	정 호	72.07.01	2038-2039

대부대자代父代子의 인연

요사이 병원을 찾는 일이 잦아진다. 아침에 일어나 병 의원에 갈 일이 없으면 행복한 아침이라고 치부하며 하루를 시작하게 되었다. 그러니 자주 처방전을 가지고 약국을 찾게 된다. 병원문을 나서면 바로 지정 약국처럼 약국이 기다리고 있어 이용하기 편리하다.

그러나 오늘은 병원에서 좀 거리가 떨어져 있는 대부님이 운영하는 약국으로 향하였다. 천주교 입문 세례를 받으면서 약사님을 대부로 모시고 세례를 받았기 때문이다.

대부代父란 세례를 받으면서 증인이 되는 종교상의 남자 후견인을 말한다. 나이가 나보다 두세 살 위인 분이어서 형님 같은 포근한 느낌을 주시는 분이다.

내 고향인 장성읍에서 자주 드나들었던 금성약국의 약사와 대학 동기이시기에 더욱 친밀감을 갖게 해주기도 했다. 약사님과 전부터 알고 지낸 사이는 아니었지만 대부대자代父代子의 인연을 맺게 되었다.

동호인 테니스 모임에서 만난 선배 한 분을 대부로 모시고 성사를 받으려고 했으나, 외국 여행 계획과 성사 날짜가 겹쳐 오吳

약사님을 소개받아 대부로 모시고 성사를 치르게 되었다. 어린 신앙의 묘목을 길러주는 후견인이 되는 셈이니 각별한 인연이 아닐 수 없다.

약국은 사람들 통행이 많은 큰 도로변이어서 약국의 간판이 쉽게 눈에 들어오지 않을 만큼 앞길이 붐빈다. 약국 앞에 늘어선 노변 상인들 때문에 더욱 혼잡스러워 시골 오일장을 연상시키는 곳이다.

약국 문을 열고 들어서니 에어컨 바람으로 바깥 날씨와는 딴판으로 시원하고 쾌적했다. 그러나 약국의 좁은 공간에는 손님 서너 사람이 앉을 수 있는 의자가 놓여있고, 사방 벽면은 약장이 자리하고 있을 뿐 아니라, 나머지 공간은 빈틈없이 여러 종류의 약품으로 쌓여있어 사람이 움직일 공간은 넓지 않았다.

약사님은 방문 때마다 자주 음료수를 권하시기에 사양을 하며 지내왔으나 이번에는 사양하기가 겸연쩍어 받아 마시며 근황을 주고받게 되었다.

평소에는 보통 저녁 9시까지 영업을 한다고 한다. 일요일은 성당을 나오시고 오후에는 여유시간을 갖는다고 한다. 이런 생활이 계속 이어지니 '다람쥐 쳇바퀴 돌 듯한다'는 말이 무색하다고 할 수 있어 보였다. 하루 동안 내내 넓지 않은 공간에서 지내는 대부님의 인내심에 경의를 표하지 않을 수 없었다. 내 인내심으로는 몇 시간의 짧은 시간도 약국 안의 좁은 공간에서는 견뎌낼 수 없었겠기에 느끼는 솔직한 심정이었다. 수십 년을 이런 생활을 해오시는 약사님의 생활 방식이 놀랍기도 했다.

손님이 들고나는 때에는 지루하고 답답함이 없겠으나, 손님의 발길이 끊어진 한적한 시간이란 나로서는 상상하기 어려운 삶의 십자가가 아닌가 생각이 되었다. 약국이 위치한 큰 건물 안에는 치과를 비롯하여 4개의 의원이 입주해있어 찾아오는 손님이 꽤 많다고 한다.

약국에는 약사님 내외분과 잡무를 처리하는 아가씨 한 사람이 약국을 지키고 있었다. 사모님은 운암동 성당 사목회 부회장을 오랫동안 역임하신 신앙심이 깊은 신자이시기도 하다. 부부가 인품과 덕망을 갖고 활동하시기에 나는 좋은 인연 속에서 신앙생활을 하게 된 것 같았다.

약사님으로부터 좋은 식사 습관을 본받아 실천에 옮기는 계기가 있기도 했다. 나는 항상 음식을 빨리 먹는 습관을 버리지 못하고 있었다. 이런 습성은 버스 통근을 하면서 시간에 쫓기다 보니 자연스럽게 몸에 절인 나쁜 버릇이었다. 그러나 정년 후에도 이런 습관을 쉽사리 버리지 못하고 지내고 있었다. 몸에 한 번 배인 습관은 관성처럼 나를 끌고 가고 있었다.

어느 날 교회 행사로 인하여 같은 식탁에서 식사를 하게 된 적이 있다. 나는 식사가 끝나 일어서려는데도 약사님은 식사가 절반은 남아있었다. 음식물을 입에 넣고는 마치 소가 되새김질을 하듯 꼭꼭 씹으며 반찬으로 가는 젓가락 하나하나에 세심한 주의를 기울이며 식사를 하는 모습이 생소하게 느껴졌다. 식사에 걸리는 시간이나 식사 속도, 그리고 음식을 대하는 태도가 나와는 사뭇 다르다는 생각을 하게 된 것이다. 이런 모습을 보면서 약사님의 식사 습관이 과학적이고 합리적이라는 판단을 하게 되었고 이를 본받아 실천에 옮기는 기회가 되었다.

팔십이 되는 연세에도 이른 아침부터 늦은 저녁 시간까지 좁은 공간에서 손님을 맞이하는 일과가 무척 힘들겠다는 생각을 떨쳐 버릴 수 없었다. 약국 앞을 지나는 행인들은 약국 안의 흰 가운을 걸친 약사님을 아무 걱정거리 없는 천사의 모습으로 바라보지는 않는지 모를 일이다. 그러나 마트에서 생필품을 파는 상인과 파는 물건만 다를 뿐 손님을 애써 기다리는 마음은 서로 다르지 않을 성싶었다. 부디 건강하고 행복한 노년을 살아가시길 기도하며 약국 문을 나섰다.

오야꼬동

'요리하는 청춘7'

요리 실습 대미를 장식하는 요리 실습 경연대회를 한다는 문자 메시지가 도착하였다. 4개월 동안 닦은 시니어 수강생들의 요리 솜씨를 선보이는 날이기도 했다. 평소 20여 명이 요리 수강을 했으나 오랜 무더위 탓인지 12명만이 참가 신청을 하였다. 참가자 수가 적으니 대회라는 명칭이 어색하기도 했다. 경연실습 메뉴는 세 가지 메뉴 중 제비뽑기를 하여 정하여졌다. 미리서 예상 문제를 뽑아가며 기억을 되살리는 참가자도 있었고 앞에 놓인 재료들을 보며 요리 메뉴를 짐작하고 있는 분도 있었다. 이 정도의 안목을 갖게 되면 상당한 수준에 올라있는 수강생임에 틀림없다.

미처 철저한 준비가 없었던 나는 요리시간을 즐기고 싶다는 생각으로 참여하기로 하였다. 모두 열심히 요리 실습에 다니던 분들이라 익히 솜씨를 알만한 사람들이다. 요리 전문가 다운 기량을 가진 참가자도 있으니 따라 배운다는 생각이 앞서기도 했다.

대회에 참가하면 으레 조금은 긴장감이나 설레임이 앞서고 그러다 보면 뜻하지 않는 실수를 할 수 있기에 편안하고 느긋한 마음으로 참가하는 것을 목표로 하였다. 지난날을 되돌아보면서 긴장과 초조함은 항상 좋은 결과를 얻지 못한다는 경험적 지혜를 갖고 있기 때문이었다.

한 달 가까이 요리학원 실습이 없었으니 칼 도마가 유달리 낯설게 느껴졌다. 제비뽑기로 가려진 요리 메뉴는 '오야꼬동'이라는 일본 음식이었다. 닭고기(부모)와 계란(자식)을 동시에 사용하여 만들기에 오야코동(부모자식덮밥)이란 이름이 사용되었다고 한다. 일본에서는 흔한 가정식이어서 오야코동은 가정의 정을 떠올리게 하는 음식으로 이용되기도 했다고 한다. 닭고기와 버섯, 달걀, 채소등을 넣어 만드는 비교적 손쉬운 요리 메뉴이다. 궤간을 돌아가며 심사를 하는 원장의 눈에 크게 벗어나는 일이 없는 요리를 해야 했다. 그것이 그동안 고생한 원장 선생님에 대한 도리요 예의라고 생각을 하였기 때문이다.

음식을 만들기 위해서는 식재료 손질과 조리 순서, 불 조절이 중요한 포인트다. 실습을 한 지 오래되었기에 기억은 가물거리고 있었다. 다행히 옆 사람의 메뉴도 나와 같은 오야꼬동이었기에 기억을 되살리는 데 도움이 되었다. 그릇에 풀어 놓은 달걀을 어느 순간에 펜에 부어 넣느냐가 가장 아리송했다. 앞서 가는 사람의 솜씨를 쫓아가며 순서를 찾으니 큰 어려움 없이 마무리를 할 수 있었다.

요리 경연 시에는 음식을 그릇에 담아내는 끝마무리가 중요하다는 것을 잘 알고 있었다. '보기 좋은 떡이 먹기도 좋다'라는 속담이 있듯 그릇에 예쁘게 담아내어 보는 이로 하여금 구미를 돋구게 하는 정성이 중요하다. 음식에 고명을 얹어 마무리를 하듯 맛깔스러움이 더해져 심사위원의 마음을 잡아야 한다. 음식을 그릇에 담아 심사대 책상 위로 옮기는 마음은 천신만고 끝에 얻은 옥동자를 세상 밖으로 내보내는 심정이라 해도 과언이 아니었다.

大賞이란 가장 큰상이란 뜻이다. Grand prize이다. 참가자에게 주는 상중 가장 큰 상을 말한다. 난 이런 상은 다른 사람 몫인 줄만 알고 살아왔다. 학교를 다니면서 또는 사회에 나와서도 이런 큰 상을 받아보지 못했기 때문이다. 그러나 이런 행운도 가끔은 내 곁을 찾아온다는 것을 비로소 알게 되었다. 상의 종류가 다르고 격조가 다르기에 타인의 시선으로는 보잘것없어 보이기도 하는 상이 있다. 그러나 어떤 종류의 대회이건 참가한 사람에게는 모두 소중하고 귀한 상이 아닐 수 없다. 노력과 열성을 다한 결과물이기 때문이다.

참신한 아이디어 하나가 상의 품격을 가르고 있었다.
공기 밥과 식재료를 함께 섞어가며 요리를 해야 했기 때문에 그 양이 많아져 한 사람이 먹기에는 많겠다는 생각이 들었다. 이런 생각에 착안한 나는 요리가 끝난 후 음식을 2인 분으로 나누어 그릇에 담아내었다. 이런 아이디어가 심사하는 분들의 눈에 참신하게 보인 것 같았다. 금상 두 사람 호명에 이어 대상 아무개라는 부름에 나는 천진난만하게도 어안이 벙벙하여
"제가 맞나요?. 이럴 수가….".

동심의 세계로 빠진 듯 기쁨의 파장이 전신을 휘감았다. 상은 받는 사람의 마음을 한없이 기쁘게 하는 마력이 있다는 것을 실감하게 되었다. 대회에 참가하면서 초심을 잃지 않으려고 노력을 했던 마음가짐이 빛을 발한 듯했다. 음식은 정성임에 틀림이 없었다.

아내에게 대상을 받았다는 자랑을 하지 않을 수 없었다. 싱크대에는 얼씬도 못 하게 하던 아내가 이제는 나의 솜씨에 조금은 허용적이겠지 하는 희망이 왔다. 상문을 읽어 본 아내는 내가 대단한 상이라도 받은 듯
"잘했소, 잘했소" 만면에 웃음을 띄며 칭찬을 곁들이는 것이다.

나에게는 아내의 아성牙城에 조금은 도전장을 내미는 의미가 있기도 했다. 설거지는 종종 해왔지만 아내의 눈에 들려면 아직도 내 갈 길은 요원하다. 그러나 오늘 대상은 아내의 신임을 얻는 계기가 됨이 틀림없었다. 그동안의 노력이 비로소 인정을 받기 시작했다는 보람이 있는 날로 기억하고 싶었다. 아내에게 받은 가장 값진 싱크대 출입 허가증 같은 것이기도 했다.

일우회

"우리는 피끓는 학생이다. 오직 바른길만이 우리의 생명이다." 학생탑 비문은 우리의 심장을 움직이는 산소라고 할 수 있었지. 고등학교를 졸업한 지 금년 59년. 우리는 호남의 영재들로 명성을 얻었고 같은 교직에서 '得天下英才而敎育之三樂也'라는 군자 삼락의 기쁨을 누리며 젊음을 바쳤으니 특히나 복을 받은 동기임에 틀림없다는 생각은 나만의 驕氣일까. 또 한 이런 인연으로 젊음의 뒤안길에서 쉽게 재회의 기쁨을 얻게 되었고 雲峰 동기의 관리국장 승진으로 우리는 모두 자기 자신이 승진이라도 한 듯 기쁨을 함께 나누게 되었지.

이 기회로 말미암아 우리의 모임이 태동하였고 '일고인의 우정'이란 의미로 一友會라는 명칭을 얻게 되었고. 月山洞 수박등에서 복요리를 먹으면서 우리의 모임은 더욱 활기를 얻게 되었어. 복어 요리집은 시골집을 옮겨 놓은 듯 아늑한 분위기가 살아 있어 고향 마을에 들리는 기분이었고 가을이면 여인네 엉덩이 닮은 둥그스름한 호박이 주인행세를 하였지. 보름달 빛은 작은 마당을 가득 채워 그네 타는 춘향이의 품을 그립게도 했었지. 처음 먹어보던 따끈한 시레주 넘실거리던 술잔의 여흥이 지금도 코끝에 남아있구먼.

　좁은 길 비비적거리며 고흥 바닷가 떠나 왔을 졸복이 아니던가! 시원한 국물에 취해 방안은 온통 졸복의 향연이 벌어진 듯했었지. 귀신도 모르게 냄비 안으로 다이빙하던 네 모습이 신기에 가까웠지. 누구의 손놀림 덕분인지 아리송 하구만. 주인장 몰래 시치미를 떼던 일은 우리가 지구를 올라탄 이래 처음의 팬터마임이었지. 그 연기 맛에 달빛으로 조명을 한 우리의 무대가 꾀 오랫동안 환영을 받았지. 술잔에는 젊음이 넘실거렸고 우정은 달빛만큼이나 아름다웠으나 그 시절은 다 어디로 간 것일까? 만남은 바로 맛남이 되었지만 우리는 지혜롭게도 2차는 하지 않았어. 벌써 20여 년 전 이야기가 되었네.

　그동안의 세월이 우리를 슬프게도 기쁘게도 하는 마술을 부리고 있었네. 얼굴에는 검버섯이 하나둘씩 늘어나고 주름살이 장식을 하더니만 다리는 힘이 빠진 듯했으며 늘어진 어깨에는 힘이 없어 보이는 날도 생기게 되었지. 세상사 내 마음대로 되는 일이 얼마나 있던가? 전화위복이요 새옹지마 아니던가. 하늘이 조각난 듯 눈이 내리던 날 초창기 회원이었던 친구의 부음을 들었을 때는 우리도 부름을 받을 날이 얼마 남지 않았다는 독침을 맞는 기분이었어.

　이제 식탁에 올라오는 7병이던 술은 점점 줄어 가는듯싶더니 요사이 5병이 4병으로 또 청풍이 빠지면 3병으로 줄어들었지. 서너 병의 행방이 묘연하기도 하니 혹시 세월이란 좀도둑이 있어 미리서 맛을 보아 줄어든 것은 아닐런지 ….

　우리는 매년 해외여행을 함께 하면서 견문을 넓혔고 끈끈한 우정을 푸른 초원에 조각하여 우정탑을 세워 놓았지. 경우에 따라서는 부득이한 사정으로 같이하지 못한 회원도 생기게 되었지만 그로 인해 빈자리는 더 커 보이기도 했고……. 우리 첫 여행지였던 내몽고 푸른 초원 밝게 떠오르는 아침 햇살은 유달리 밝고 힘이 있었지. 시원스레 달리는 말 안장 위에 올라서니 푸른 초원이 모두 발아래 있었고 '소녀처럼 예쁘장한 여인(?)들'이 흥을 돋구워 신이 났었지. 난 그 때 엉덩이 살갗이 벗겨지는 바람에 약을 발라 주어 걸음걸이가 수월해졌다네. 십수 년 전의 나만의 비밀을 발설하고 말았네. 죽일 사람 같으니라구. 퉤퉤퉤… 우리가 넓은 세상을 알아가는 시간이었고 해가 갈수록 우정은 넓고 깊어갔으니 우리도 그만큼 성숙해 가고 익어가고 있음의 징표가 아니었겠는가.

　울릉도에서의 추억이 밤하늘의 총총한 별빛처럼 다가서는구만. 인산인해를 이룬 관광객 때문에 식당을 미처 구하지 못해 모두 동분서주 했던 일이 있었지. 찾은 곳이 언덕배기 중국 자장면 집. 난 처음으로 모임 총무였던 심천이 재빠르게 속도전에 임하는 것을 보았지. 슬쩍 재미가 있기도 했지. 점잖다면 누구 뒤지지 않을 사람인데 저래서 육이오 사변 난리 속에서 살아 남았겠구나 짐작이 가더구만. 내 저녁 메뉴는 육지에서 흔했던 제육 덮밥. 못

먹어 서럽던 때 그 맛을 알고 있었기에 덥석 그걸 원했지. 그런데 이 걸 시켜놓고 기다리다 보니 여기까지 와서 돼지고기라 실망 또한 바다보다 넓었으나 내 마음도 바다처럼 넓었으니 넘어가더 라고. 그 맛이 옛날 맛이어서 허겁지겁 게눈 감추듯 먹던 기억이 새삼 떠오르는구만. 나이가 든 것은 확실한 것 같애. 기껏 한다는 소리가 소갈머리 없이 먹는 이야기라니. 그래도 규암표 베리나인 17년. 울릉도를 품에 앉고 꿈을 꾸었더라. 허긴 먹고 사는 문제가 제일 크니까. To eat or not to eat, that is the question!

세월이 비록 지리산 향나무와 함께 우리의 젊음을 앗아갔다고 하지만 우리만 당한 슬픔만은 아니지 않는가. 그러니 너무 원망하며 서러워할 일만도 아니야. 우리가 계속 자리를 지키고만 있다면 어떻게 되겠어. 산천초목이 자기 자리를 비워주며 창조물의 순환을 이루어내듯 우리도 빈자리를 마련해 주어야 다음 새싹이 돋아날 자리가 생기겠지. 우리보다 큰 몸뚱이를 가진 지구를 이기며 살아남을 수는 없지 않는가?
우리는 모두 후세들을 위한 고귀하고 의로운 일로 젊음을 불태웠어. 호수보다 맑은 눈동자에 아름다운 꿈을 심어주었고 가슴에는 바다보다 푸른 희망을 불어 넣어주지 않았던가. 지금도 꿈속에서나마 가끔 그 옛날 교실 속의 젊은 학생들과 지내던 순수하고 청순한 동심의 세계에서 살고 있지 않는가? 누가 우리보다 더 아름답고 진솔하게 세상을 살고 갔다고 말할 수 있겠는가.

세 번째 돌아오는 총무 책임을 맡고 보니 흘러간 세월의 무상함이 뼈저리게 서럽기도 하였어. 되돌아보니 지나온 모임의 시간은 정겹고 고맙고 즐거운 시간이었지. 즐거운 시간은 누가 만들어 주는 선물이 아니라 만들고 가꾸어 가야 하는 화분의 꽃이 아닐까. 이번이 나에게는 마지막 순번인 총무일지도 모른다는 생각을 하며 인계를 받고 보니 감회가 남다름은 인지상정이겠지. 제발 쓰잘머리 없는 망상이기를 바라면서도…

나는 어느 날 고향 마을 앞을 흐르는 시냇가 징검다리를 건너던 일이 있었지. 장마 뒤끝이라 물이 꽤 불어 신발을 벗어야 할 지경이었어. 두리번거리던 중 작은 돌멩이 하나를 발견하고 물 위에 살며시 얹어 놓았지. 발은 고역을 치르지 않고 무사히 시냇물을 건널 수 있었네. 이때 나는 처음으로 이 작은 돌멩이가 얼마나 고마웠는지 몰랐지. 보송보송한 발로 냇물을 건널 수 있었음은 이 작은 돌멩이의 희생이었어.

아무튼 금년 일 년도 작년처럼 좋은 일들만 있기를 기도하겠네. 이제 속세의 짐 내려놓으며 범사에 감사로 응답하고 나이 듦에 걸맞고 깨끗하게 정갈한 노후의 삶을 살아가세. 은발의 향기는 우리 스스로 다듬고 조각해야 할 보석이지 않는가? 이제 우리 뒤를 밟아 오는 후배를 격려하고 그들에게 좋은 선배로서의 덕을 쌓아야 하지 않겠는가? 우리는 모태를 떠나 어디메쯤 와 있을까? 지난해 사무총장으로 몽고 여행 등 세심한 마음 씀으로 원만하게 일을 마치신 松波님 그리고 心泉 회장님의 노고에 현임 총무로서 마음속에 잊히지 않을 감사패를 드리며 아울러 일우회 人和의 아름다운 향기가 오래오래 피어오르기를 바라네.

▲ 중국 운남성 토림

문우 동아리

때 지난 비가 주룩주룩 가을 타작이 시작된 듯 처마 끝을 두둘긴다. 분명 가을의 초입인데 심상치 않은 빗소리다. 증심사 입구 무등산자락이 다소곳이 내려앉은 끝자락. '샤브한쌈'
　여기가 오늘 문우 동아리 모임 장소다.
　날씨 탓인지 더욱 고즈넉하게 손님을 반겨주는 분위기가 먼 나라 여행을 온 것 같다. 누가 처음 이렇게 예쁜 터를 잡았을까? 안개가 끼어 산허리를 휘감으니 신선의 놀이터가 따로 없다. 아직 푸른 나무 잎사귀들은 갈 길을 재촉하듯 바람에 소식을 전하고 있다.
　발아래 잠을 자듯 아랫마을 지붕들이 머리를 조아리며 다가온다. 아름다운 경치가 다 내 것인 양 먹지 않고도 배가 부르다.
　내 고향 한 모퉁이를 옮겨온 듯 처음 와보는 곳이지만 낯설지 않다. 안개에 가려 반만 내보이는 음식점 건물이 수줍은 듯 얼굴을 내민다. 무등산 자락의 숲 내음은 도시인의 찌든 마음을 깨끗이 씻어내는 듯 신선하다.
　음식점 주인장이 마중 나와 반겨준다. 2층 방이 예약되어 있으니 올라가란다. 서글서글한 눈매가 퍽 친절하게 보인다. 이런 눈매면 한가락 했을 거라는 느낌이 온다. 그래서 주인장의 입담이 일품일 것 같기도 하고. 좁다란 계단을 오르니 넓은 홀이 나타난다. 마치 널따란 평원에 들어선 느낌이다. 반겨주는 주인장 만큼이나 넓은 공간이 시원스럽다.

벌써 먼저와 기다리고 계신다. 목포에서부터 달려오신 분이다. 그 열의와 집념이 남다르다. 늦게나마 꿈을 일궈 가는 모습이 대성할 운이다. 옆자리에 은경님이 앉아 다소곳이 글을 들여다보고 있다. 들어서는 사람도 알아차리지 못하니 집중력과 열의가 얼마나 대단한지. 이런 열의와 노력이라면 못할 일이 없겠다 싶다. '나이는 숫자'에 불과하다는 속설이 있다. 이 두 분을 두고 하는 말인 것 같다. 꿈을 일구려는 열의와 정성이 있느냐의 차이인 것 같다. 동규 총무님도 먼저와 바쁘게 움직이는 모습이 역시 '동아리 총무님'이다.

잠시 후 최고령이신 김용래 문우님이 무등산 천사가 되어 들어오신다. 얼굴은 생면부지이나 지난번 시집을 통해서 익히 알게 된 분이다. 금년 연세가 90을 훨씬 넘겼다. 이런 활동을 하시니 일상의 기적이라 할 만하다. 90살이 넘으신 노인의 얼굴이 아니다. 맑고 밝고 동안이다. 오늘 이런 분과 함께 자리를 한다는 것은 행복이고 축복이다. 내 큰 누님이 올해 94세이다. 정정하시기가 용래 어르신 같다. 멀리 계시는 매씨를 여기서 뵙는 다정함이 가슴에 와 닿는다.

금년 90세이신 진원 누님의 등장이다. 딸이 모시고 왔다고 한다. 궂은 날씨에 일찍 일어나 불원천리 마다하지 않고 오신 열정과 근간함이 부럽다. 영암에서 월출산의 기운을 받아오셨는지 기력이 넘치신다. 말씀 또한 또렷하고 농담도 잘하시니 말씀 대접하기가 재미가 있고 이웃집 누나 같기도 하다. 옆에 앉아 있는 나이 어린 문우님들 어리광을 부리고 싶단다.

정결, 청빈, 순명 수도의 삶을 살아오신 고애현 수녀님도 오셨다. 대구관구에서 종신서원을 하신 지 50년이 훌쩍 지났다. 무엇 때문에 이런 귀한 시간을 내셨을까? '영혼의 갈증을 적셔 줄 찬 이슬' 내릴 빈자리가 아직도 남아있어 오셨을까? 매설당 선생님과는 학창시절의 인연이 닿아있다고 한다. 사적인 인연 때문에 오신 것만은 아니리라. 이런 귀한 분들을 마주하여 시간를 보낼 수 있다는 것은 내 생애 처음 일이다.

솜씨, 말씨, 맵씨 고운 매설당 선생님, 노익장의 끝판왕 오봉 선배님, 집안 살림 챙기듯 빈틈없는 淸心 선생님, 잔정 많고 부지런한 하은 여사님, 모두 정겹고 훈훈한 정을 주시는 얼굴 얼굴!

松泉 작가님, 호숙 문우님 자리 비워 허전하기 이를 데 없다. 빈자리가 더욱 커 보이니 가끔은 한 번씩 자리 비워주는 일도 좋을 듯…

銀京님의 정이 담긴 샤브샤브를 배불리 먹고 나니 호팔자 되었다. 세상 사는 맛이 이런 것이구나! 문우님들과 함께 하는 음식 맛은 다르다. 철 수세미까지 내놓으니 이런 마음 씀은 감히 국보

감이다. 시간 가는 줄 모르고서 글과 씨름을 하고 계신다니 꼭 꿈을 이루시길 바란다. 젊은 교사 시절 같은 교정에서 근무한 인연이 있었지만 오랫동안 소식이 없이 지내왔다. 문우 동아리에서 다시 만날 줄이야. 젊고 순박했던 옛 모습은 세월이 시샘한 듯 했지만 집념과 열정은 옛 모습 그대로 변하지 않았다.

오늘 만남의 목적이 회원 사진 촬영이다. 회지를 발행하기 위해서다. 밖은 비가 그치지 않았다. 실내에서 오순도순 가깝게 자리하여 행복하고 다정한 모습을 담았다. 먼 훗날 남는 것은 사진 속의 모습이다. 가장 젊은 날의 열정이 담긴 초상으로 남게 되었다. 만남은 항상 반갑고 가슴설레고 즐겁다. 헤어지는 아쉬움은 생각하지 말자.

이제 황혼의 아름다움을 걷는 발걸음이 더욱 힘차리라고 믿고 싶다. 동행자가 있으니 즐겁고 행복하지 않겠는가? 우리는 글을 쓰면서 삶을 노래할 수 있으니 얼마나 신나는 시간이 기다릴지 누가 아는가? 기도의 통로요 영혼을 밝혀 주는 신앙이다.

'천 리 길도 한 걸음부터'라는 속담이 있다. 늦은 것 같지만 길을 가노라면 좋은 친구 벗님 삼아 해 솟아오르는 날도 있겠지. 새로운 도전과 희망을 타오르는 불길로 조각하여 가슴속 깊은 곳에 고이 간직하고 싶다.

내 마음 내려놓고 물 흐르듯 살려고 하니 이웃이 반갑고 하는 일이 즐겁다. 진즉 이런 즐거움을 찾았더라면 벌써 영혼이 맑고 밝은 새사람이 되었을 텐데…

헤어지기 아쉽지만 다음 만날 날을 기약하며 자리를 일어선다.
가장 젊은 날의 열정! 아름다운 동행! 소중한 인연!
부디 건강하시고 아름다운 글 오래오래 쓰시기를 바랍니다.
고맙습니다. 감사합니다. (2023. 9. 16)

삶의 등대

여행 이튿날 오후 3시, 일행은 독도행 엘도라도호에 설레는 마음으로 승선하였다. 마치 새가 하늘을 날아오르듯 망망대해를 달리는 유람선은 거침이 없어 상쾌하다. 우리 일행은 회춘이라도 한 듯 바닷바람에 여행의 호기를 실려보내고 있었다. 우리의 소원이 5년 만에 이루어지려고 하는 순간이 다가오고 있기 때문이다. 그 동안 태풍과 코로나 여파로 미루어지고 있었는데 비로소 독도로 향하는 엘도라도호에 승선을 한 것이다. 입도는 일 년 중 50여 일에 지나지 않는다고 하니 입도가 이루어질지는 아직도 안개 속이다. 다행히 날씨가 허락하여 독도로 향하고 있다는 사실만으로도 마음은 진즉 독도 땅에 발을 내딛고 있었다.

아침 숙소에서 일어나 비가 오고 바람이 불어 투어 버스에 오르면서도 하루 일정에 걱정이 앞섰었다. 그러나 얼마 지나지 않아 구름 한 점 없는 화창하고 바람이 멈춘 날씨로 바뀐 것이다. 오전에 일부 관광객은 독도에 입도 하였다는 낭보도 듣게 되어 기대를 더욱 갖게 하였다. 바다의 날씨는 시간 시간 그야말로 변덕이 심했다.

▲ 독도 입도 기념

일행은 1시간 50여 분 만에 독도 접안시설에 안착하여 입도를 서두르게 되었다. '드디어 독도에 발을 들여 놓는구나. 얼마나 기다리던 순간이던가?' 마치 은하수를 건너 별나라에 도착이라도 한 듯 가슴이 쿵쾅거린다. 화창하고 바람 한 점 없는 날씨가 바다의 생명력과 야생의 투박함을 투명하게 들어내 보이고 있다.

독도 땅 위에 발을 내딛는 순간이다. 부딪히는 사람마다 정겹고 오랜 이웃 같다. 마치 통일이 되어 귀로만 익었던 미지의 고장에 들어선 기분이다. 통일이 이루어지는 날 우리는 이런 기쁨을 만끽할까?

섬을 배회하는 갈매기 떼의 군무가 우리의 입도를 축하하는 듯 활기차다. 마치 만국기가 바람에 펄럭이 듯 독도 맑은 하늘에 한

폭의 그림을 그리고 있다. 갈매기의 날갯짓과 관광객의 함성이 마치 야구장의 홈런타자를 환영하듯 열기로 달아오른다.

일제 폭거에 맨몸으로 앞장 섰던 독립투사들의 태극기가 넓은 광장 위에 파노라마처럼 펼쳐지고 있다. 부둣가를 누비는 관광객들은 모두 애국지사가 된 듯 태극기 양손에 높이 들고 흥분을 감추지 못하고 있다. 마치 외국 오지 마을에서 고향 지인을 만난 듯 우린 서로 남녀노소가 없었다.

"아리랑 아리랑 아라리오…"

낯선 젊은이들과 한바탕 어울리니 나는 환생이라도 한 듯 젊음이 샘 솟기 시작한다.

'독도가 내뿜는 강인한 생명력! 영원히 이 기쁨을 잊지 말자.'

'대한민국 동쪽 땅끝'이라고 쓰인 기념 표지석 앞에 선다. 드디어 대한민국 영토의 동쪽 끝에 발을 들여놓았다는 감격에 가슴이 뭉클하다.

거친 풍랑 속에 우뚝 솟은 독도의 힘찬 용솟음은 삼일 정신의 진원지였고 5·18 민주항쟁의 울분이었다.

'이제 언제 다시 올 수 있을까?'

아쉬움을 뒤로 한 채 30여 분의 흥분을 조용히 가라앉히고 갈매기 떼의 환송을 뒤로하며 승선을 하게 되었다.

독도의 비경이 주는 강인한 생명력을 가슴 깊이 새기면서 우리네 삶의 원천이 바로 이곳에 맞닿아 있음을 부인할 수 없었다. 태극기 높이 들어 휘날리는 기념사진 속 독도는 무거운 침묵으로 금빛 항해를 시작한다.

  환호하는 관광객을 미소로 답하는 거인 웅장한 바위 섬이 눈부시다 동쪽 하늘에서 떠오르는 태양보다 더 힘차고 더 신비롭다. 언제나 그 자리에서 천년을 지키고 서 있는 무언의 용사 태풍되어 날아드는 갈매기 군무 햇빛에 반짝이는 고래등 같은 섬 허리 기쁨과 설레임으로 이어지는 모두의 가슴 그 자리 영원히 네 자리 그 모습 꺼지지 않는 등불 응원가 함성 듣는 날 우리는 하나가 된다.

- 2022년 4월, 一友會 울릉도 독도여행

카톡을 지우며

　요사이 카톡은 가장 중요한 소통의 창이 되어가고 있다. 아침 일찍 일어나면 카톡을 열어 새로운 소식을 접하고 좋은 경구를 읽는 등 이제 없어서는 안될 문명의 이기가 되었다. 번잡스럽던 애경사 알림까지 편하게 전할 수 있으니 얼마나 우리 생활과 밀접한 관계를 맺게 되었는지 가늠하기 어렵게 되었다. 카톡을 열어보는 것은 내가 오늘 하루 살아있다는 증거이며 새로운 하루 일상이 지구가 태양 주위를 공전하듯 변함없이 시작되고 있다는 안심의 시간이기도 하다. 그러나 가끔은 마음 편하지 않은 소식도 쉽게 접하게 되니 이 또한 야누스 양면의 얼굴이 아닌가.

　이웃에 살았던 고등학교 동창은 교직에서 젊음을 불태웠기에 동병상련의 정이 있어 정년퇴직 후 모임을 결성하여 자주 만나는 기회가 있었다. 그 후 얼마 되지 않아 친구가 건강상 이유로 모임에서 탈퇴하여 근황을 모르고 지내는 날이 많아져 갔다. 그로부터 수년이 흐른 뒤 우연히 산책길에서 마주치게 되었다. 어스름한 저녁 시간이었으나 멀리서 다가오는 친구의 모습은 크게 변하지 않아 보였다.

가까이 다가선 친구의 모습은 해후의 기쁨과 달리 여위었으며 얼굴은 많이 수척해 보였다. 마치 산책길에서 고주박이를 만나는 서글픔이 내리 누르기 시작했다. '설암(혀에 생기는 악성 종양)'으로 말미암아 서울에서 수술을 받고 내려와 회복 중이었다. 처음 들어 보는 병명이었기에 궁금증이 쉽게 가시지 않았다. 목으로 음식을 넘기기 힘이 들어 죽으로 식사를 가름하며 다른 음식은 먹기가 불편하다고 했다. 혀 놀림이 부자연스러워 말을 자연스럽게 할 수도 없어 대화가 어렵다고도 했다.

'말로 밥을 벌어 먹고살았으니 이런 수난을 겪는다는 말인가? 학생들을 지도하면서 몹쓸 욕이라도 많이 해댔기에 이런 아픔을 겪는다는 말인가?

술 한 잔 마시지 못하는 성품인데. 법 없이도 살 사람인데. 싫은 소리 한 번 하지 못하는 사람인데…'

가까이서 대화를 나누어보니 말을 하느라고 애를 쓰는 모습이 역력했다. 마치 말을 배우는 어린애가 말하듯 분명하지 않아 알아듣기가 어렵기도 했다. 이런 불편한 본인의 모습을 보이고 싶지 않으려는 친구의 마음도 읽을 수 있었다. 그동안의 마음고생이 얼마나 컸겠나 싶어 마음 한구석이 저리어 왔다.

농과대학 출신답게 화단에 심은 꽃을 잘 가꾸어 예쁜 꽃이 만발하면 아름다운 사진을 보내주곤 했다. 한가한 시간에는 논둑길의 야생화를 찍어 화보집을 만들어 노년의 취미를 살려가고 있었다. 때로는 아내와 여행을 다니며 찍은 사진을 카톡으로 보내 소식을 알리고 있었다. 얼마 전에는 평소 쓴 글을 모은 자전적 수필집을 가까운 지인에게 보내주는 열성을 보이기도 했으며 성경 필사를 열심히 하고 있다는 소식을 알리기도 했다. 가끔 산책길에서 얼굴을 마주하면서도 점심 한 끼, 차 한 잔을 같이 나눌 수 없는 처지가 되고 말았으니 유일한 소통은 카톡으로 이루어지고 있었다.

며칠 후 거리가 가까운 중외공원으로 산책을 나가게 되었다. 저수지의 연꽃이 세상의 잠념을 수면 아래로 잠재우는 마력이 있어 찾는 곳이다. 아무리 어려운 환경이라도 그 속에는 성공의 숭고함이 존재한다는 용기를 주는 장소이기도 하다. 연못을 지나 무지개 다리를 건너면 테니스장, 게이트볼장, 베드민턴 코트가 있다. 평소 운동을 좋아한 나는 시원한 그늘을 찾아 동호인들의 경기를 보면서 한가한 시간을 보내고 있었다. 매일 이곳으로 걷기 운동을 나온다는 친구의 모습이 눈에 들어왔다. 테니스장 울타리 곁을 지나가는 친구의 모습을 먼발치로 보았지만 인사를 나누고 싶은 반가운 마음이 열리지 않았다. 또다시 친구의 불편한 모습을 보면서 위로의 말을 건네고 싶지 않았기 때문이다. 위로는 오히려 친구의 자존심을 건드리는 일이 되겠다 싶어 모르는 척하고 싶었다. 축 처진 어깨며 걸음걸이에서는 젊음의 활력이라곤 찾아볼 수 없는 안타까운 모습이었다.

따뜻한 봄날 같던 날씨가 갑자기 눈이 내리기 시작하고 찬 바람이 불어온다. 소나기처럼 내리던 빗줄기가 새하얀 눈이 되어 온 하늘이 조각조각 무너져 내리듯 쏟아진다. 무심코 열어본 카톡엔 친구의 부음이 와있었다. 이렇게 빨리 갈 줄이야!

며칠 전 보낸 카톡에 답장이 없어 여행이라도 떠난 줄 지레짐작을 하고 있었다. 그러나 돌아오지 못할 여행을 떠나리라고는 미처 상상할 수 없었다. 뜻하지 않은 부음에 겨울 날씨만큼이나 마음이 무겁고 스산해진다.

일주일 전 내가 보낸 카톡에는 '삶이란 하늘이 주신 것이고 행복은 내가 만드는 것이랍니다. 제일 좋아하는 사람에게 드리는 라떼' 라는 메시지가 들어있었다. 커피 한 잔의 사진과 함께 보낸 이 카톡이 그에게 보낸 마지막 내 마음이 되었다. 마치 친구의 삶이 얼마 남지 않았음을 짐작이나 하고 있었듯이….

친구 내외가 그렇게 열심히 다니던 교회 앞을 지나간다. 11월 하순인데 대림 시기가 다가오면서 성탄 트리가 점등식을 하였다. 교회 앞마당은 오로라가 피어오르는 듯 신비감을 더해주고 있으며 스산한 겨울 추위를 세상 밖으로 몰아내려는 듯 열기를 내뿜고 있다. 지난 해 이맘때는 불을 밝히고 예수의 탄생을 축하하고 있었을 친구의 모습이 아침 햇살처럼 밝게 떠오른다. 다정다감했던 친구의 마음이 꺼지지 않는 불꽃으로 살아 움직이고 있는 것만 같았다. 밤하늘의 별똥별이 순간 찬란한 빛을 발하고 사라지는 것처럼 잠시 머물다 사위는 것이 젊음이란 말인가.

핸드폰에서 이제 친구와 주고받았던 이승의 기록을 지워야 한다. 점잖고 진실한 친구의 모습을 영영 지워야 한다. 카톡은 친구와 나 사이에 남아있던 유일한 삶의 흔적이었다. 마음속 한구석을 차지했던 친구의 빈자리는 누가 있어 메꾸어 줄 수 있단 말인가? 친구와의 영원한 이별을 통보하는 시간이다. 십여 년 전 함평 국화축제에서 함께 찍었던 친구의 활기차고 밝은 모습을 기억하면서….

선물을 기다리며

 3월 하순 봄바람이 대지에 치맛바람을 일으키면 농부들은 때를 놓치지 않을 일거리를 챙기느라고 바빠진다. 이맘때면 우리 고장에서는 하지감자를 심느라고 농부의 하얗던 얼굴이 봄 햇볕에 자리를 내어주어야 한다. 고기를 잡으려면 물때를 기다리듯 농작물도 심을 때를 기다려야 한다. 때를 놓치면 작물이 기후 변화에 적응하기 어려워 성장이 늦어지고 수확량이 줄어든다. 하잘것없는 하지감자지만 고향의 그리움을 심고 추억을 먹으려고 일을 벌린다.

 금은보석이 담긴 선물상자를 여는 기분으로 하지 무렵 호미를 들고 밭고랑으로 나선다. 얼마나 많은 보석이 숨겨져 있을까? 반쪽의 씨감자에서 자랐을 탐스러운 감자들의 얼굴 모습이 몹시 보고 싶어진다. 마치 주인을 기다렸다는 듯 호밋자루 끝에 주렁주렁 올라오는 모습을 보노라면 땅의 조화에 경의敬意를 표하지 않을 수 없다. 풋풋한 흙냄새와 더불어 알토란 같은 감자알을 땅속에서 찾아내는 즐거움은 무더운 여름날 시원한 맥주 한 잔을 다정한 친구와 마시는 기분이다.

남구 '주남 마을'에 주말농장을 가지고 있는 친구가 있다. 여유분 비료가 있다기에 구하러 갔다. 도시 생활의 번잡함을 벗어나고자 시골 인정이 골목마다 열리는 한적한 마을에 허름한 농막을 두고 아파트를 오가며 생활을 한다.

　쓰러질듯한 농막에 황토방 한 칸을 들이고 한가한 시간을 울타리 삼아 지내는 친구가 부럽기도 하다. 장작을 태워 방을 데우고 새소리 바람 소리 벗하며 자연인으로 돌아간 모습은 도시 생활을 하는 갑부보다 운치와 멋이 있어 보인다. 따뜻한 방안에 앉아 끓여주는 커피 한 모금을 마시며 문밖을 내다 본다. 마치 옛 고향을 찾아와 서울로 떠나 소식 없던 친구를 다시 만나 회포를 푸는 기분이다.

　뒷쪽 산비탈엔 3 미터 높이는 됨직한 동백 수십 그루가 꽃을 피워 빨간 댕기머리를 드리운 듯 곱기도 하다. 벌통의 벌들은 봄 소풍을 나온 듯 손님을 반겨주고, 장닭의 호기 넘치는 울음소리며, 낯 모르는 손님이라며 멍멍 짖어대는 강아지의 소란이 옛 고향 마을 고샅길을 달리던 추억을 소환하고 있었다.

　친구의 배려로 화학비료 20킬로 두 포대를 승용차에 싣고 장성으로 향했다. 이제 가장 중요한 선택은 좋은 씨감자를 고르는 일이다. 좋은 씨감자가 좋은 결실로 이어지기 때문이다.

　옛날 아버지께서는 가장 실한 알곡을 골라 씨앗으로 남겨두고 긴 겨울을 보냈다. 설령 먹을 것이 부족하더라도 내년 봄에 심을 씨앗만은 바람이 잘 통하고 쥐가 넘나들지 못할 비밀스런 장소에 챙겨 보관했다. 이런 정성이 아니면 농사를 그르치고 말기 때문이다.

씨감자를 고르기 위해 오일장으로 유명한 '비아장'에 들렸다. 역사가 오래된 오일장이었지만 주변에 공단이 들어서고 도시화 되면서 옛 명성에 어울리지 않게 퇴색해 버렸다. 그러나 농사에 필요한 비료, 농약, 종자, 농기구 등 부족한 것이 없는 시장이다.

종묘상 거리에 들어서니 길거리가 비좁다. 사람 사는 냄새가 물씬 풍긴다. 주인을 기다리는 씨감자는 방금 땅속에서 수확한 햇감자처럼 신선하고 생기가 돈다. 어떻게 이렇게 보관 하였을까? 내 눈을 의심하며 고른다. 나와의 인연을 맺을 좋은 씨감자를 골라야 한다. 가장 중요한 순간이다. 한 망에 씨감자 20개씩 들어있으니 더이상 욕심을 부릴 필요가 없을 것 같았다.

시골 마을 농장에 도착하니 오후 1시가 다 되어간다. 봄 날씨 답지않게 무더우니 땀이 얼굴에 송글송글 맺히기 시작한다. 일하는 즐거움이 진달래 붉게 산을 물들이듯 농장에 질펀하게 깔린다.

농작물은 돌려 심기를 해야 병충해를 막을 수 있다. 고추를 심었던 밭 두둑의 폐기물을 정리해야 떡가래 곱게 뽑듯 반듯한 감자 두둑을 만들 수 있다. 바람에 낙엽 구르듯 흩어진 묵은 비닐 조각들을 걷어내고 표토층과 하층토를 뒤섞어 놓는다. 흙이 고루 섞이어 산소 공급을 원활하게 하기 위함이다.

화학비료와 발효퇴비를 알맞게 뿌리고 다시 한번 삽으로 흙을 뒤섞어 거름 성분이 고루 배이게 한다. 갈퀴로 겉흙을 어루만지듯 반반하게 고른 후 감자심을 두둑을 두부모 자르듯 반듯하게 만들기 시작했다. 일주일 정도는 땅에 고루 거름 성분이 녹아 배이도록 놓아두어야 한다. 그러나 자주 농장에 오지 못하기에 잡초가 나지 못하도록 비닐로 감자 두둑을 덮어씌우고 반 조각으로 쪼갠 씨감자를 비닐 안 두둑에 묻는다. 몸에 상처가 난 씨감자는 쉬이 썩어 빠르게 새싹이 돋는다고 하니 난 누구를 위해 내 몸에 상처를 낸 적이 있었는지 묻지 않을 수 없기도 했다.

지켜보던 산비둘기의 날갯짓이 고요한 시골의 적막을 송두리째 걸어간다. 사람의 동태를 간파한 날 것들은 먹잇감을 은밀히 엿보고 있다. 그러나 씨감자는 호락호락 넘어갈 등치가 아니다. 호미로 꼭꼭 눌러 봉인을 했으니 이제 안심이다.

씨감자와 흙의 첫날밤이 성사되는 순간이 왔다. 이슬과 바람, 태풍과 폭우, 뜨거운 햇빛을 친구 삼아 잘 자라기를 바라며 일손을 놓는다.

더 이상 일 욕심을 부리면 다음 날 몸이 무슨 비용을 청구할지 모른다. 줄줄 흐르는 시원한 개울물에 손을 담그고 씻는다. 물소리, 산새 소리, 올라오기 시작한 쑥 내음이 봄 잔치를 벌이고 있다. 물속의 가재와 미꾸라지도 봄바람에 신이 난 모양이다.

2시간 넘게 손에 날개가 달린 듯 바빠 서둘러가며 씨감자를 묻었지만 하느님이 어떤 선물을 내려주실지 궁금하다. 사람은 단지 입에 풀칠을 위해 일을 도모할 뿐 하느님의 자비를 겸손하게 기다리고 살 뿐이다.

개울물 소리에 놀라 깬 잡초꽃 향기를 울타리로 둘러 두고 훌쩍 떠나왔으니 죽마고우를 홀로 남겨둔 듯 눈에 밟힘은 인지상정 人之常情이 아닐는지….

영정사진

영정사진을 찍겠다고 단단히 마음을 먹은 날이 다가왔다. 사람은 한 번 죽는다. 단지 언제인지 모르고 지낼 뿐인데, 이때 필요한 물건이 영정사진이기도 하다. 사진을 찍겠다고 벼르고 있었지만 이제까지 결행을 못하고 지냈다. 날씨가 좋지 않아서, 일이 갑자기 생겨서, 입을 옷이 날씨에 적합하지 않아서, 간혹 잊기도 해서 미루다 보니 이렇게 늘어지고 말았다.

대문중 시제 날이면 좋으리라고 마음을 먹고 있었다. 매년 4월 첫 번째 토요일은 시제를 모시는 날이다. 500년 전통을 가진 문중의 대행사이다. 코로나 전에는 오십여 분이 참석을 하였으나 요사이는 이십여 분에 그치고 있다. 조상님의 음덕을 받는 날이니 시제 다녀오는 길에 사진관에 들려야겠다고 결심을 하게 된 것이다.

사진관엔 주인장 혼자 앉아 지나는 사람들을 유리창 밖으로 내다보고 있었다. 지난번에는 주인 성미가 보여 오지 않겠다고 벼르기도 했지만 슬그머니 다 잊어버리고 들어갔다. 한가한 시간이라 유난히 친절하고 다정스럽게 대한다. 확실한 손님이라는 예감이 있었던 모양이다.

"사진 한 장 찍고 갈래요."

"무슨 사진 찍으실래요?"

"이제 나이도 있으니 영정 비슷한 사진을 찍고 싶네요."

영정사진이란 말이 입에서 딱 떨어지지 않는다. 얼버무리듯 이렇게 토해내고 말았다.

"아니 벌써요? 젊으신데요."

눈치 빠른 주인은 내 기분이 상하지 않게 말머리를 연다.

"늙으나 젊으나 사진 한 장은 있어야지요. 내일 일을 누가 알아요?"

"전보다 얼굴이 환해진 것 같아 보이세요. 이런 모습일 때 찍어놓으면 더 좋기도 하지요. 찾아오는 조문객에 대한 예의이기도 하니까요. 마땅한 사진이 없어 아주 젊었을 때의 사진이나 백발이 흉한 모습의 사진은 좀 그래요. 잘 생각하셨어요."

주인의 맞장구에 내 마음은 편치 않다. 내가 벌써 이런 사진을 찍으려고 벼르다니….

의자에 앉자 사진사는 이렇게 저렇게 자세를 잡아 준다. 그러나 굽은 등이 그렇게 빨리 펴질 리 없고 수그러진 목이 시원스럽게 꼿꼿해질 리 없다. 주인장의 엄한(?) 지시를 충실히 따라야 하겠기에 최선의 자세를 만들어 본다.

"얼굴을 살짝 옆으로 돌리세요. 아니 너무 돌아갔어요. 조금 반

대쪽으로. 그대로 살짝 이쪽을 보시고요. 고개는 더 들고요. 가슴을 쫙 펴세요."

"시니어 모델 할 광고도 아닌데 적당히 하고 찍으세요. 누군지 몰라보기라도 하면 어떻게요."

"이제 조금 웃으세요. 적당히, 조금 더 더 더."

적당히 웃으라니 죽으면서도 웃고 죽으라는 말인지 어떻게 해야 적당인지 아리송하기만 하다.

"이제 움직이지 말고 그대로 계세요. 여기 보시고요. 하나 둘 셋."

찰칵 소리와 함께 일은 끝이 났다.

"일주일 후에 찾으러 오세요. 사진 사이즈는 이 정도면 되겠지요?"

주인의 배웅을 뒤로 밀쳐버리듯 사진관을 나왔다. 오늘따라 저녁노을이 더 붉게 물들어 서산으로 넘어가고 있다.

집으로 돌아와 아내에게 영정사진을 찍었다는 말은 차마 입 밖에 내지 못하고 사진을 한 장 찍고 왔다고 지나가듯 얼버무렸다. 카드를 사용했으니 사용처를 알아 어차피 탄로가 날 일이니 미리서 말하는 게 좋을 성싶었다.

"문집에 쓰려고요? 책상 서랍에 사진이 있던 데 무슨 사진을 또 찍어요?"

동갑내기 아내지만 일심동체가 아닌 듯하다. 마치 천년만년 살려는 사람처럼….

또 미루다 미루다 사진을 찾으려 사진관에 들렀다.

"진즉 사진이 완성되었는데 늦게 오셨네요. 일이 바쁘신가 봐요."

주인장은 사진관에 얼른 들리지 못한 이유를 나름대로 이렇게 짐작하려고 했다. 서운했다. 실은 사진을 찾을 용기가 나지 않았기 때문이었는데. 사진을 찍을 때는 용기를 내었으나 막상 사진을 찾으러 가려는 용기는 더한 결단이 필요했다. 내가 반은 살아 움직이고 반은 죽어 있는 기분이 쳐들어왔기 때문이다.

예쁜 테두리를 한 큼지막한 사진은 내 본 모습이 아닌 듯 훌륭했다. 내가 '이렇게 의젓하고 얼굴에 잔주름 없이 깨끗한 얼굴로 빛깔 좋은 과일처럼 안색이 동안이었던 적이 있었던가?'

집으로 온 나는 거울 속에 비친 내 모습을 신기한 듯 들여다본다. 정말 사진의 모습처럼 잔주름이 없고 동안처럼 뽀얀 얼굴인가 확인하고 싶어서다.

사진 기술이 하루가 다르게 발전하고 있으니 이렇게 놀랄 사진이 서재에 버티고 있게 되었다.

이젠 언제 죽어도 여한이 없다는 얼굴 모습을 하고선 외출하고 돌아온 나를 반겨준다. 조금 더 더 웃고 세상을 살라고 하면서….

길어온 길 걸어갈 길

PART + 06

뿌리를 찾아

先親의 婚書

孫兒敬錫婚書

健配於順乾坤列八卦之門剛先乎柔
건배어순건곤열팔괘지문강선호유
夫婦爲五倫之首蓋將傳萬世之嗣非直合
부부위오륜자수개장전만세지사비직합
二姓之懽恭惟令愛第三娘美蘊于中
이성지환공유령애제삼랑미온우중
聲聞於外婉娩聽從之儀已能事長之道
성이어외완만청종지의기능사장지도
酒醬籩豆之節亦獻奉先之誠
주장변두지절역헌봉선지성
僕之第四孫敬錫年將弱冠未有伉儷
복지제사손경석년장약관미유항려
訓飭空疎尙昧趨鯉之對姿稟冗下
훈칙공소향미추리지대자품용하
難不乘龍之望非徒聽彼行媒
난불승용지망비도청파행매

▲ 아버지 朴敬錫   ▲ 어머니 權阿順

且承不鄙寒士玆用鴈嚌之旭朝
구승불비한사현용안옹지욱조
以納鹿幣之遺禮曷任欣祝庸希鑑臨
이납녹폐지유예갈임흔축용희감림

손자孫子 **경석**敬錫 **혼인**婚姻 **때 보낸 혼서**婚書**.**

  건장健壯한 남자가 순진純眞한 여인의 배필配匹이 되는 것은, 하늘과 땅이 팔괘八卦의 출입문出入門을 열어 놓았기 때문이며 강剛한 남자를 유순柔順한 여자보다 먼저 기록記錄한 것은 부부夫婦가 오륜五倫의 첫머리가 되기 때문이며 이는 곧 만세萬世의 혈통血統을 이어가는 것이요 두 집안이 화합和合하는 것이라고 삼가 생각합니다. 사랑하는 귀댁의 셋째 딸은 아름다움을 마음 가운데 쌓았고, 명성名聲이 밖에까지 알려졌습니다. 여女는 스승의 가르침을 배워 순종順從하는 그 모습은 어른을 섬기는 도리道理에 이미 능숙하였으며, 술을 빚고 음식飮食을 장만하는 절차節次는 역시亦是 선조先祖를 받드는 정성精誠에 미흡未洽함이 없겠습니다. 나의 넷째 손자孫子 경석敬錫은 나이가 장차 약관弱冠이지만, 배필配匹을 두지 못하였고 공부와 몸가짐이 소홀疏忽하여 아직까지 조손간祖孫間에 대화하는 것도 어두우며, 타고난 자품姿品이 낮아 용龍을 타는 큰 희망希望은 기대하기 어렵습니다. 저 매파媒婆의 설명設明만 들은 것이 아니고, 또한 빈한貧寒한 선비를 비루鄙陋하게 여기지 않으신다는 편지便紙를 이어 받았기에, 이제 기러기 노래하는 빛나는 아침에 폐백幣帛을 드리는 예식禮式을 거행擧行하게 되었으니, 어찌 기쁨과 축복祝福을 이루다 말로 할 수 있겠습니까? 진실眞實로 굽어 살펴보아 주시기를 바랄 뿐입니다.

주(註).

팔괘(八卦) : 음양(陰陽)을 근본(根本)으로 하여 만들어진 주역(周易)의 여덟 가지 부호(符號)이니 복희씨(伏羲氏)가 지었다고 함.
약관(弱冠) : 남자(男子)의 나이 20세를 말함.
매파(媒婆) : 혼인(婚姻)을 중매하는 할멈.
비루(鄙陋) : 어리석고 천박(淺薄)함을 이르는 말.
폐백(幣帛) : 신부(新婦)가 처음으로 시부모(媤父母)를 뵈올 때에 큰 절을 하고 올리는 대추나 말린 포(脯) 따위의 예물(禮物)을 말함
　(증조부 초호공(草湖公)께서 쓰신 아버지 혼서)

호산재 祭屏
- 호산재 시제 때 사용하는 병풍의 글

1. 御札
不見卿久矣齒髮更若何聞卿居家廚不烟者月輒
불견경구의치발갱약하문경거가주불연자월첩
居半云寔美事也苑禾初熟打數斗而送物經義重
거반운식미사야원화초숙타수두이송물경의중
之地如何卿當入侍苦企苦企餘不具式
지지여하경당입시고기고기여불구식
仁政殿書 (인정전서)
- 右明宗大王下御札于我淸白吏貞惠公府君 -
- 우명종대왕하어찰우아청백리정혜공부군 -

어찰
경을 만나지 못한 것이 오래 되었도다.
건강 상태는 또한 어떠한지 궁금하오.
듣건대 경의 집 부엌에서 연기가 나지 않은 때가
한 달 동안에 곧잘 반이나 된다하거니와,

▲ 호산제 시제를 모시고

이는 참으로 아름다운 일이다.
나라 동산의 벼가 막 익었음에,
몇 말을 타작하여서 보내노라.
비록 물품은 빈약하되 마음의 뜻은,
큰 점을 그대는 어찌 여길는지?
애오라지 마땅히 궁궐에 들어와 나를 보좌하여야 할 터인데,
간절히 바라고 바라노라.
나머지는 격식을 갖추지 못하오.
인정전에서 쓰다

- 이 글은 명종대왕께서 우리 청백리 정혜공 부군에게 내린 어찰-

2.
近古蘆沙子六偉述公德以忠勇姿　근고노사자육위술공덕이충용자
際昭明運狂奴舊契正應攀龍而有　제조명운광노구계정응반용이유
餘夷齊高標乃欲叩馬而無悔炳幾　여이제고표내욕고마이무회병기
於人所不見之地決退於尙方有爲　어인소불견지지결퇴어상방유위
之前志尙誰知傳姓名於帶礪之券　지전지상수지전성명어대려지권

근자에 기노사奇蘆沙가 상량문을 지어 공公의 덕德을 기술했네.
충용을 기질로 밝은 세대를 만나셨네.
광노狂奴의 옛 친구는 왕위에 올라 여유롭게 있고,
이제夷齊의 높은 지조로 고마叩馬한 것을 후회하지 않았네.
사람들이 발견하지 못했을 때 기미를 밝게 보고 임금[尙方]이 등용하기에 앞서 용퇴를 결심했네.
높은 뜻을 누가 알고 성명이 대려帶礪의 녹권에 전하여 갈 것을.

3.
幽貞內悶付身世於天山之扁義甘　유정내민부신세어천산지편의감
婆娑夢斷熙壤自分平生之蹤跡不　파사몽단희양자분평생지종적불
出秋城之鄕遂使後世之雲仍因襲　출추성지향수사후세지운잉인습
泰山之貫是謂不知旡悶幾乎無得而　태산지관시위천지기민기호무득이
稱踐子微此言薦詞阡道刻　칭천자미차언천사천도각

-右遯齋先生墓碣銘嘉善大夫戶曹參判勉庵崔益鉉 撰-

굳은 마음은 안에 감추니 신세는 천산天山의 집에 은둔하여 붙었네.
네 뜻이 넉넉히 노는데 있었고 꿈은 좋은 세상과 인연을 얻었네.
평생 종적은 추성 고을에 나지 않고 후세의 자손이 태산泰山으로 관貫을 하라 했네. 이곳이 알아주지 아니하여도 고민이 없었으니 거의 무어라 칭송할 수 없구려. 미천한 네가 이 말을 묘비에 새기노라.
- 이 글은 돈재선조의 묘비문으로 가선 대부 호조참판 면암 최익현 엮음 -

4.
芳草平郊隔帶川　滿樓風景半江船　방초평교격대천　만루풍경반강선
不堪別恨牽春思　基奈征旌劈晩姻　불감별한견춘사　기내정모벽만인
筆下光華元似錦　胸中溟海自無邊　필하광화원사금　흉중명해자무변
若爲化作遼東鶴　萬里隨公上碧天　약위화작요동학　만리수공상벽천
右別龔吳兩使　淸白吏貞惠公府韻　우별공오양사　청백리정혜공부운

향기로운 풀 우거진 넓은 들녘 가르며 휘감기는 하천
누대 가득 좋은 경치인데 떠나는 배는 어느새 강 복판에 있네.
봄날 이별했던 그리움 견딜 수 없네.
떠나는 깃발 저녁 안개 가르는 걸 어찌하리.
붓 끝의 광채 원래 비단 같거니와
가슴속 바다 같은 도량 본디 끝이 없네.
만일 요동의 학鶴이 될 수 있다면,

만리 멀리 그대 따라 푸른 하늘까지라도 오를 걸.
- 이 글은 중국 공·오 두 분 사신과 이별할 때 청혜공부군께서 읊음 -

5.
鎭安邑號無安民　太守由來盡不仁　진안읍호무안민　태수유래진불인
興學息奸政未致　堂名淸節豈爲眞　흥학식간정미치　당명청절기위진
簷前晩菊不知愁　自向秋風笑未休　첨전만국불지수　자향추풍소미휴
回首可憐湖海客　半生流落漢江頭　회수가련호해객　반생유락한강두
-右棄官時遺感鎭安縣監淸節堂府君韻-
-우기관시유감진안현감청절당부군운-

고을 이름이 진안鎭安인데 편안한 백성 없다는 것은,
군수太守들이 모두 어질지 못한 탓이었네,
학풍을 일으키고 간사함을 멈추게 하는 행정 펴지도 못하고,
집 이름을 청절淸節이라 하는 것이 어찌 진실하다 하겠어,
처마 앞 늦은 국화 시름일랑 아랑곳하지 않고,
가을 바람을 향하여 웃느라 쉬지도 않네.
머리를 되돌려 보니 이곳 저곳 누비는 길손, 저 한강 물가에서
반평생을 보냈구나.
- 이 시는 벼슬을 버리고 돌아올 때 진안 현감 청절당 부군께서 읊음 -

6.
公幼遊街上有人見而異之曰　공유유가상유인견이이지왈

他日名天下必此子也旣就珍 타일명천하필차자야기취진
縣生員朴公元恂學聰明絶倫 현생원박공원순학총명절윤
日誦三百餘行同門如邊望 일송삼백여행동문여변망
庵以中諸公莫不服尋不欲以 암이중제공막불복심불욕이
章句腐儒自居駸駸古今象數百 장구부유자거침침고금상수백
家者流日用力不懈竟得其妙有 가자유일용력불해경득기묘유
言無不中 언무부중
- 栢友堂先祖傳 世孫翊贊黃胤錫 撰 -
- 백우당선조전 세손익찬황윤석 찬 -

  임께서 어렸을 때 거리에서 노닐 적에 길가는 사람이 보고,
기이하다며 말씀하여 가로되 "다음날 아이가 천하天下에 유명할
것이다"라고 하였다. 진원 고을 생원生員인 박원순에게 찾아가 배
웠는데
  총명이 보통에서 뛰어나 하루에 글 삼백여 줄을 외우니
  동문생인 망암 변이중 등 탄복하지 아니한 자가 없었다.
  임께서는 문장을 서술하는 선비가 되고 싶지 않아 옛날부터 지
금에 이르기까지 천문지리를 연구했던 모든 분이 책에 날마다 힘
쓰기를 게을리 하지 않아 마침내 그 묘법을 얻어 하시는 말씀마
다 다 적중하지 않은 적이 없었다.
- 이 글은 백우당공 선조 전傳 가운데 일부. 세손 익찬 이재 황윤석 엮음 -

7.
才慙文武早科名　千載紅塵苦宦情　재참문무조과명　천재홍진고환정
梅閣還尋桑柘路　阿誰解識我心淸　매각환심상자로　아수해식아심청
遺來先蔭誰云光　謝世羞叅堂祿行　유래선음수운광　사세수참당록행
迎送官長心忙碎　辭歸祛印庶無殃　영송관장심망쇄　사귀거인서무앙
- 右棄官時遺感居昌縣監閑適堂府君韻 -
- 우기관시유감거창현감한적당부군운 -

부끄러운 문무文武의 재주로 과명科名에 일찍 올라
일평생 벼슬살이 이내 심정 괴롭구나.
매화집 다시 찾는 내 고향 길목에서
그 누가 알 것인가 이내 마음 깨끗한 것을
남겨주신 음덕을 광영이라 누가 했어.
선조님 가신 뒤 국록 받은 줄에 참여한 것이 부끄러워
관장官長을 환영하고 환송할 제 마음이 바빠 부서진 듯,
관인官印 내던지고 돌아올 때 거의 재앙 없었네.
- 이 글은 거창 현감 한적당 부군께서 벼슬을 버리고 돌아올 때 느낌을 읊음 -

8.
旴嗟我中祖　生際亂離中　우차아중조　생제란이중
未採西山蕨　猶傳栗里風　미채서산궐　유전율리풍
玩經心自得　漉酒意方融　완경심자득　녹주의방융
若遇朱夫子　千年事發公　약우주부자　천년사발공
右追慕義士公府君　우추모의사공부군

道自仁親始　理因格物明　도자인친시　이인격물명
一生須謹獨　修已摠由誠　일생수근독　수기총유성
-戒子侄詩也於此可窺府君明德謹獨之工而爲世膾炙焉
계자질시야어차가규부군명덕근독지공이위세회자언

九十老翁何所求　林泉風月可優遊　구십노옹하소구　임천풍월가우유
胡爲一出論世事　遠向耽羅絶海頭　호위일출론세사　원향탐라절해두
-慕宋尤庵先生右三篇皆梅軒工遺詩　모송우암선생우삼편　매헌공유시 -

아! 우리 중조承奉님이시어, 난리 속에 태어나셨다네.

수양산 고사리는 캐지는 못하셨지만, 오히려 율리(도연명)의 얼 전하셨다오.

경전經傳을 읽어 심리학을 터득했고, 숨을 거둘 땐 이분 확 트이셨지.

만일 주부자朱夫子 같은 병필가秉筆家를 만나셨다면 천년의 사직을 공정하게 발휘하셨으리라. -이 시는 의사공[承奉] 조상님을 추모함-

도덕이란 사랑으로부터 비롯된 것이고 이치는 사물事物을 연구함으로 밝아지니, 일평생 모름지기 홀로 있을 때를 삼가라. 몸을 닦는 데는 모두가 정성에서 말미암은 거야. - 이는 아들과 조카를 경계하는 내용인데 이 글귀에서 부군의 밝은 도덕과 홀로 있을 때도 삼가신 공부를 충분히 엿볼 수 있다 하여 세상 사람들의

입으로 송전되고 있네. -

　구십九+ 늙은이 바라는 것이 무엇인가요? 숲과 샘물과 바람과 달과 한가롭게 노닌 것이 좋았을걸. 어찌하여 세상일에 반론을 펴시다가, 머나먼 바다 끝 제국까지 가시나요.
　　- 송우암 선생을 사모하는 마음이다.
　　위 세 편의 시는 모두 매헌공께서 남기신 것이다. -

9.
壽星無乃照湖南　古寺同停七老驂　수성무내조호남 고사동정칠노참
洛社佳遊須幕設　較諸齒德亦無慚　락사가유수막설 교제치덕역무참
相逢俱是白頭翁　寶界淸秋好會同　상봉구시백두옹 보계청추호회동
爲問香山修禊地　畿人八耋坐西東　위문향산수계지 기인팔질좌서동
- 右遯齋公府君十二世孫 仁實　우돈재공부군십이세손 인실 -

수성壽星이 어찌하여 호남 땅에 비치는지, 일곱 늙은이
타고온 수레 옛 절간에 멈추었네.
낙사洛社의 노래 아름답다고 설명하지 말게, 나이를 비교하면
우리 역시 부끄러울 것 없어. 서로 만난 우리 모두가 백발 난 늙은이,
여기 맑은 가을에 함께 모여 좋구려.
묻고 싶어 옛날에 향산에서 계禊 닦을 제, 팔십 노인 몇 명이나
동서 쪽에 앉았을까.
　　- 이글은 돈재공부군의 12세손 인실 읊음 -

10.
一場耆老盡東南　彷彿緱山駐鶴驂　일장기노진동남　방불구산주학참
莫說當年蓮社會　此中齒德較何慚　막설당년연사회　차중치덕교하참
古寺聯翩七老翁　童顏鶴髮列仙同　고사연편칠노옹　동안학발열선동
德星聚會知何世　更照今宵鰈海東　덕성취회지하세　갱조금소접해동
- 右遯齋公府君十三世孫 忍齋公 璘　우돈재공부군13세손 인재공 린 -

한 장소에 모인 늙은이 동남쪽에서 모두 왔어.
학을 타고 와서 멈추었던 후산後山 신선과 방불하구려.
옛날 연사蓮社 모임만 말씀하실 것 없소.
이들 나이 비교할 때 무엇이 부끄러워 옛절에 줄줄이 오신 일곱 늙은이들,
동안童顏에 학 털이 나 신선이 함께 모인 듯, 덕성德星이 모일 때가 어느 시대였던고, 오늘 밤에 해동 조선 장성 땅에 다시 비추어졌어.
- 이 시는 돈재공 부군의 십삼세손 인재공 린 엮음 -

11.
落成良日動笙絃　先蔭川流永生年　낙성양일동생현　선음천류영생년
棟宇改觀多霽月　地靈引脉湧淸泉　동우개관다제월　지령인맥용청천
繞園花樹春沾雨　滿麓梓楸時帶烟　요원화수춘첨우　만록재추시대연
濟濟雲仍瞻掃暇　願言不輟講論筵　제제운잉첨소가　원언불철강론연
- 右狐山齋閣重建韻而 貞惠公府君十三世孫草湖公

우호산재각중건운이 정혜공부군13세손초호공(내섭의 曾祖父) -

낙성 식장에 피리 소리 울려 퍼지니, 선조님 남긴 덕 냇물처럼 영원히 흐르네.
집 모양은 두둥실 밝은 달 뜬 듯하고, 지세는 맑은 물 샘 솟구나.
정원의 꽃나무는 봄비에 젖어있고, 산자락 벌송은 연기 꽃 피었네.
훌륭한 자손들 찾아가 쓸고 닦으며 학문강론 멈추지 않기 바라네.

- 이는 호산재각이 중건되는 날 정혜공 부군의 십삼세손 초호공이 지음 -

12.
吾門宗約成　正是春三月　오문종약성　정시춘삼월
諸族好相逢　胸中解嗚越　제족호상봉　흉중해오월
- 右狐山齋宗約創立有感貞惠公14世孫 莪山公韻
우호산재종약창립유감정혜공14세손 아산공운(내섭의 從祖父) -

우리 문중 종약宗約이 완성된 것이 좋은 춘삼월이었네.
모든 종족 좋은 기분으로 서로 만나 흉금을 털어놓고 오해도 풀자구나.

- 이는 호산재에서 종약을 창립한 느낌을 정혜공부군 14세손 아산공이 쓴 시 -

聖門如海廣無邊　小子輕輕坐片船　성문여해광무변 소자경경좌편선
中渡若無仁義棹　萬頃風濤是難便　중도약무인의도 만경풍도시난편
　　- 右敎諸生貞惠公府君15世孫宗孫杏潭公韻
　　우교제생정혜공부군15세손종손행담공운 -

인[聖人]의 문 바다처럼 끝이 없이 넓은데, 가벼운 일엽편주에 앉아 있는 어린 아들아. 바다 가운데서 만일 인의[仁義]라는 노가 없다면 만경창파 높은 파도 건너가기 어려울 거야.
　　- 이는 모든 생도들을 가르치는 정혜공부군의 15세 종손 행담공이 지음 -

狐山齋額冠吾東　祖子孫曾一席同　호산재액관오동 조자손증일석동
春露秋霜多感慕　年年芬苾是仁風　춘로추상다감모 년년분필시인풍
　　- 右狐山齋宿有感遯齋公府君19世孫栢軒公韻
　　우호산재숙유감돈재공부군19세손백헌공운 -

호산재 이름 우리나라에서 제일이야, 아들 손자 증손자까지 한 자리에 함께 앉았네. 봄 가을 계절따라 이다지도 많은 느낌, 해마다 제 모시니 이것이 미풍양속.
　　- 이 시는 호산재에서 잠을 자면서 떠오른 느낌을 돈재공부군 19세손 백헌공 지음 -

歲在辛巳春奉 遯齋公派宗中都有司鐘鉉, 副都有司 均錫・來鎬, 總務理事宰求, 有司有烈 囑貞惠公16世孫 元海謹齋沐書.
　2001년 신사년 봄에 돈재공파 종중도유사 종현, 부도유사 균석·래호, 총무이사 재구, 유사 유열의 위촉을 받들어 정혜공 십육 세손 원해는 삼가 목욕재계하고 쓰다.

편집 후기

코로나 19의 조용한 시간을 지내면서 그 동안 살아온 발걸음을 뒤돌아보게 되었습니다. 교실에서 제자들과 동심의 세계를 살았던 제가 정년 후 십수 년이 지난 지금 글을 써보는 일은 새로운 도전이었습니다. 그러나 진솔한 내 마음을 수채화처럼 그려본다는 일념으로 원고를 쓰고 보니 오늘에 이르게 되었습니다.

지나온 시간을 뒤돌아보니 모두가 감사한 일이었습니다. 육이오 사변의 어려운 시기를 잘 지낼 수 있음도 부모님의 덕이라는 사실도 이제야 깨닫게 되었습니다. 당연하게 여겼던 일들이 사실은 은총이었고 이제는 그것에 감사로 응답을 해야겠다는 마음에 이르게 되었습니다.

주위의 아름다운 인연이 있었기에 노후를 맞게 되었다는 사실도 잊을 뻔 하였습니다. 가정을 떠나 객지 생활이 많았던 시간은 귀한 인연의 덕이 함께 했었기 때문입니다. 늦었지만 고맙고 감사하다는 뒤늦은 인사를 드리고 싶습니다.

소소한 기록을 정리하며 어린 시절의 동심으로 빠져드는 듯 행복한 시간이 되었고 노년의 외로운 시간을 버티게 하는 힘이 되었습니다.

　글을 쓰는 동안은 고해성사의 시간이었으며 선홍빛의 가을 낙엽이 귀근을 서두르듯 마음을 비우는 아름다운 순간이었습니다. 유유히 흐르는 강물이 들녘을 적시며 옥토를 만들어 가듯 글을 쓰는 시간이 인격을 도야하는 시간으로 자리매김하기를 바라고 있습니다.

　건강이 좋지 않아 가정 일을 힘들어 하면서도 초고를 읽어주며 용기를 주었던 아내와 자녀들의 응원, 그리고 책이 나오기까지 애써주신 〈시와사람〉사의 강경호 박사님과 편집부 식구들에게도 감사의 말씀을 드립니다.

2025년 이른 봄에

박내섭 산문집
길어온 길 걸어갈 길

2025년 5월 1일 인쇄
2025년 5월 5일 발행

지은이 박내섭

펴낸이 강경호 편집 강나루 디자인 정찬애
펴낸곳 도서출판 시와사람
등록 1994년 6월 10일 제 05-01-0155호
주소 광주시 동구 양림로119번길 21-1(학동)
전화 (062)224-5319 E-mail jcapoet@hanmail.net

ISBN 978-89-5665-766-0 03810

공급처 ■ 한국출판협동조합
경기도 파주시 탄현면 오금로 30
주문전화 (02)716- 5616, 070- 7119- 1740

· 잘못된 책은 구입하신 서점에서 바꾸어 드립니다.
· 값은 표지에 있습니다.

이 도서의 국립중앙도서관 출판예정도서목록(CIP)은
서지정보유통지원시스템 홈페이지(http://seoji.nl.go.kr)와
국가자료종합목록 구축시스템(http://kolis-net.nl.go.kr)에서
이용하실 수 있습니다.